识干家

企業閱讀　學以致用

企业文化
与
组织活力

杨四伟◎著

沈阳出版发行集团
沈阳出版社

图书在版编目（CIP）数据

企业文化与组织活力 / 杨四伟著. --沈阳：沈阳出版社，2022. 12

ISBN 978-7-5716-2710-2

Ⅰ. ①企… Ⅱ. ①杨… Ⅲ. ①企业文化-研究 Ⅳ. ①F272-05

中国版本图书馆 CIP 数据核字（2022）第 175791 号

出版发行：沈阳出版发行集团｜沈阳出版社

（地址：沈阳市沈河区南翰林路 10 号 邮编：120011）

网　　址：http://www.sycbs.com

印　　刷：河北宝昌佳彩印刷有限公司

幅面尺寸：170mm×240mm

印　　张：18.25

字　　数：244 千字

出版时间：2022 年 12 月第 1 版

印刷时间：2022 年 12 月第 1 次印刷

责任编辑：马　驰

封面设计：仙　境

版式设计：仙　境

责任校对：王玉位

责任监印：杨　旭

书　　号：ISBN 978-7-5716-2710-2

定　　价：118.00 元

联系电话：024-24112447

E-mail：sy24112447@163.com

本书若有印装质量问题，影响阅读，请与出版社联系调换。

谨以此书献给我的家人

导 读

一、这是一本什么样的书

这是一本关于企业文化与组织发展的书，也是讲述企业管理顶层设计与组织变革的书，以下是书中的个别观点：

- 回归本源，企业持续成长的秘诀是：保持组织活力。

只有保持活力，才能对抗组织之熵，持续提升创造价值的效率。有活力的组织总能调动人的智慧，找到解决问题的办法。

- 经营“文化”就是经营“人心”，得人心者得组织。

文化管理效果＝单次管理效应×管理频次×受众人数

- 文化管理要构建“1+1+5”的闭环管理体系。

组织文化管理就像炒菜，既要懂得在什么时候下什么料，也要善于把握火候。

- 基于人性设计的组织模式和管理机制，往往是最“节能”、风险最低的。

衡量一个企业组织是否伟大的标准，不是收入和利润，而是它为社会留下了哪些精神和理念。

二、本书解决什么问题

本书共2篇14章，系统地阐述了如何构建组织基本法、如何制定组织文化落地规划、干部如何管文化，以及企业家思想管理、文化入模子、劳动态度考核、荣誉激励、行为管理、文化评估、自我批判等30多个管理举措的底层逻辑与实操方案。

阅读本书，将为您解决以下问题提供帮助：

- 组织文化究竟包含哪些内容？该管什么？
- 如何构建一套系统的、正确的组织理念？
- 如何构建一套系统的、有效的组织文化管理体系？
- 如何开展文化宣导，员工才会听？
- 如何把组织理念转化为员工的信念？
- 如何让各部门重视和参与企业文化管理？
- 如何让组织成员自发自觉地做事，养成良好的职业习惯？
- 如何评估组织文化管理的效果和机制？
- 如何开展组织文化变革？

二、本书有什么特点

本书基本涵盖企业文化与组织发展的主要课题，而且各章之间都是沿着“问题－解决方案－新的问题－新的解决方案”这一逻辑层层展开，每个课题都尽量从理论和实践两方面进行阐述，使读者既理解“为什么（why）”，也知道“怎么做（how）”。

本书作者曾在汽车行业龙头企业做过四年企业文化管理，同时在咨询行业磨砺多年，对企业管理的问题与需求有独到的理解，书中很多方法和机制都来源于他的实战经验。

四、本书面向谁

一切想学习和应用企业文化的人；一切想对企业的业务、组织进行系统思考和顶层设计的人；一切希望提升企业文化管理效果的人；一切想打造组织发展长期动力的人，包括并不限于：

- 企业家。
- 企业领导者、管理者。
- 企业文化经理人、企业文化工作者。
- 企业文化、顶层设计咨询师。
- OD 从业者。
- 其他热爱企业文化与组织发展工作的人。

推荐序

企业与人一样，都有成长周期，都会经历孕育期、学步期、青春期、壮年期等成长过程，不同的“年龄段”会遇到不同的环境，呈现出不同的问题，企业必须正视周围的环境并完成适当的变革，才能应对层出不穷的问题，实现持续成长。

改革开放至今，经过40多年的高速发展，中国的商业环境发生了很大变化。

从需求端看，随着生产力水平的提升，居民收入和消费需求不断提升，原有的消费需求得到满足之后必然向更高层级演化。

从竞争端看，随着营商环境的改善和各行各业技术、管理的沉淀，参与竞争的主体越来越多，各行各业逐渐由不充分竞争进入充分竞争。

从企业端看，创造财富的逻辑正在发生变化，知识工作者成为价值创造的主力和决定性生产要素，他们的能力素质及自我意识越来越高，他们不再满足于仅仅做一个打工者，他们需要自由、权力、机会和成就，需要充分发挥自主创造力。

经过40多年的发展，中国的很多企业从幼年步入青壮年，沉淀了大量的技术、产品、人才、资金及管理经验，在市场中占据一席之地，甚至超越了国内外领先企业进入“无人区”。

但随着人口红利削减和创业激情的衰退，企业增长速度逐步放缓。2018 年开始的中美贸易战，让很多企业的技术引进、核心零部件供应、产品出口受到影响，而新冠疫情的持续、中美竞争的加剧，使我国经济环境的复杂性和不确定性上升，经济下行压力持续加大，很多企业陷入迷茫和焦虑。

面对日趋复杂、变幻不定的商业环境，企业要想从外部找到破局之道很难，真正能让企业走出迷茫、持续成长的“解”应该是“向内求”，回归人的内心与头脑，回归人的需求和企业文化。

针对企业的问题和需求，基于近年来商业环境的变化，以及我们在企业文化管理方面积累的实践与洞察，笔者认为未来的企业文化管理正呈现出八大趋势：

- 从单纯的文化管理转变为文化、业务、组织的系统思考与顶层设计。
- 从依赖企业家个人管文化转变为依赖科学机制与领导艺术相辅相成的管理体系。
- 从简单的理念宣导转变为理念与制度、与人的责权利能相结合。
- 从管理人、监督人转变为激活人、成就人。
- 从企业的管理工具转变为组织成员的精神家园和员工与企业间牢不可破的心理契约。
- 从华为、阿里巴巴等少数企业的探索转变为普惠众多企业的管理经验。
- 引领企业从片面追求企业利益转变为追求客户、股东、员工、社会利益的平衡。
- 引领企业从追求做大做强转变为追求高质量可持续发展。

令人欣喜的是，本书的作者敏锐地发现了这些趋势，并给出了自己的解决方案。目前国内外出版的企业文化方面的书籍有很多，本书的独特性和价值点主要体现三个方面：

（1）系统性

全书从企业的追求出发，指出了企业发展各阶段容易出现的问题和产生问题的根本原因——动力衰减。进而沿着动力产生的逻辑，提出让企业保持组织活力的方案：通过企业文化管理，树立正确的理念，并将理念转变为组织成员的信念，在企业与员工间建立牢固的心理契约，使员工在信念和心理契约的牵引下产生源源不断的动力。

然后，以人的需求为主线，围绕企业的三大命题——我是谁、到哪去、怎么去，指引企业梳理提炼使命、愿景、价值观，并结合当前企业的管理实践，通过寻找关键成功因素的方法推导出企业的战略管理、组织管理、人才管理原则，以及各管理模块需要回答的核心课题，包括战略定位、成功逻辑、组织模式、人才结构等，为企业长期持续发展提供了系统清晰的指引。

更重要的是，本书从人们认知的基本规律出发，结合华为、阿里巴巴等企业文化管理经验，按照“知信行”的逻辑构建了“1 +1 +5”的企业文化闭环管理体系，即1个基于价值观的领导力，1个企业文化落地规划，以及文化理念宣导机制、文化理念内化机制、行为管理机制、文化评估机制和自我批判机制，具有很强的独创性和系统性。

（2）辩证性

本书体现了很多辩证思维。例如在梳理价值观及企业的基本管理原则等理念时，既强调从现实问题出发，又着眼未来，基于未来的战略意图推导对文化理念的要求；梳理过程中，既强调发挥领导者的主导作用，又指出要发挥组织精英和专业机构的集体智慧。

在管理机制的设计上，既强调要顺应人性，也体现出对人性的监督与审查；既有科学的成分，也有艺术的成分。

（3）实用性

本书作者杨四伟曾在行业领先的汽车制造企业做过四年的企业文化管理，同时在咨询行业磨砺六年，对企业实际管理中的问题与需求形成独到的理解，书中很多方法和机制都来源于其在甲方和服务客户过程中的实战经验，具有很强的实用性。例如企业文化管理的五个机制，不但分析了各项机制的底层逻辑，而且提出了开展工作的组织、职责及主要举措等。

稻盛和夫说："企业成功的关键在于经营人心。"面对新的商业环境、新的发展阶段，企业需要找到正确的理念，更需要打造迎难而上、持续创造价值的动力。未来的管理需要战略、组织和人力资源管理，但更需要企业文化管理，华夏基石将与众多企业一起持续推动企业文化管理的理论与实践向前发展。

是为序。

华夏基石管理咨询集团副总裁、首席企业文化专家　王祥伍

2022 年 6 月 24 日

自序

德鲁克说："每一个组织，无论其是否为商业性的，都要有自己的事业理论，一个正确、清晰、一致和专注的事业理论是无比强大的。"

事业理论包含三项基本假设：

第一，组织处在什么样的环境中，这个环境存在哪些需求或者等待解决的问题。

第二，组织应该承担一项什么样的特殊使命，对社会有什么意义。

第三，组织为完成其使命需要具备什么样的核心能力。①

事实上，这套理论不仅适用于组织，也适用于个人。笔者始终相信每个人都有独一无二的经历，经过社会的锤炼和岁月的洗礼，每个人都有独一无二的优势和价值。如果我们能发现这项优势和价值，为之将心注入，把它做精做专，持续不断地为社会贡献价值，就找到了自己的使命和事业理论，对自己、对社会都是一件好事。

幸运的是，经历了十年企业管理和咨询实践，我发现了自己的使

① ［美］德鲁克．管理【M】．北京：机械工业出版社，2010。

命：为企业文化管理的理论和实践添砖加瓦。

笔者的第一份工作是在一家客车行业龙头企业做企业文化管理，四年时间，我亲身经历和观察了一个大型组织的运转与成长过程，通过一件件大事小事，一次次现场沟通，接触到了管理的智慧，感受到了组织的氛围。最重要的是，通过四年的专注投入，在企业文化管理方面做了大量探索，总结了许多有价值的教训和经验。

2016 年，我离开甲方到咨询公司。在开展咨询项目的过程中，我经历了各种各样的企业，有初创企业，也有 70 多年的老牌企业；有民企，也有大型国企；有制造业，也有服务业，虽然经历的企业数量并不多，但也能从中感受到中国企业的些许现状。

整体来说，中国企业的管理并不像我们想象中那样规范、先进，大多是搭起了现代管理的架子，边干边学，随时代前进的同时也遇到了很多新问题。这些问题可能是战略缺失，也可能是权责不清、激励不当等，但深入研究这些问题都跟领导者和组织成员的思想意识相关联。

也就是说，表面看起来是制度、流程等问题，深层次的原因还是文化。而且能明显感受到，那些善于管理文化的企业透着一股昂首向上、催人奋进的力量，势不可挡。

见的企业多了，发现很多企业不关注文化，业绩一样很好，甚至有些企业认为企业文化太虚，没有实质作用。带着种种正向和反向的信息，笔者开始思索：企业文化到底是不是一门科学？企业文化和企业的经营管理到底是什么关系？如果说文化能够支撑企业的业绩，那么背后的逻辑是什么？

笔者先从企业文化的本质和产生作用的机理研究，得出一个结论：文化管理看似复杂，归根结底，无非让组织成员形成一套稳固的信念和心智模式，使其在特定情境下能够产生强大的动力和卓越的表现。

而后再去研究企业的本质和企业的终极追求，结论是：企业的终极追求是长期存续，而企业长期存续的一个内在逻辑是他能够比竞争对手更好地为顾客创造价值。如何才能做到这一点，就要不断提高自身效率，在同样的时间和成本单位里创造更大的价值。

效率来源于哪里呢？人的行为。行为的背后是动力，动力来源于哪里？薪酬、奖金、晋升、股权？这些激励也许能让组织成员在特定时间内充满动力，但不能产生持久的动力。持久的动力来源于哪里？固化于人心的信念。

让组织成员形成信念的不是战略管理、组织管理，也不是人力资源管理，而是企业文化管理。只有企业文化管理才能回答一个组织根本的使命及长远的追求是什么，只有企业文化管理才能让组织成员形成稳固的信念和不竭的动力，只有企业文化管理才能让一个企业实现基业长青。

然而，当我们向企业文化寻求力量时，却发现真正懂企业文化管理的人很少，很多人觉得文化虚，没必要投入太多，也有很多人认为文化很简单，谁都能讲，谁都会管。事实上，能够像华为、阿里巴巴一样做文化的企业寥若晨星，能够讲出华为、阿里巴巴文化管理真谛的人也非常少见。

笔者曾总结过文化管理最容易犯的六大误区，包括企业文化虚而不实、朝令夕改、上不去、下不来等。归结起来，国内企业在文化管理方面存在的突出问题主要有两个：一是没有确立正确的理念；二是缺乏成熟有效的管理体系。

因此，笔者一直在思考：如何才能构建一套正确的理念体系？如何才能将抽象的文化理念转变为卓越的行为表现？

带着这两个问题，笔者不断地进行学习和总结，阅读了国内外企业文化相关的著作，学习华为、阿里巴巴等标杆企业的管理经验，同时结合自身的实践不断总结更新对企业文化管理的认知，边学习边总结边实践，如今也算沉淀了一些心得。出于对企业文化这门学科的使命感和责任感，笔者认为有必要把这些心得做个系统梳理。

这是一本关于企业文化的书，也是讲述企业管理顶层设计与组织变革的书。为了追求逻辑的严谨性和内容的实用性，本书在整体结构上进行了系统的设计。

上篇讲述企业文化与基业长青的关系，通过研究企业生命周期和发展规律，总结出企业永续经营的秘诀在于保持活力，而让组织保持活力的唯一途径是企业文化管理；如何构建正确的理念体系，系统阐述了企业文化的来龙去脉、本质、范畴、理念体系结构，以及使命、愿景、价值观、战略、组织、人才管理理念的内在联系与提炼方法。

下篇讲述的是如何构建一套闭环的文化管理体系。笔者从企业文化落地的底层逻辑出发，结合多年文化管理实践经验，提出了“1（领导力）+1（落地规划）+5（闭环机制）”的文化管理体系，详细介绍了干部如何管文化、如何制定系统的落地规划，以及企业家思想管理、文化入模子、劳动态度考核、荣誉激励、行为管理、文化评估、自我批判等30多种管理举措的底层逻辑与实操方案。

全书共十四章，基本涵盖企业文化管理的主要课题，而且各章之间都是沿着“问题－解决方案－新的问题－新的解决方案”这一逻辑层层展开，每个课题都尽量从理论和实践两方面进行阐述，使读者既理解“为什么（why）”，也知道“怎么做（how）”。

本以为自己熟悉的领域，写起来会很轻松，但真正投入才发现，想写好一本书是多么不容易。因为要做项目，多数情况下只能挤时间来写，一次次早起和晚睡的情景让笔者记忆犹新但也倍感充实。

因为追求逻辑，常常要为所写内容查阅大量资料后再反复琢磨，有时为把一个问题弄清楚，思考两天竟未写一字。很多次想放弃，但因为内心的热爱与使命，因为家人、朋友的帮助与鼓励，我坚持到了最后。

我要表达几个感谢：感谢客户和企业家们给予的信任和支持，感谢彭剑锋、包政、施炜、王祥伍、马魁泉、陈明等专家、老师的赋能与指导，感谢博瑞森马优老师、《华夏基石管理评论》尚艳玲老师，以及张利、吉晓明、孙洪渊等好友在出版过程中给予的帮助与鼓励，最重要的是感谢我的家人，因为你们的理解与支持我才能沉下心来钻研写作。

企业文化是一门博大精深且颇有意义的学科，相对于浩瀚的企业文化管理科学，本书的见解只是沧海一粟、微不足道，甚至很多观点还不成熟，有待改进，但只要能为读者带来些许启发，能为企业文化学科的建设添一砖加一瓦，就能让我有一点成就感，而这也是笔者写作本书时的核心动力。

杨四伟

2022 年 6 月 27 日

内容逻辑关系总图

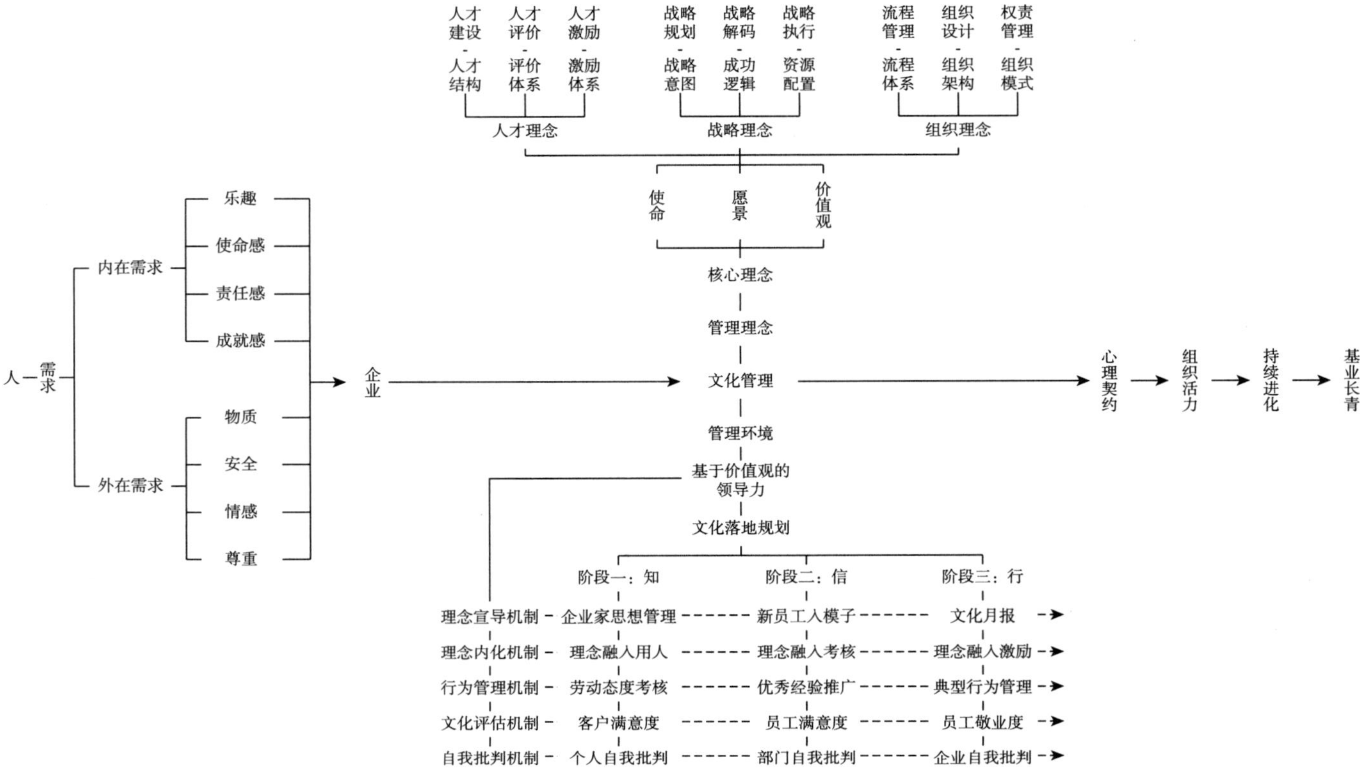

人才建设-人才结构
人才评价-评价体系
人才激励-激励体系
人才理念
战略规划-战略意图
战略解码-成功逻辑
战略执行-资源配置
战略理念
流程管理-流程体系
组织设计-组织架构
权责管理-组织模式
组织理念
使命
愿景
价值观
核心理念
管理理念
文化管理
管理环境
基于价值观的领导力
文化落地规划
人
需求
内在需求
乐趣
使命感
责任感
成就感
外在需求
物质
安全
情感
尊重
企业
心理契约
组织活力
持续进化
基业长青
阶段一：知
阶段二：信
阶段三：行
理念宣导机制
企业家思想管理
新员工入模子
文化月报
理念内化机制
理念融入用人
理念融入考核
理念融入激励
行为管理机制
劳动态度考核
优秀经验推广
典型行为管理
文化评估机制
客户满意度
员工满意度
员工敬业度
自我批判机制
个人自我批判
部门自我批判
企业自我批判

目 录
Contents

下篇　企业文化落地机制：让组织充满活力

上篇　企业文化与组织顶层设计：基业长青的秘诀

第一章

保持活力：企业做大做久的秘诀

现实问题

每个企业都想实现持续增长、永续经营，但却不知道如何才能实现基业长青。

解决方案

对企业成长的规律进行研究，发现造成公司衰老退化的根本原因不是外在的变化和问题，而是企业内部活力的衰减。因此，企业长期发展甚至永续经营的关键是打造持续进步变革的长期动力，即保持活力。

第一节　是什么让企业衰老退化

一、企业追求的层次

凡事皆有缘由，经营企业一定要知道企业的追求是什么。

对此，笔者认为需要从两个角度看：

从“目标”的角度看，是指“企业要实现的状态”，一般通过利润、营收规模、市场地位等指标来表达。

从“目的”的角度看，是指“目标背后的价值”，即企业是为了追求客户的价值、员工的价值、社会的价值、股东的价值。

通过对国内外企业发展路径的观察，笔者总结了企业追求的五个层次：

第一层次：以生存为目标，以股东价值为首要目的。

第二层次：以做大为目标，以客户价值为首要目的。

第三层次：以做强为目标，更加关注员工价值，员工价值成为客户价值之后的第二目的。

第四层次：以做广为目标，在关注客户价值、员工价值、股东价值的同时，重视社会价值。

第五层次：以做久为目标，努力实现客户、员工、股东、社会等利益主体价值协调持续发展。

综合分析五个层次的追求，我们发现，有一组追求始终贯穿企业发展的各个阶段——**生存的目标和创造价值的目的。**

这个追求不因企业的规模、发展阶段而不同，也不因组织成员的意志而改变，是作为企业存在于其底层的、一致的、永恒的追求。

二、解决不完的问题

实际的经营管理过程中，对于任何一家企业来说，问题是常态，从创立到做大、做强、做广，以至长久，企业会遇到各种问题与挑战，直到企业终止。如表 1－1 所示。

表 1－1　企业发展各阶段常见问题

发展阶段	常见问题
创业	✧ 商业模式不成立 ✧ 缺乏开疆拓土的领军人才 ✧ 过早引入复杂的管理体系
机会成长	✧ 领导人一言堂，大树底下不长草 ✧ 快速扩张，资金、人才、内部管理跟不上业务扩张 ✧ 腐败、怠惰等不良文化滋生
系统成长	✧ 习惯抓业务，忽略了技术研发、人才队伍等内部能力的发展 ✧ 随着职能和职责的完善，出现官僚主义、本位主义等不良文化 ✧ 富起来的高管创业激情衰退，不愿继续奋斗
分蘖成长	✧ 二级企业家不足，无法支撑企业拓展新业务 ✧ 盲目扩张，偏离主线，分散资源，大而不强 ✧ 诸侯割据，利益固化，机制僵化，真正的人才缺乏机会
重构成长	✧ 战略定力不够，没有及时培育新的增长曲线 ✧ 企业家领导力不足，无法在需要转型升级的时刻突破自己 ✧ 固有的体制和文化阻挡企业变革和创新

众多企业中，仅创业一个阶段就淘汰了一大批企业，能够跨越机会成长、系统成长谋求长远发展的企业基本都是行业的佼佼者，而真正能够穿越整个成长周期称得上“基业长青”的企业可以说是凤毛麟角。

为什么企业总有解决不完的问题？

为什么多数企业都无法实现长期经营?

深层的原因是什么?

(一)外部原因

从外部因素看，企业面临的经营环境不断变化，进而引发了各种新类型、新层次的问题。

从需求端看，随着生产力水平的提升，人们的消费需求也在不断提升，原有的消费需求得到满足之后必然向更高层级演化。

以中国为例，30 年前人们对于各类产品主要追求基本性能，一辆自行车、一块手表、一件时髦的衣服，人们看重的是“有没有、贵不贵”，属于明显的卖方主导市场。**30 年后的今天，人们不再满足于基本的衣食住行了，还要在教育、医疗、通信、休闲娱乐等方面获得满足，而且更加看重产品的质量和综合性价比，需求呈现出精致化、不确定性和快速迭代的特点。这就给企业提出了新的要求：贴近客户，快速应变。**

从竞争端看，随着市场经济越来越开放，营商环境的改善和各行各业技术、管理的沉淀，参与竞争的主体也越来越多，**市场竞争逐渐由不充分竞争进入充分竞争时代，竞争环境更加残酷。**

就中国的市场竞争而言，改革开放后，大量国外企业进入中国市场抢占市场份额，同时大量的技术引进国内，人员素质和创业意识逐步提升，创业创新的速度大大提升，各行各业的竞争变得越来越充分。

企业间的竞争由规模竞争进入质量竞争、能力竞争和全面系统竞争的阶段，要想在市场竞争中脱颖而出，靠的不再是煽动性的营销和单个产品与服务，而是快速迎合客户需求且不断迭代的产品，或者是多个产品与服务组成的一体化解决方案，而决定这些外在产品竞争力的是集合了企业的战略、运营、组织、人才、文化等能力的系统效率，靠机会、资源闯天下的时代结束了。

从企业端看，随着企业向前发展，企业的业务和组织会发生一系列变化。

业务方面，企业越往前走，面临的客户群体和客户需求就越复杂，经营的业务链条也越长，产品类型更丰富，业务流程更烦琐，可能出现的问题也越来越多。

组织方面，业务规模的扩张必然带动组织的扩张，人员数量增加，随之而来的就是分工协作、管理关系，以及组织机构和组织规则的增加。同时，相伴而生的还有人才素质和需求变化。

近年来，我们已经充分地意识到**“财富创造的逻辑正在发生变化”，真正具有控制力的资源和决定性的生产要素，不是资本，也不是土地，而是知识工作者。**他们的能力素质及自我意识越来越高，他们不再满足于仅仅做一个打工者，他们需要自由、权力、机会和成就。

以上种种，无论是业务的变化还是组织的变化，都会给企业带来一系列新的问题，而且很多问题都无法回避，结局如何，就看你怎么应对了。

（二）内部原因

从企业内部原因来看，存在创业红利衰减的现象。

所有的企业都是从无到有成长起来的，创业初期，创始团队往往是“身无分文、胸有大志、充满激情”，不管遇到什么问题，为了理想，再苦再累也会逢山开路、遇水搭桥、披荆斩棘向前冲。随着企业规模扩大，创始团队的基本需求得到满足，奋斗激情逐步衰退，再遇到问题时往往不会像创业初期那样快速反应、坚忍执着了。

创始团队奋斗激情的衰退，必然会影响整个组织的活力与效率，进而出现工作消极懈怠，不愿承担责任，不愿持续奋斗的现象。

随着组织活力的衰减，企业创造价值的效率降低，可分配的资源总量下降，为了保护自我利益，组织中开始出现本位主义、权力导向、形式主义、腐败怠惰等不良文化。当不良文化长期得不到矫正时，企业的经营管理就会进入一个恶性循环，问题越多越没有人解决，越没人解决问题就更多，直到谁也无法解决。

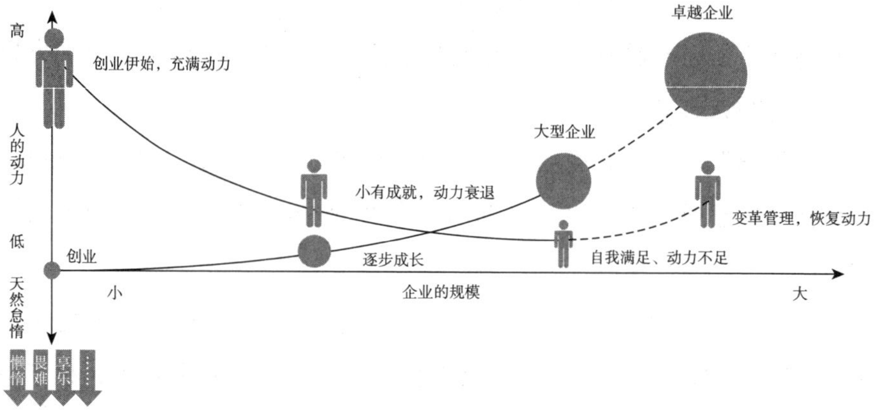

图 1－1　惰性造成企业动力不断衰减

（三）根本原因

回归本源，我们发现，虽然外部环境在不断变化，但仍有少数企业抵御住来自需求端、竞争端和自身业务、组织变化的挑战，在风云变幻的岁月中，穿越了周期，始终保持着高昂的发展势头。例如华为、美的、海尔、安踏等。

这说明决定企业能否长期增长的根本因素不在于外部，而在于企业内部的因素，是组织内部活力的衰减造成企业的衰老退化。

随着组织活力的衰减，企业越发与环境脱节，跟不上环境变化的速度，企业的问题得不到解决，长期积累就会快速走向衰退甚至灭亡。①

第二节　如何才能实现持续发展

一、持续发展的三个经典答案

如何才能实现持续发展，是众多企业和管理学者孜孜以求的答案，其中比较经典的有三个：

---

① 伊查克·爱迪思．企业生命周期【M】．北京：中国人民大学出版社，2017。

（一）保存核心，刺激进步

《基业长青》的作者柯林斯和波勒斯花费6年时间，对18家百年企业做出深入研究后得出一个结论：**“最持久、最成功的公司的基本特质是它们保存一种核心理念，同时刺激进步，积极改变核心理念以外的任何东西。”**[①] 他们说：“这是《基业长青》最关键的研究结果。”

（二）保持变革，整合能力

美国著名的组织行为学专家爱迪斯，在研究了大量企业兴衰的原因后认为：对企业来说，问题是不可避免的，关键是看你如何解决问题。

企业和人一样是有生命周期的，但无论哪个企业在什么阶段都离不开四种管理功能：目标管理（Purposeful）、行政管理（Administrative）、创业精神（Entrepreneurial）、整合（Integrative）。如果某个公司陷入僵局，无法建立起某个特定的管理功能，就会产生异常问题，甚至会因为某一功能的缺失而面临生存问题。[②]

但是，因为企业生命周期的各阶段可以预见并不断重复，所以了解公司所处的发展阶段及其特点，就能采取预防措施来缓解甚至完全避免预料中的问题，而预防或解决问题的方式就是“变革、整合”。**如果企业能以有计划且可控的方式不断变化，并在变化过程中保持整合，公司就永远不会消亡。**

（三）管理变革

国内知名管理学专家施炜老师在研究华为、美的等中国企业成长规律后提出：

企业成长是企业从小到大、从弱到强的过程。如果把企业看作生命体，成长是企业与环境的互动，是持续不断的选择，是机能变化、适者生存的演进。

---

① ［美］吉姆·柯林斯，杰里·波勒斯．基业长青【M】．北京：中信出版社，2009。

② 伊查克·爱迪思．企业生命周期【M】．北京：中国人民大学出版社，2017。

企业成长可分为“创业－机会成长－系统成长－分蘖成长－重构成长”五个阶段，每个阶段都有一定的战略主题、组织特点、管理要点和主要风险，企业成长是从较低级发展形态向较高级发展形态的演进，而实现演进的主要方式就是“管理变革”。①

人的生命是不可逆的，但是企业生命是可逆的——变革和创新可以使企业重生。

二、企业活力：解决问题、实现目标的动力

百川归海，任何事物都有一个简单的逻辑或原理。把三位学者的观点梳理对比后，笔者发现，他们最后的建议都归结到了非常简单而又核心的 1－2 个点上，且有诸多相通、相同之处。如表 1－2 所示。

表 1－2　基业长青主流观点对比

柯林斯		爱迪斯		施炜	
高瞻远瞩公司的特点	基业长青的秘诀	企业四种基本管理功能	预防衰老的秘诀	影响企业成长的三大因素	循环演进的秘诀
造钟而非报时	保存核心，刺激进步	P（目标管理）	保持变革，整合能力	一心：企业成长的使命和愿景	管理变革
利润之上的追求		A（行政管理）		战略之门	
保存核心，刺激进步		E（创业精神）		组织之门	
胆大包天的目标		I（整合）			
教派般的文化					
择强汰弱的进化					
自家成长的经理人					
永远不够好					
起点的终点					

① 施炜，苗兆光．企业成长导航【M】．北京：机械工业出版社，2019。

第一，他们的解决方案都强调“变”。不管是择强汰弱的进化、变革整合还是管理变革都在告诫我们，企业要想永生就不能满足现状，必须要变，而这种变是向更高一级的变，是进步，是升级，是更好、更强大。

第二，他们的解决方案都暗含“力”。无论是追求进步还是整合、变革，都要求企业付出“力”，没有“力”就无法实现“变”，而这里的“力”主要是指组织行为学所讲的“动力”。有“动力”才能推动行为的发生和目标的实现。

第三，他们的解决方案都体现“恒”。动力、变革、进步都不是一时的，而是持续不断的，“恒变”“恒力”方能“恒生”。

综合以上分析，笔者认为，**企业长期发展甚至永续经营的关键是打造持续进步变革的长期动力，简单来说就是保持活力。**

只有保持活力，才能对抗个体之熵，激励人们持续创造价值；只有保持活力，才能对抗组织之熵，持续提升创造价值的效率；只有保持活力，才能让企业实现持续成长和永续经营。如图 1－2 所示。

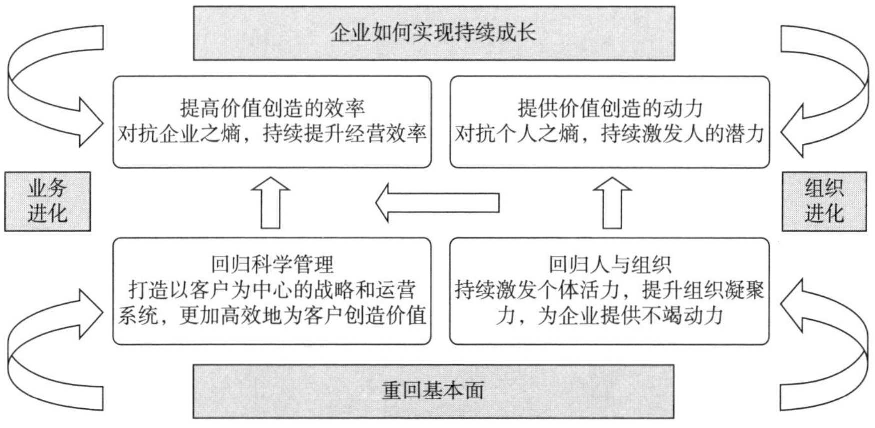

图 1－2　企业持续成长的底层逻辑

所谓“活力”，汉语的解释是“旺盛的生命力”，笔者认为，**这里的“活力”可以理解为“生生不息地解决问题、实现目标的动力”**。

支撑企业持续发展的活力应具备三个特点：

● 群体性：活力存在每一个个体中，但企业要想实现持续发展，仅靠几个人的活力是不行的，必须使整个组织保持足够的活力。所以，我们说的活力是指“组织活力”，具有群体性特点。

● 能动性：活力不是僵化、固定的，而是具有能动性，无论遇到什么问题，有活力的组织总能调动人的智慧，找到解决问题的办法。

● 持续性：企业发展过程中的问题层出不穷，要实现长期发展就必须具备连续不断的活力。

第二章

如何让组织保持活力

现实问题

①很多人在讲激发员工动力，但却不了解动力产生的内在逻辑。

②很多企业通过绩效考核、物质激励、干部管理等方式激发员工动力，但始终不能向华为一样形成群体奋斗、长期奋斗的效果。

③很多人对企业文化懵懵懂懂，没有系统认知，不清楚企业文化到底是什么、管什么。

解决方案

①从心理学的角度研究动力的形成和发生作用的机制：需求是动力的根本源泉，当需求遇到外部环境，经由自我调节，形成目标，在目标的牵引下形成动机或动力，进而做出行为。

②根据动力产生的逻辑梳理出激发动力的两种方式：一是针对需求进行科学、全面、持续的激励；二是营造正向、能动、强有力的环境，牵引人们形成良好动机。而在各项管理方式中，能够对企业理念、员工心智和企业环境进行综合管理的只有企业文化，因此企业文化管理是构筑长期动力的唯一方式。

③厘清企业文化管理的边界，明确指出企业文化管理的范畴是“管理理念与管理环境”，最终目标是形成与理念一致的心智模式。

第一节　活力来自激励和刺激

如第一章所言，组织活力本质上是组织行为学所讲的“动力”，组织要想保持活力，首先要了解人们动力的逻辑。

一、影响动力的因素

动力是指事物运动和发展的推动力量，组织行为学所讲的动力主要指推动人的行为产生的力量。

动机（动力）的来源是需求①，人无需求，就没有动机。但需求并不直接产生动机，它需要一定的刺激或诱因。**当诱因出现时，个体会进行自我调节，使自身的内在需求与行为目标相协调，进而产生动机和行为**。如图 2－1 所示。

因此，需求、环境与自我调节是影响人们动力的三个基本因素。面对同样的环境，不同人的动力是不一样的，同一个人面对不同的环境所产生的动力也不一样。打个比方，同样在华为，有奋斗者也有一般劳动者；同一个人，在华为工作与在懒散的企业工作，其动力也会有所变化。

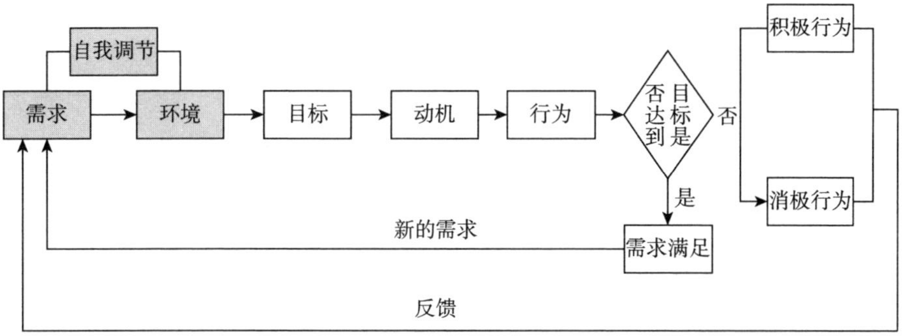

图 2－1　动力（动机）的逻辑

二、激发动力的方式

根据动力的逻辑，要让组织保持活力，主要有两种途径：一是适当激励；二是管理环境②。

（一）搭建科学、全面且可持续的激励体系

人的需求是多元、多层、可变的，不同的人在不同时期、不同环境会有不同的需求，因此长期的动力需要科学、全面、可持续的激励

---

① 人对某种目标的渴求和欲望，是人心理上的主观感受，包含内在的乐趣、使命感、责任感等，以及外在的物质、安全、尊重等。

② 这里的环境指外在的工作条件，但更重要的是企业内在的规则、氛围、领导风格、管理举措等。

体系。

1. 科学

所谓科学，是指顺应人们需求和动力的相关规律实施激励。

举个例子，亚当斯的公平理论认为：当一个人做出了成绩并取得报酬后，他不但关心自己所得报酬的绝对量，而且关心所得报酬的相对量。因此，他会进行种种比较来确定自己所获得的报酬是否合理，比较的结果将直接影响其今后工作的积极性。这就要求企业在实施激励时力求公正，使“比较”在客观上相对平衡，不至于造成明显的不公平感。

2. 全面

不同员工具有不同的需求，企业的激励体系不能只考虑部分员工的部分需求，为了有效激励不同层次和背景的员工，企业应设计较为全面的激励体系。例如华为的激励体系就强调“全面回报”，基于员工的多层次需求设计了“薪酬、福利、发展、认可”多维激励矩阵。

3. 可持续

持续的发展需要可持续的动力，因此企业应针对人们的需求建立可持续的激励体系。

然而，人们的需求是可变的，当一定的需求满足后，就会失去原有激励下的动力。因此，要想使激励可持续，就不能靠点状的物质或精神激励，而是要让人们形成关于激励的稳固的心智模式。

（二）营造正向、能动且强有力的环境

人所在的环境就是一个大的场域，场域是有影响力的，它可以直接影响人的动机和行为，影响的途径主要是人们的“认知与自我调节”。因此，**环境的内容、导向及影响力的强度是影响人们行为的关键因素。**要想使企业保持积极、长久和充足的动力，在组织环境的管理方面就要做到以下三点：

1. 积极正向

企业的环境是一个相对封闭的场域，在这个场域中有两类元素和力

量：一类是积极正向的，另一类是消极负向的。

当正向元素多时，组织成员的动机也会偏正向；当负向元素多时，组织成员的动机也更容易走向负向。毫无疑问，企业发展需要正向动力的支撑。因此，企业在营造环境时，一定要尽可能地创造和引入积极正向的元素，减少或消除消极负向的元素。

2. 能动

企业的环境应当刺激或引导人们积极地发挥主观能动性，而不是墨守成规或者消极怠惰。这就要求企业在理念、规则的设计上，既要与时俱进，又要牵引组织成员抵御怠惰、积极创造。

3. 强有力

环境发生作用主要是通过影响力，这种影响力的大小将直接影响人们动机的形成。当环境的影响力较弱时，只能使组织中的少数人产生动力，而要让组织中的多数群体产生动力，就需要营造一个强有力的环境，其表现主要是导向和规则的明确性、坚定性，以及在这种明确、坚定的导向、规则下的行为、饰物、氛围等。

第二节　经营“文化”就是经营“人心”

文化是人创造的，与人类社会相伴而生。企业文化属于文化，可以说，有了人就有了文化，有了企业就会有企业文化。

但作为一门管理学科，企业文化则出现的较晚，最早由加拿大裔的工业心理学家埃利奥特·杰奎斯在 1951 年提出，后经日本的实践和美国学者的研究而声名鹊起，流传至中国，经过企业的实践、机构的推动和网络的传播，企业文化逐步“登堂入室”，乃至“独步魁首”①。

① 企业文化的起源及发展历程，详见附录《企业文化的来龙去脉》。

一、企业的文化本质

1967 年，心理学家 G. R. Stephenson 做了一个实验：把五只猴子关在一个笼子里，笼子上方挂了一串香蕉，关联着一个自动装置，一旦侦测到有猴子去拿香蕉，就会有高压水枪向笼子喷水，笼子里的猴子都会被淋湿。

一开始，有只猴子想去拿香蕉，结果触发了自动装置，猴子被淋湿了。其他猴子尝试后，也是同样的结果。于是，猴子们逐渐默认一个事实：不能去拿香蕉，否则大家都会被淋湿。

后来，实验者放出了一只猴子，再放进了一只新猴子 A。猴子 A 看到香蕉就本能地去拿，结果还没拿到手就被另外四只猴子打了一顿。因为那四只猴子非常清楚，拿香蕉会让它们被水淋湿，就动用武力阻止它。猴子 A 尝试了几次，每次都被打，最后就放弃了拿香蕉的想法。

后来，实验者将最初的四只猴子中的一只放走，换进去一只新猴子 B。猴子 B 进入笼子后，和猴子 A 一样去拿香蕉。当然，就像之前，它也被其他四只猴子揍了，而且之前多次挨打的猴子 A 下手最重。和猴子 A 一样，猴子 B 尝试了几次，也放弃了拿香蕉的想法。

实验者陆续换走了笼子里最开始的五只猴子，这时发生了一个现象：没有猴子敢去拿香蕉，而且它们并不知道为什么不可以拿香蕉，只知道拿香蕉就一定会被揍。

至此，我们看到，在几只猴子之间有一个事物形成了，那就是“共识”。这些“共识”就是猴子们为了适应周围的环境而形成的规则和“文化”。

通过这个实验，我们看出企业文化其实是人们为了适应企业的环境而达成的共识，如果进一步追问，这种共识的本质是什么呢？

笔者认为，是一种“心智模式”，即深植在我们心中关于自己、别人、组织及周围世界每个层面的认知，包括假设、形象、故事等内容。

其中，最常用的就是关于行为的假设，即什么人在什么情况下做出什么行为会产生什么后果。

心智模式是人们经过长期的、大量的实践而形成的，是人的内心中最稳固、最长久的意识和思维，是指导人们行为的深层因素，谁“掌握”了心智模式，谁就“掌握”了人心，“掌握”了行为。

稻盛和夫说：“人心是最可靠、最稳定、最值得经营的，人心易变，但比人心更坚固的东西并不存在。”这里的“人心”就是“心智模式”，经营“文化”即经营“心智模式”、经营“人心”。

二、正确理解企业文化

当一个组织中多数成员都认同并持有同一套心智模式时，这套心智模式就成了组织的文化。所以，**企业文化就是组织成员为了适应周围环境而形成的一套共享的心智模式**。通过这一定义，我们需要树立以下认识：

第一，企业文化是组织成员创造的。这里的组织成员指的是企业中的人，包括企业家、干部和普通员工，是他们的需求、个性、心智模式与周围的环境相互作用，最终形成企业文化。

第二，企业文化是为了适应环境而产生的。任何时候不能脱离企业的环境谈企业文化，而且任何时候都要明白，文化是为了更好地适应环境而存在。

第三，企业文化是群体共享的。企业文化不一定被企业所有人认同，但却是大多数群体共享的，领导者单方面的思想和要求以及部分员工的个性思想和需求，都不能代表一个企业的文化。

第四，企业文化是一套心智模式。心智模式是人们根据自己认为真实的东西建立起来的，是对于周围世界如何运作的既有认知，尽管我们不易察觉，但它却常常指导着我们的思想和行为。

三、唯有文化可以构筑长期动力

正如前面所述，保持组织活力需要构建科学、全面、可持续的激励和积极正向、适合、先进、强有力的环境，试问哪一种管理方式能实现以上要求？笔者认为只有企业文化。

首先，企业文化是一门管理“理念”的学科。

企业理念包含与企业经营规律、人际关系、资源分配规则等相关理念，这些理念指引着企业的方向和组织成员的行为，他们可能是正确的、先进的，也可能是错误的、落后的，企业能否打造积极正向、适合、强有力的环境，第一步就看企业拥有什么样的理念，而管理理念的核心路径就是企业文化管理。

其次，企业文化是一门管理“心智”的学科。

企业宣导一套理念，并采取各种管理举措去实践这些理念，员工根据自己看到和体验到的实践形成一种认知，久而久之形成一种心理契约，这种效果无法通过单一的战略、组织、人力资源的管理去实现，只有通过企业文化的管理才能实现。

最后，企业文化是一门管理“环境”的综合型学科。

企业文化涵盖了战略、组织、人才等方面的管理内容，企业中凡是与人和规则相关的管理基本都与企业文化有联系；企业文化追求的不是业务链某个环节的效率，而是建设一个综合的环境。正是因为综合，才能从企业的全局出发、统筹考虑各方面的因素，设计科学、全面的激励体系，进而从多方面触发大多数员工的动力。

综上，企业文化是一门管理企业理念、员工心智和企业环境的综合型学科。众多管理学科中，只有企业文化可以让企业搭建科学、全面且可持续的激励体系，只有企业文化可以让企业形成正向、能动且强有力的环境。具备这两个条件，员工与企业就会形成一种良好的心理契约：**企业清楚地了解员工的需求与发展愿望，并尽量予以满足；而员工也为企业发展做出全力奉献，因为他们相信企业能满足员工的需求与愿望。**

企业与员工一旦形成良好的心理契约，员工就会产生长期、稳定的工作动力，组织就能保持活力，企业就会展现强大的生命力和良好的经

营业绩，并持续经营下去。

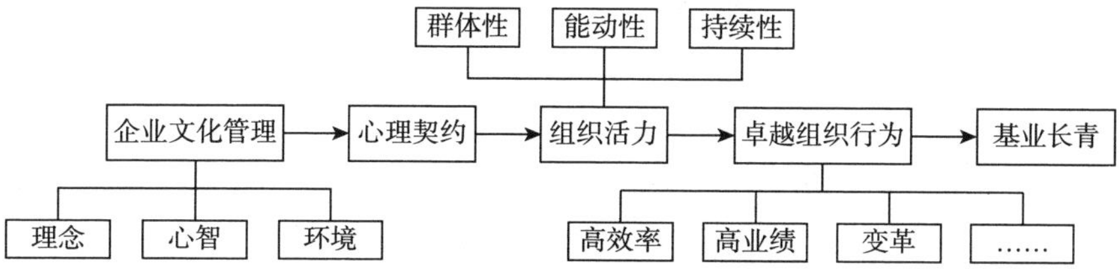

图 2-2　企业文化与基业长青的逻辑关系

第三节　企业文化真正要管什么

一、企业文化的 3 个层次

从企业文化的定义可以看出，其包含的内容是复杂多样的。例如阿伦·肯尼迪和特伦斯·迪尔就认为，企业文化包含企业环境、价值观、企业英雄、风俗和礼仪、文化网络五种因素。

同时，有人认为企业文化不但是多元的，而且是多层的。

例如比较流行的企业文化四层次说认为：企业文化的第一层是社会层，包括企业对外展示的形象，社会对企业的认知、评价；第二层是外在层，包括企业成员的行为表现、物化环境、仪式庆典及产品外观等；第三层是制度层，包括企业各经营环节的流程制度甚至不成文的规则；第四层是理念层，包括企业的使命、愿景、价值观等核心理念。如图 2-3 所示。

笔者认同企业文化的多元性和多层性，但回归企业文化的本质，笔者认为企业文化只有两层：

一是“内在心智层”，主要是指存在于内心的稳定的心智模式，包括我们通常说的信念、价值观、思想意识、行为逻辑，相当于沙因讲的“深层假设”。

二是“外在表现层”，即在内在心智的指引下展现于外的行为及

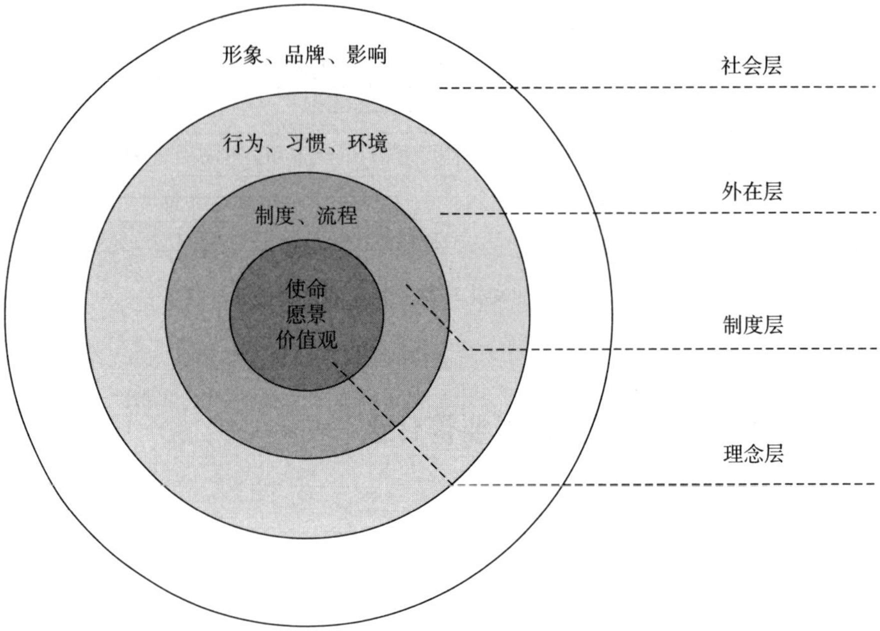

图 2-3　企业文化四层次说

行为产出物，例如制度、技术、产品等，相当于沙因所说的“人工饰物”。

由于“内在心智”是深藏于人内心之中的、比较复杂的意识，有时甚至是一些潜意识，所以，人和人之间要想形成共享的心智模式就要靠“心领神会”，但这种效率明显是很低的。

于是，**为了提高“共识”的效率，人们学会了把自己内在的一些比较清晰的心智模式用语言表达出来，期待与其他人达成共识，这就出现了我们经常看到的“使命、愿景、价值观”等理念体系。**

这套理念体系既有“外在表现层”的特点，又有“内在心智层”的属性，但却又无法和“外在表现层”或“内在心智层”画等号。

比较恰当的做法是将其单列一层，笔者定义为“中间理念层”。

这一层在整个企业文化体系中具有“神经中枢”的作用，它连接组织成员的内在心智与外在表现，使不同成员在同一个体系里交流信息，达成共识。**没有理念层，企业仍然可以形成文化，但所形成的文化是没有方向和效率的，组织成员通过行为碰撞心智，企业的文化在反复较量中逐步趋于稳定，但最终的状态可能是“个人的”“感性的”文化，而不是理性的、民心所向的文化。**因此，要打造理性的、民心所向的文化就需要通过理念层进行管理。如图 2－4 所示。

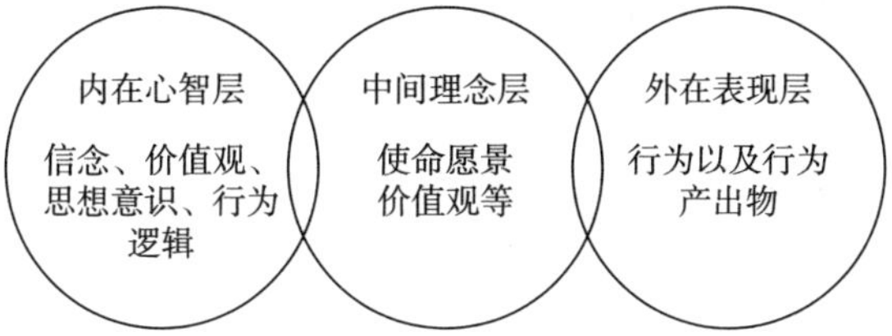

图 2－4　企业文化的三个层次

二、企业文化管理的范畴

理念、环境和心智模式是企业文化的三个内容，但心智模式深藏于人的内心，企业无法直接管理，只能通过理念管理和环境管理间接产生作用。所以，**企业文化的管理其实就是管“理念”和管“环境”。**如图 2－5 所示。

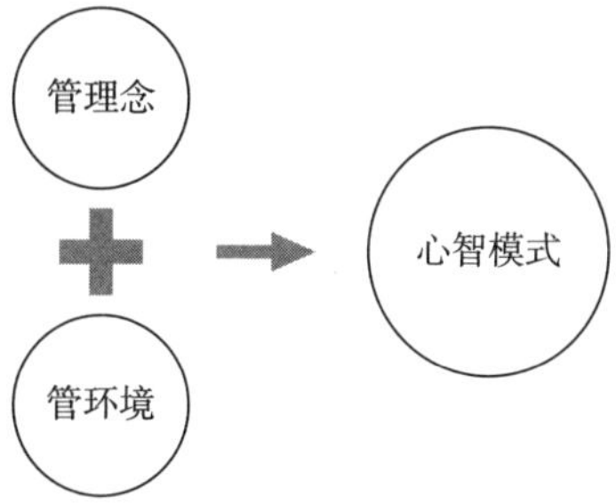

图 2－5　企业文化管理的两大内容

（一）管理理念

卓越的企业无不有自己的精神构造，谷歌、微软、苹果都有各自超越物质追求的宏大使命，这些企业是有魂的，有魂的组织才有可能产生长久的动力。**中国企业家要想让自己的企业与西方大公司比肩，就必须给企业注入灵魂。**①

管理理念，主要是做好两项工作：

其一，找到一个正确的理念。何为“正确”，笔者认为，顺应企业经营管理规律、能够得到多数群体拥护的理念就是正确的理念，也可以理解为正念。**只有在正念下，人们才会活得心安理得，才会感受到阳光与美好。**

其二，使正确的理念被组织成员理解。正确的理念往往是本质的、前瞻的，对很多人来说，往往需要一定的时间和认知能力才会理解，这就需要企业不断地对理念进行解读与传播，让大多数人理解企业的理念。

（二）管理环境

所谓环境，就是我们所说的“外在表现层”，即组织成员的行为和行为产出物。联系到企业经营管理所需，**企业文化所管理的环境主要是指“企业规则、员工行为、人工饰物”**。分解开来，企业规则又包括“制度、流程、机制和不成文的规则”等；员工行为主要指工作行为，但也包含与工作相关人际关系行为；人工饰物包含企业建筑、生产车间、办公装饰，以及为开展各种活动而布置的场景等。

管理环境，主要是指采取各项管理举措，改善组织的规则、氛围与行为等。具体到企业文化管理中，就是以正确的理念为指引，通过理念物化、言传身教、奖金分配、干部选用等管理举措证实企业的理念，促进员工形成与理念相一致的心智模式，也就是通常所说的“理念落地”。

---

① 田涛．理念・制度・人：华为组织与文化的底层逻辑【M】．北京：中信出版社，2020。

第三章

如何梳理组织文化体系

现实问题

①学界和企业界对企业文化理念体系包含哪些内容没有统一认识，打开企业官网查看其文化理念，有的企业写得很全面，使命、愿景、价值观、企业精神、企业作风、经营理念、管理理念、人才理念、廉洁理念等样样齐全，有的企业很简单，只有使命、愿景、价值观。

②有没有放之四海而皆准的文化理念？好的文化理念有什么特点？很多人想要一个答案。

解决方案

①根据理念层的本源和《华为基本法》的启示，探究理念体系的结构与内容，即完整的理念体系应包含“道、法、术”三个层面。

②企业经营管理有普适的公理（文化理念的一部分），但没有一模一样的文化，并根据过往实践经验总结出优秀文化理念的特点，即内容上“抓住本质、自成体系、因地制宜”，形式上“简洁、整齐、明了”。

第一节　优秀的组织都有“系统”理念

“一个健康的组织，必须有自己的组织理念，回答和解决组织为什么设立、朝什么方向走、如何走的问题。理念衰则组织衰，理念亡则组织亡。”①

现实中，很多企业在梳理企业文化理念体系时，都是围绕着“使命、愿景、价值观、企业精神”等核心理念提炼词语，这种做法有一个好处是比较聚焦，便于记忆和强化认知，但缺点在于过于简练、抽象，员工虽然理解了“是什么”，甚至是“为什么”，但不知道怎么办。

有的企业为了使企业文化更加具体，在使命、愿景、价值观之外增

① 田涛．理念·制度·人：华为组织与文化的底层逻辑【M】．北京：中信出版社，2020。

加了企业精神、企业作风、经营理念、管理理念、人才理念等，但由于跟现实的管理缺少联系，在实际管理中，这些理念很少用到，而且多种理念罗列在一起，容易使人搞不清楚它们与价值观之间的关系。

最好的解决方案是什么？《华为基本法》为我们提供了答案。

一、《华为基本法》的启发

《华为基本法》从 1995 年萌芽，1998 年正式定稿，至今二十多年过去了，在企业管理界仍备受推崇，很多企业在学习华为，构建自己的《基本法》。但现实中，《基本法》到底是什么？应该包含哪些内容？能起什么作用？怎么构建？很少有人能说清楚。因此，笔者认为有必要简要分析《华为基本法》。

（一）《华为基本法》的结构

《华为基本法》共 6 章 103 条，系统阐述了公司的宗旨、基本经营政策、基本组织政策、基本人力资源政策、基本控制政策、接班人与基本法修改，可以说是企业未来发展的一套“顶层设计”。

仔细研究会发现，《华为基本法》实际包含三类不同质的内容：

一是阐述企业经营管理之道的思想理念，确立企业最根本的追求与价值观。例如第一条：“华为的追求是在电子信息领域实现顾客的梦想，并依靠点点滴滴、锲而不舍的艰苦追求，使我们成为世界级领先企业。”

二是指导具体的管理动作如何操作的原则，告诉企业“怎么办”。例如第三十九条：“华为组织的建立和健全，必须有利于强化责任，确保公司目标和战略的实现；有利于简化流程，快速响应顾客的需求和市场的变化……（组织结构建立的基本原则）。”

三是明确企业管理核心课题具体内容的选择，告诉企业“是什么”。例如第四十四条：“公司的基本组织结构将是一种二维结构：按战略性事业划分的事业部和按地区划分的地区公司。”

根据三者的作用方式和基本特点，我们可以将第一类内容理解为企业文化理念之“道”，把第二类内容理解为企业文化理念之“法”，把第三类内容理解为企业文化理念之“术”。如图 3 – 1 所示。

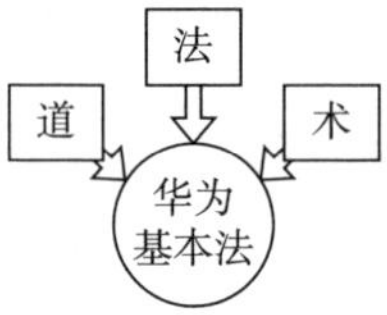

图 3 – 1　华为基本法的宏观结构

（二）概念的澄清

为了便于理解与表述，也为了对现实管理中容易混淆的概念做澄清，笔者建议把企业文化理念之“道”定义为“基本理念”，把企业文化理念之“法”定义为“基本原则”，把企业文化理念之“术”定义为“基本策略”，三者共同构成企业的“顶层设计”或“文化纲领”。如表 3 – 1 所示。

表 3 – 1　“道、法、术”三个层次文化理念的对比

联系	三者都是围绕企业持续成长的命题，阐述各项经营管理活动的方向，是一脉相承、层层递进的企业理念		
区别	基本理念	基本原则	基本策略
作用方式	为企业的经营管理及各种关系、问题的处理提供根本的指引	为战略制定、组织设计等管理模块提供相对概括的指引	为战略定位、组织模式、人才结构等管理事项提供相对具体的指引
作用时间	长期（15 年以上）	中期（10 ~ 15 年）	近期（5 ~ 10 年）
抽象 & 具象	抽象	相对抽象	相对具象
普适 & 个性	从普适性规律中做出个性化选择	从普适性原则中做出个性化选择	在普适性原则的指导下做出个性选择

实践中，基本理念、基本原则、基本策略有不同的指导意义，企业

可以根据自身需求选择制定什么样的文化理念。如表 3－2 所示。

表 3－2　不同需求下的文化理念体系

典型需求	文化理念体系
组织氛围提升	基本理念
组织转型与升级	基本理念＋基本原则
业务转型与升级	基本理念＋基本策略
业务、组织同时转型升级	基本理念＋基本原则＋基本策略

二、基本理念：兼顾需求，保持平衡

理念层是为了阐明群体的、主流的心智模式。因此，它应该是反映民心、被企业大多数人拥戴的。而要做到这一点，**理念层就要兼顾股东、员工、客户、社会大众等各方主体的需求，使各方主体的需求在当下的环境中保持平衡。**

首先，各主体有一个共同的需求，那就是“企业的持续成长”，因为只有企业保持生存和发展，各方主体才得以存在并从中获益。企业文化的理念层首先应阐明的是“企业持续成长之道”。

“企业持续成长之道”是个大课题，在此不做详细阐述，但从结构上讲，至少应包括以下内容：

● 我们的企业因为什么而存在？我们的目标是什么？我们如何实现目标？

● 对于企业来说，能否创立和存在，要说清楚自身“创造什么价值、为什么能更好地创造价值”，这就是我们常说的“使命”。

● 知道自己因为什么而存在回答了如何起源的问题，企业不但要知道自己是怎么来的、更重要的是回答未来要去哪里，即“我们的目标是什么”，对应我们常说的“愿景”。

● 明确目标后，接下来自然要回答“如何实现目标”，这部分内容通常用“价值观”来阐述。

基本理念		
使命	愿景	价值观

图 3－2　基本理念的框架

三、基本原则：共同目标、协作意愿、信息交流

系统组织理论创始人巴纳德认为，人们为了突破个人在资源和能力上的限制，追求更好或更高的目标，会自然而然地选择与他人合作，进而形成组织。①

组织运行需要三大基石，如图 3－3 所示。

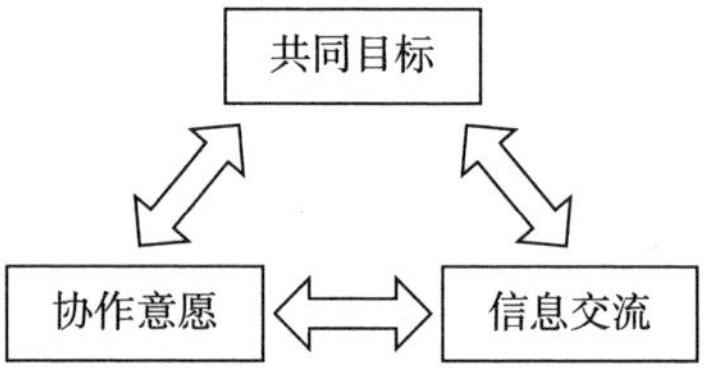

图 3－3　组织运行的三大基石

共同目标：组织必须有明确的目标，否则协作无从发生。目标明确，人们才知道该做出什么样的协作行为，也可据此判断个人能够获得什么回报。

协作意愿：目标的实现需要个体的协作，而个体协作的前提是有协作的意愿。

信息交流：组织的目标和个人的意愿只有通过信息的交流才具有意义和效果。信息包含意愿、情报、建议、指示和命令等。在企业里，信息交流的形式是丰富多样的，但最主要有两个：一是纵向的指令；二是横向的流程。

---

① ［美］切斯特 I. 巴纳德．王永贵译．经理人员的职能【M】．北京：机械工业出版社，2021。

根据巴纳德组织运行的三大基石，结合企业管理实践，笔者建议从三大模块九个维度构建企业经营管理的基本原则。如图 3－4 所示。

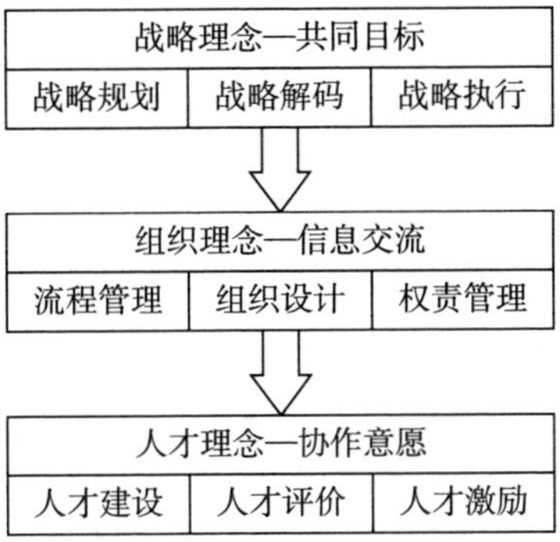

图 3－4　基本原则的框架

这一框架不但符合企业管理的实践，而且相关内容与麦肯锡的企业管理七要素、杨三角等理论观点基本一致，各模块包含的维度和逻辑关系，笔者将在后面章节详细阐述。

四、基本策略：将基本理念转变为业绩和文化

所谓基本策略，就是从企业的战略意图出发，沿着基本原则的框架，寻找关键成功因素，对基本原则中的关键课题做出选择。

不同企业有不同的业务特点、突出问题与现实需求，在梳理基本策略时需要研究的课题也会有所差异，但按照企业经营管理的一般逻辑，结合多年的咨询实践，笔者提出图 3－5 框架作为参考。

使命确定企业宏观的事业领域，愿景确定企业家和企业成员的长远目标，价值观表达实现目标的总体思路与原则。

基本策略要做的是通过明确战略、组织、人才管理中的关键成功因素，承接使命、愿景、价值观，使企业的基本理念转变为现实的业绩和文化。

由于基本策略是在基本原则的框架指引下做出的选择，联系紧密，所以笔者将二者放在一起，在第六章进行系统阐述。

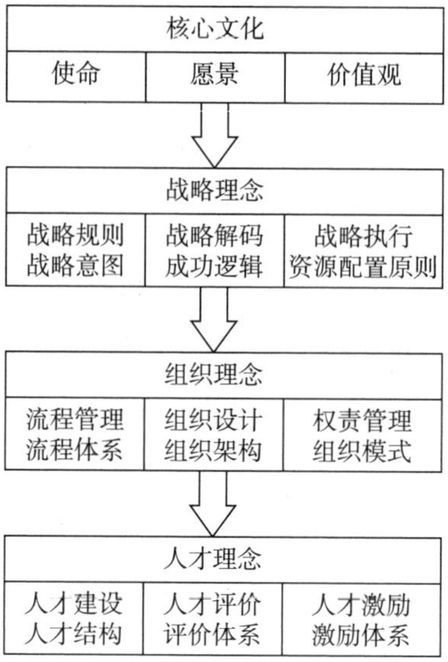

图 3－5　基本策略的框架

第二节　优秀的理念简单而深刻

一、没有放之四海而皆准的文化理念

华为取得令人瞩目的业绩，让很多企业关注企业文化和华为的文化理念。在做咨询项目的过程中我们也发现了一个现象，很多企业提炼文化理念，最后往往不自觉地回到了华为“以客户为中心，以奋斗者为本”的文化理念上。而对于众多企业“模仿”华为文化的做法，任总认为，“以客户为中心，以奋斗者为本”是华为在长期的实践中探索出的经验，别的企业也能学习。

那么，我们不禁要问，现实中有没有放之四海而皆准的文化理念？笔者的观点是：企业经营有普适的公理（文化理念的一部分），但没有一模一样的文化。

（一）普适的公理

所谓普适的公理，主要阐明企业性质、企业为什么而存在、为谁而存在、如何持续存在的规律，在哪个企业都适用。

任何事物都有其第一性原理，这个原理是由其根本性质决定的，企业经营也一样，只要是企业，一定都有企业的根本性质，遵循企业存续发展的一般规律，我们可以将其称为“企业公理”。例如德鲁克说的：“企业的目的是创造顾客，它有且仅有两项基本职能：一是营销；二是创新。”① 因此，任何一个企业要想实现持续发展，必须坚持“客户导向、持续创新”的理念，这是企业发展的两条基本公理。

（二）独特的文化

企业虽然要遵循企业存续发展的一般公理，但公理只是企业理念的一部分，在此基础上，企业所处的内外部环境不同。为了更好地适应环境，企业还会延伸出更加细致的理念。因此，企业不同，看重的文化理念也不同，在文化理念方面我们无法找到一套放之四海而皆准的标准答案。

即使理念高度相似的两个企业，从理念到落地，经过领导者、员工、客户、合作者、社会大众等相关因素错综复杂的作用，最终形成的也是千差万别、独一无二的企业文化。

所以，吉姆·柯林斯在《基业长青》中着重提醒：**“我们并未发现任何特别的理念内容和成为高瞻远瞩公司息息相关。我们的研究显示，理念的真实性和公司持续一贯符合理念的程度要比理念的内容重要。不管这些无形的因素有多重要，都不足以造就出高瞻远瞩公司。高瞻远瞩公司的根本在于转化核心理念和独特追求进步的精神，使之融入组织结构的所有层面，化为目标、战略、战术、政策、程序、文化习性、管理行为、建设蓝图、支付制度、会计制度、职务设计。一句话，化成公司的一切作为。”**②

---

① ［美］德鲁克．管理【M】．北京：机械工业出版社，2010。

② ［美］吉姆·柯林斯，杰里·波勒斯．基业长青【M】．北京：中信出版社，2009。

二、好的文化理念有什么特点

尽管没有放之四海而皆准的文化理念，但因领导层的阅历、视野、思维方式不同，以及文化理念梳理方法的差异，企业确立的文化理念仍有优劣之分。根据过往的咨询实践，笔者总结了优秀文化理念的一般特点。

（一）内容上的特点

1. 抓住本质

文化理念是内在心智模式的显性表达，而内在心智模式往往是人们最底层、最牢固的意识和思维，所以企业在提炼文化理念时，一定要进行深度思考，确立的文化理念要抓住企业经营管理的本质，以及企业中人的思维、行为的本质。

2. 自成体系

好的文化理念应该是自成体系的：

第一，能够照顾企业经营管理的基本面，不至于有缺漏。例如从盈利的角度考虑，文化理念中就要体现如何创造价值及如何实现价值。

第二，实现闭环。例如企业不能单纯考虑盈利，还要考虑如何持续盈利，要在文化理念中确立企业如何持续存在和发展的内容。

第三，逻辑严谨。各条理念之间没有重复或相互包含的关系，而是既相互独立、并列，又相互关联、承接。

3. 因地制宜

文化是企业适应内外部环境的方式，好的文化一定是结合企业的内外部环境制定，且能够指引企业更好地适应内外部环境的。如图 3 – 6 所示。

（二）形式上的特点

1. 简洁

美的事物往往是简约的。文化理念不宜长篇大论，在清晰表达内涵的情况下，越简洁越好。但简洁的背后是对本质的把握，这对很多人来说都是一种挑战。

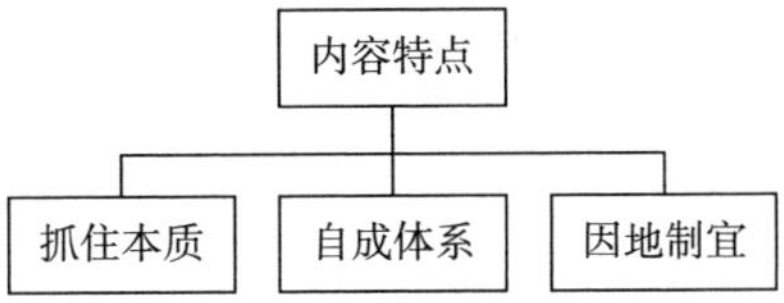

图 3－6　优秀文化理念内容特点

2. 明了

文化理念表达的是组织中最核心的心智模式，是为了让更多的人形成统一认知。文化理念最好做到“通俗易懂”，便于员工理解和传诵。

3. 整齐

整齐主要是指不同的理念尽量在形式上保持一致，用短句都用短句，用两字词语都用两字词语。统一形式后，整体会显得简洁，既美观，又好记。

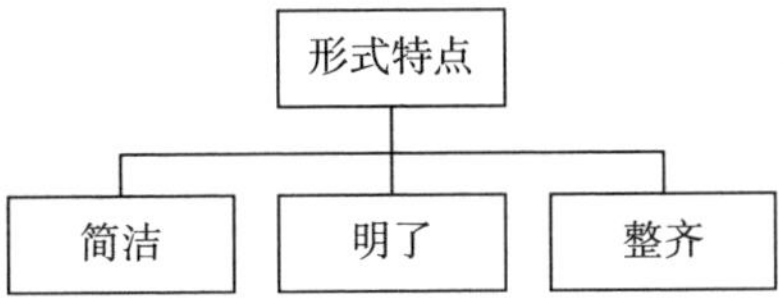

图 3－7　优秀文化理念形式特点

单纯讲特点，有些读者可能不理解，接下来看一个案例。

以奋斗者为本：指导企业适应内部环境变化、处理内部组织成员的矛盾，是激发个体活力，创造最大价值的内在要求，解决了谁来创造价值、如何创造价值的问题。

以客户为中心：指导企业适应外部环境变化、处理内部价值链之间的协同关系，是创造客户需求，实现企业价值的唯一路径，解决了如何实现价值的问题。

长期坚持艰苦奋斗：指导组织成员持续发现问题、解决问题，对抗

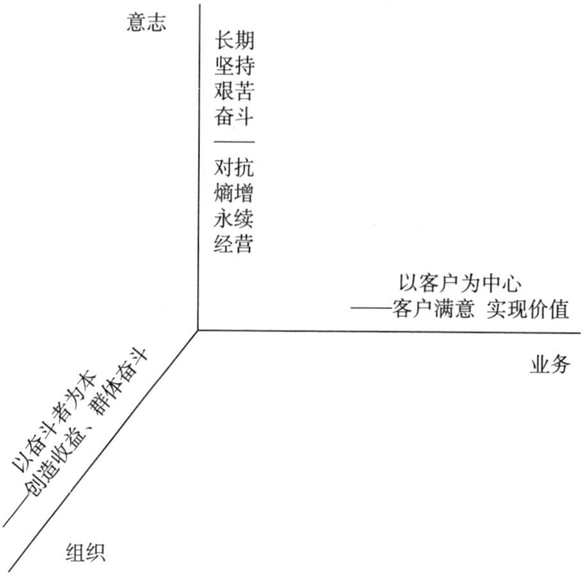

图 3－8 华为核心价值观及逻辑关系

个体熵增和组织熵增，不断实现组织和业务突破的能量源泉，解决了如何永续经营的问题。

三条价值观，条数和字数都不多，但通俗易懂、相互衔接、自成体系，对相关理念的传递和落地大有裨益，这也是许多企业争相学习的一个原因。

第四章

如何梳理组织的根本理念

现实问题

①对使命、愿景、价值观一知半解，导致的结果是，要么觉得没用，要么不会用，要么用错。例如把劳动态度的考核当作价值观考核，不知道该采用 5 分制还是 0&1 制。

②不知道如何系统梳理、提炼使命、愿景、价值观，或者找不到有质感、有共鸣的使命、愿景、价值观。

解决方案

①系统阐述关于使命、愿景、价值观的错误认知及正确认知。

②系统讲解如何梳理提炼企业使命、愿景、价值观。

第一节　使命：人生为一件“大事”而来

一、使命是什么

（一）两大误区

尽管很多企业在提炼企业文化理念时都把使命作为一个必选项，但事实上大多数企业都没有正确理解使命，主要表现为图 4 – 1。

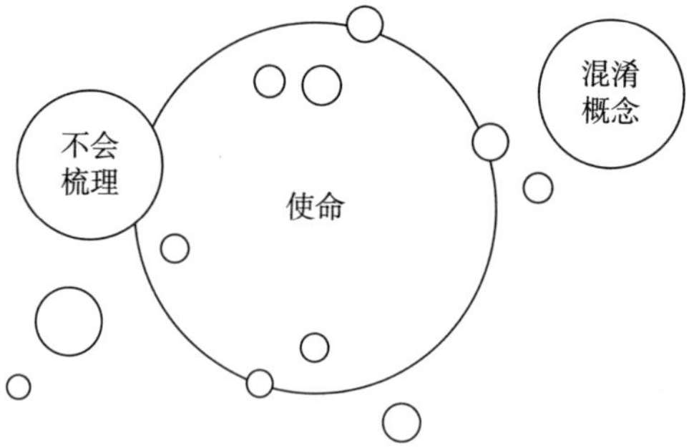

图 4 – 1　使命的两大误区

1. 混淆概念

一些企业梳理使命时容易和愿景、品牌理念混淆。笔者常见到一些企业的使命表述是“成为……企业”，这其实是在表达对未来的憧憬，是在说愿景；还有一些企业制定的使命是“科技改变……”“科技向……”。科技跟企业有什么关系？使命要表达的是企业的价值，如果把主语定为“科技”而不是“企业”，如何体现企业的价值？

2. 不会梳理

很多企业在提炼使命时不去研究背后的社会环境、客户需求和自身能力，而是越过实质谈现象，拍脑袋制定使命，把使命的提炼做成了“文学竞赛”，确立的使命空洞模糊，与企业业务相脱节。

（二）正确的理解

1. 使命的内涵

关于使命，恐怕没有人比德鲁克的理解更透彻了。他认为：“管理就是界定企业的使命，并激励和组织人力资源去实现这个使命。缺乏对企业的宗旨和使命足够的思考也许是企业遭到挫折和失败的最重要原因。”①

按照德鲁克的理论，企业的使命应当包含两部分内容：

- 我们的事业是什么。
- 我们的事业有什么价值和意义。

通俗的理解，使命就是**“企业存在的意义和价值”。一个有效的使命告诉企业内部的员工和社会大众，除了赚钱，我们存在的理由和价值还有什么，它更多地体现了企业的终极信仰。**

作为社会中的一员，只有当企业确立了自己的使命，才能从产业社会中找出一件事情安在自己头上，才能与产业社会建立实质关系，进而在社会中确立自己的地位。

一切伟大的组织，都要为自身所做的事情确定价值坐标，提炼一种崇高性，这就是“事”与“事业”的重大分野。备受社会尊敬或称道

① ［美］德鲁克．管理【M】．北京：机械工业出版社，2010。

的企业，在于他们能够正确理解企业的性质，并在此基础上确定自己的使命，而不在于做了多大或说成多大。大小多少，只是存在感，而不是存在价值。①

2. 使命的三大特质

一个清晰而稳定的使命通常符合三个特点，如图 4 – 2 所示。

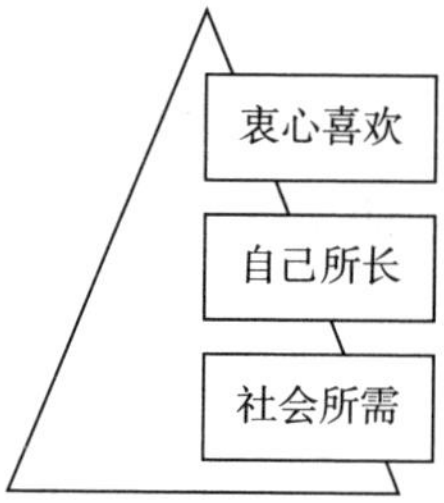

图 4 – 2　使命的三大特质

社会所需：即企业所做的事是社会需求的，这是企业的价值点，是企业被尊崇的理由。

迪士尼让社会快活了 100 年，才获得了社会给予的莫大名分。它的使命是让人们过得快乐，旨在制造快乐和销售快乐。默克已有 350 年历史，至今没有衰败的迹象，成为公认的社会生活中的一个重要角色。它的使命是创新引领生活，旨在释放科研的潜力，为客户提供高质量产品，改善患者和客户的生活。②

从另一个角度讲，如果企业所做的事不是社会所需，最终会被社会大众抛弃。

曾几何时，教育培训如火如荼，引来众多资本争相入局，但经过几年的野蛮生长，2021 年国家出台了双减政策，一时间各大知名教育机构市值一落千丈，教培机构纷纷倒闭。之所以出现如此局面，应当说是命运使然。大量的课外培训，提升了一部分学生的学习水平，但却让整

① 包政．企业的本质【M】. 北京：机械工业出版社，2018。
② 包政．企业的本质【M】. 北京：机械工业出版社，2018。

个社会内卷起来，家长花钱，学生花时间，最终换来的是大家身心疲惫，不利于学生的健康成长和社会的有序竞争。这种事业虽能获得一时发展，但冲破了社会的忍耐度后，终将被社会狠狠抛弃。

自己所长：社会之所以把资源交给企业去经营，就是因为企业能够更加高效地组织生产，满足客户的需求。为了使组织更有效率，企业必须把资源和精力聚焦到自身的优势上。

尤其在各行各业进入充分竞争的时代，如何找到自身优势并将其充分放大，对个人和企业至关重要。

衷心喜欢：所谓喜欢，是因为所做的事满足了自己的某种需求，或者是物资上的，或者是精神上的，有需求才会有源源不断的动力。如果不喜欢，早晚会丧失动力。因此，**使命所表达的应当是衷心喜欢的事业，唯有喜欢，才能抵御其他诱惑；唯有热爱，才能抵御职业倦怠。**

3. 使命的表述形式

首先，使命表达的是企业的价值，所以使命的主语是“企业”，即使现实中很多企业都省略了主语，但也不可将其替换为其他主语。

其次，使命的表述中通常包含两部分内容，即“我们的事业”及“事业的价值”。例如美团的使命，“帮大家吃得更好，生活更好”，其中“我们的事业”可以通过高度概括的词语体现，也可以不体现，但“事业的价值”一定要体现，它是核心内容。

最后，好的使命表现形式通常是“言简意赅、通俗易懂”。例如阿里巴巴的使命是：“让天下没有难做的生意”。

（三）使命与利润的关系

利润是维系企业运转的基础条件，也是对企业经营管理是否有效、是否达到了预期效果的一个验证指标。

但利润不是企业的唯一追求，更不是根本追求，企业的根本追求是价值。利润是价值的表现，是对创造价值的回报。所以，**使命和利润是因与果的关系，一味追求利润是舍本逐末，结果往往适得其反。**

然而，不是所有人都能看到这一逻辑，对一些人来说金钱仍是最有吸引力的，于是他们把利润作为企业追求的目的，什么赚钱就做什么，地产、金融、商贸、医疗等全面发展，最后企业规模看着很大，却没有积累起核心竞争力。

正是因为看透了使命和利润的逻辑关系，吉姆·柯林斯才在《基业长青》中说道：**“优秀的企业都是高瞻远瞩的，都有一个比利润更为高远的使命，当向这样更为高远和理想主义的目标去追求时，利润自然就成了副产品。”**①

二、使命的作用

（一）指引方向

德鲁克说：“界定企业的宗旨和使命，是一项艰巨、痛苦并带有风险的工作。但是只要能把它们界定清楚，就能帮助企业确定目标、制定战略、集中资源、开始行动。只有如此，才能对企业进行管理并取得杰出的绩效。”②

事实证明，那些持续成功并具备核心竞争力的企业，往往都是从根本上想清楚了自身的使命并长期坚持。

（二）激发动力

使命，通俗地讲就是“为什么而生”的意思。**人的动力来源于需求，而在激发人的动力的各种需求中，最强大、最稳定的应当是“使命感”**。

一个人一旦认定了某个使命，将死心塌地、不辞辛劳地为之努力。笔者认为，使命的核心作用是激发动力。

使命激发动力，笔者印象最深的有三个案例：

第一个案例是谭嗣同。他出生在一个生活富足的家庭，但国家孱

---

① ［美］吉姆·柯林斯，杰里·波勒斯．基业长青【M】．北京：中信出版社，2009。
② ［美］德鲁克．管理【M】．北京：机械工业出版社，2010。

弱，屡遭外国入侵，谭嗣同心生忧愤。面对腐朽没落的清政府，他决意通过变法挽救民族危亡。变法失败后，谭嗣同有很多次出逃的机会，他都放弃了，对劝其离开的人说：“各国变法无不从流血而成，今日中国未闻有因变法而流血者，此国之所以不昌也。有之，请自嗣同始。”1898 年谭嗣同英勇就义，年仅 33 岁，梁启超称其为“中国为国流血第一士”。

第二个案例是陈延年，笔者是看了电视剧《觉醒年代》才加深了对他的了解。陈延年是陈独秀的长子，在整个剧中给人的印象是思想独立、风度翩翩，但在电视剧的结尾却呈现了一个鲜血淋漓、遍体鳞伤的陈延年，字幕显示：“陈延年，中国共产党第五届中央政治局候补委员，革命烈士。1927 年在上海被捕，宁死不跪，被国民党反动派乱刀砍死，时年 29 岁。”他说：“我想成为一个能够报效国家、报效民众的人。我希望咱们的国家不要被外国人控制，民众不被当官的欺负，老百姓都能过上好日子……我现在决心为了国家的强大和民众的幸福而牺牲一切。”

第三个案例是日本的寿司之神小野二郎。2011 年，大卫·贾柏拍了一部纪录片《寿司之神》，讲述了 80 多岁的小野二郎终其一生做寿司的故事。他是全球最年长的米其林三星大厨，他的寿司店“数寄屋桥次郎”远近驰名，从食材、制作到入口瞬间，每个步骤都经过缜密计算。他永远以最高标准要求自己和学徒，确保客人享受到究极美味，他做的寿司被誉为值得花一辈子排队等待的美味。当被问及成功秘诀时，他说：“一旦你决定好职业，你必须全心投入工作，你必须爱自己的工作，千万不要有怨言，必须穷尽一生磨炼技能，这就是成功的秘诀。”

使命的力量是非常强大的。试想一个千人企业，如果能让大多数人都形成使命感，这样的企业将产生多大的能量。

华为有十几万知识精英，作为个体之所以富有强烈的奋斗精神，作为群体之所以长期具有强大的战斗力和凝聚力，不仅仅是因为华为把钱、权、名分好了，更为重要的还有使命驱动、理想驱动和意义驱动。①

（三）感召人才

1983 年，乔布斯为了让当时的百事可乐总裁约翰·斯卡利加入苹果，说出了那段著名的话，至今被人津津乐道："你是想卖一辈子糖水，还是跟着我们改变世界?"

当今时代是知识经济时代，知识型人才取代土地和资本成为创造财富的主要因素。而对知识型人才来说，其需求是多元的，除了物质，他们更看重内在精神上的满足、自我价值的实现，这项价值在企业中的表现就是使命。

企业的使命说明了一群人聚在一起做一件什么样的事业、这项事业有什么价值，它让员工的一个个平凡的动作变得有意义。没有使命，汽车生产线上的员工可能会觉得天天拧螺丝没有意义；但有了使命，他会觉得自己是在"改善人们的出行"，工作中的动力截然不同。

三、如何确立使命

德鲁克认为，每一个企业都应该想清楚三个问题：我们的事业是什么？我们的事业将是什么？我们的事业应该是什么？这为我们指出了确立使命的基本步骤。如图 4－3 所示。

一、我们的事业是什么	二、我们的事业将是什么	三、我们的事业应该是什么
· 我们提供什么产品 · 谁是我们的客户 · 客户的认知价值是什么	· 社会环境有哪些变化 · 环境变化让客户需求发生了什么变化 · 有哪些客户需求未被满足	· 是否需要改变某些旧业务 · 是否应该从事某些新业务 · 最终为客户创造的价值是什么

图 4－3　提炼使命的三个步骤

① 田涛．理念·制度·人：华为组织与文化的底层逻辑【M】．北京：中信出版社，2020。

（一）我们的事业是什么

我们的事业是什么，是站在当下看企业的使命，其中要梳理三个问题：

1. 我们提供什么产品

德鲁克认为，要想弄清楚我们的事业是什么，第一步要回答的是“谁是我们的顾客”。事实上，对这个问题的回答往往建立在一个基础上，即我们提供什么产品。所以，他在探讨谁是顾客时，举的保险丝盒和闸盒生产商的例子，就是从现有的产品出发。

这一步只需要把企业为客户提供的产品分类列举出来即可，没有难度。

2. 谁是我们的客户

企业生产产品，不是为了自己消费，而是要通过客户换取回报，没有客户，企业就失去了存在的依据和意义。因此，企业的事业是什么，不能由自己定义，而是由客户定义，界定我们的事业，首先要找到我们的客户。

梳理我们的客户，不是具体罗列出谁购买了我们产品，而是要描绘出产品所针对的客户群体有什么特征，他们在哪里，包括现在的购买者和潜在的购买者、直接的购买者和间接的购买者。

笔者曾经服务过一家精密制造企业，其产品主要是手机连接器、手机金属外壳、笔记本电脑金属外壳等精密终端产品的零组件，那么他的客户群体就是所有从事精密终端产品生产的下游厂商，包括手机、笔记本电脑、耳机、智能穿戴设备等生产厂商，而不仅限于当前已合作的客户。

3. 客户的认知价值是什么

客户的认知价值是指，站在客户的角度看，他需要从我们的产品中获得什么价值。

每一种消费行为背后都是人的欲求在驱动，客户购买一件产品，真实要满足的欲求是什么，可能与我们想象的不一致。生产燃气灶的企业也许会认为自己的竞争对手是其他燃气灶厂商，但他们的客户其实购买的不是燃气灶，而是最便捷的食物烹调方式，他们的竞争对手可能是电炉、煤炭炉等所有提供便捷烹调方式的厂商。

所以，决定企业应该生产什么的不是企业自己，而是客户，是客户的认知价值。

客户对于价值的看法是比较复杂的，有的侧重价格，有的侧重品质，而很多时候客户做出购买决定时，考虑的是综合了价格、品质、服务等维度的总价值，企业应该以系统化的方式向客户探寻真正的答案。

（二）我们的事业将是什么

当今社会，技术、市场等商业环境更新、变化的速度远超以前，企业的使命也要洞察趋势、顺应时势。我们的事业将是什么，就是要从发展的角度看一下周围的环境正在发生什么变化，对客户的需求产生了什么影响。

1. 社会环境有哪些变化

社会环境主要分析两端：

一是需求端，主要看人口结构和人口动态的变化趋势，以及客户群体的购买能力、已被满足的需求，判断市场空间和需求偏好的走向。

二是供给端，主要看行业有哪些新技术、新模式。例如苹果通过一系列技术创新开启了全新的智能手机时代。

2. 环境变化让顾客需求发生了什么变化

主要看需求端和供给端的变化改变了哪些现有的需求，以及客户对价值的看法，创造了哪些新的需求及满足客户需求的方式。例如随着我国居民可支配收入的增加和出行方式的多样化，人们对自行车、电动两轮车的需求不再像过去那样首先看重价格，而是追求更高端、更智能，行业中的企业必须关注并适应这些变化趋势。

3. 有哪些客户需求未被满足

企业可以从两个视角发现客户未被满足的需求：

一是站在现在，从客户的认知价值看，我们的产品与客户的真正需求有哪些偏差。例如汽车厂商采购一批车灯，他真正需要的不是车灯，而是关于汽车照明的整体解决方案，这就需要车灯企业提前介入客户前端研发，为客户提供系统化解决方案。

二是站在未来，从环境导致的需求变化看，我们的产品与客户的真正需求有哪些偏差。例如人们对于高端、智能自行车、电动两轮车的需求等。

客户未被满足的需求，就是企业的机会。

（三）我们的事业应该是什么

“我们的事业是什么”让企业看清现在的自己，“我们的事业将是什么”让企业看清未来的趋势，以及自己与未来的偏差。最后，所有的研究与分析都要落到一个问题——“我们的事业应该是什么”。

梳理“我们的事业应该是什么”，主要是根据前面的分析来调整企业的业务，优化现有业务，增加新兴业务，根据企业最终的业务确定未来 10～30 年的使命，对应的也要回答三个问题：

1. 是否需要改变某些旧业务

改变现有业务的依据是前面分析的“客户未被满足的需求”，改变的形式有三种：

一是现有业务已无法满足客户需求，需要逐步退出。例如随着智能手机的出现，很多企业淘汰了传统手机业务。

二是现有业务与客户认知价值有部分偏差，对原有的产品、服务进行适当优化即可。例如过去人们买自行车是为了出行，现在买自行车更多是为了休闲、健身，这就需要企业更新产品技术，重新布局产品线。

三是现有业务满足需求的方式已经落后，行业中出现了更好的替代方式。例如很多汽车厂商打破传统的4S店经销模式，利用互联网技术开展社群营销，通过线上征集客户需求、公开生产过程及日常互动交流，大大提高了客户黏性。

2. 是否需要从事某些新业务

决定是否从事某些新业务，相对复杂一些，除了确定有“未被满足的客户需求”，还要看自身的资源、能力及市场的竞争情况。企业务必须做到：**确认是否具备从事相关业务的核心能力，使自己的优势与外部的机会相结合，用己所长为客户创造价值，切忌盲目跟风，使自己陷入大而不强的战略陷阱。**

增加新业务，一般也有三种形式：

一是基于现有产品与客户的认知价值偏差布局新业务。例如很多企业在为客户提供一个产品的过程中，发现了背后关联的一系列需求，进而决定延伸产业链，增加产品线，从提供单一产品向提供一站式解决方案转变。

二是基于新技术、新模式布局新业务。例如随着电池、电机、电控等技术的成熟，很多传统车企纷纷布局新能源汽车业务。

三是基于市场空白布局新业务。例如攻克医药技术难题，为人们提供有效治疗肿瘤疾病的平价药物。

3. 最终为客户创造的价值是什么

使命最终要落脚到价值，即企业的业务最终为客户创造的价值是什么。这一问题对于单一业务或者主业突出的企业相对容易回答，对于多元化企业，则要具体分析每项核心业务价值的基础上，找到其中的共性价值。例如美团兼有团购、外卖、打车、单车等业务，综合各项业务的价值，他们把使命定义为“帮大家吃得更好，生活更好”。

价值一般有两种表达方式，企业可从适应客户偏好和便于员工理解的角度，选择侧重表达功能价值还是象征价值。如表4-1所示。

表 4－1　价值的两种表达方式

分类	特点	举例	适用企业类型
功能价值	从产品的功能出发，直观地表达解决了某个问题，或者改善了某个现状	阿里巴巴的使命：让天下没有难做的生意	· To B 类企业 · 业务相对聚焦
象征价值	在功能价值的基础上进一步延伸，表达功能价值背后的价值，如公平、效率、幸福等	· 京东的使命：技术为本，致力于更高效和可持续的世界 · 华润集团的使命：引领商业进步，共创美好生活	· To C 类企业 · 业务相对多元

第二节　愿景：内心渴望才会拼尽全力

一、愿景是什么

（一）两大误区

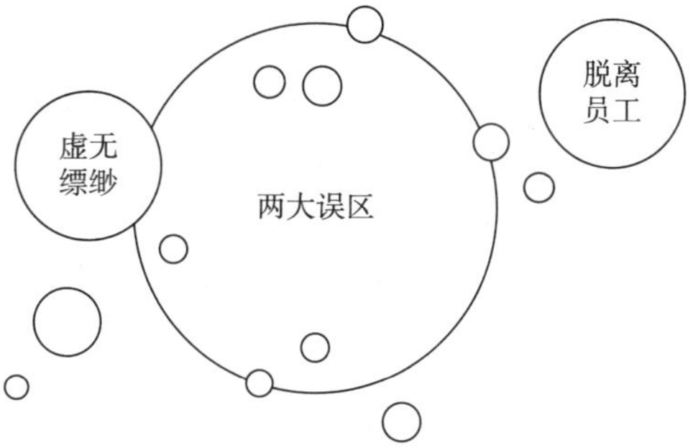

图 4－4　愿景的两大误区

1. 虚无缥缈

如今使命、愿景、价值观成了企业文化理念的标配，但打开文化手册一看，很多企业的愿景都比较像，都是“成为国内/国际一流的……企业”，但何为“国内/国际一流”、如何实现基本少有提及。这样的愿景是脱离现实的，不是发自组织成员内心的，很难激起干部员工的兴趣。

2. 脱离员工

很多企业制定的愿景中都是在说企业要活多少年，成为多少强企业，但基本不提员工。愿景不只是股东们的，是整个企业的，而且要靠广大员工才能实现，如果一个企业描绘的愿景跟员工没关系，就很难调动员工的积极性，也是很难实现的。

（二）正确的理解

使命告诉我们要做什么事、有什么意义，但却没有说明做成什么样，做成了跟我们有什么关系，所以除了使命，组织还必须有目标。

吉姆·柯林斯说："高瞻远瞩的公司都有一个胆大包天的目标，愿景就是组织成员共同渴求的胆大包天的目标，是对企业长期要实现的目标图景的生动描绘。"其核心特点如图 4－5 所示。

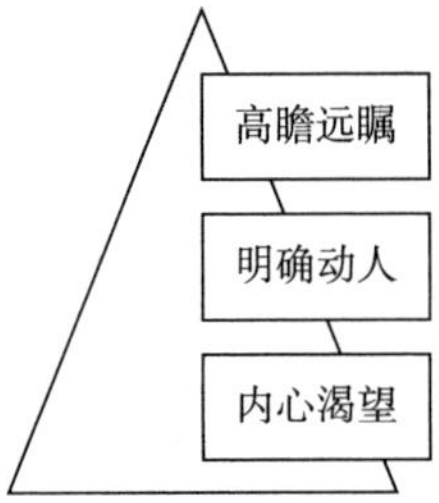

图 4－5　愿景的三大特质

1. 高瞻远瞩

愿景要具有长期牵引力，首先就不能是普通和平凡的，不是短期内、轻轻松松就能实现的，要能够超越人们所设想的"常态"水准。

愿景有远期和近期之分，长期愿景通常着眼于 50 年、100 年，甚至更长远。例如许多企业要做百年企业，追求基业长青，其实是一种远期愿景；近期愿景通常描绘 10～30 年的发展目标，虽然远大，但从现实判断是有可能实现的。

愿景太远，会让人觉得虚无缥缈，难以调动日常的积极性，尤其是在商业环境快速变化的今天，过于长远的目标会缺少指导意义。所以，笔者建议企业愿景聚焦未来 10 ~ 30 年的目标即可。

2. 明确动人、内心渴望

第一，愿景是一个目标，目标要发挥导向作用就不能虚无缥缈，而要尽可能明确动人。不明确就不知道往哪去、做什么；不动人就不能吸引人、激励人。

第二，为了达到明确动人的效果，企业在确立愿景时最好参照一定维度和指标来表达，相关维度和指标笔者将在后面介绍。

第三，内心渴望：稻盛和夫说："内心不渴望的东西不可能靠近你。"愿景是一种目标，目标的根源是需求，一个人如果对企业的愿景不感兴趣、不激动，说明这个愿景不符合他的需求，不是他渴望的，也就很难调动他的积极性。

内心渴望的原则要求愿景一定要表达员工的需求，因为愿景要靠人去实现，愿景如果与员工无关，又怎能激发员工为愿景而努力。

（三）愿景与使命的联系与区别

1. 联系

使命表达一种价值，价值意味着满足了某项需求，愿景表达目标，背后也是人的需求，**使命与愿景是同质不同量的两个事物，二者是前因与后果的关系**，愿景通常基于使命来推导，聚焦使命长期努力方可实现愿景。

正是因为"同质"，在实践中出现了很多企业将使命和愿景混淆的现象。

2. 区别

为了更好地区分使命与愿景，避免混淆的现象，笔者从表 4 - 2 几个方面对二者进行了对比。

表 4－2　使命与愿景的区别

对比项	使命	愿景
回答问题	企业为什么存在	企业希望发展成什么样
核心作用	通过使命感和责任心激发动力	通过成就感和挑战心激发动力
描述语气	描述一个持久的事实和价值	描述一个鼓舞人心的理想
时间跨度	可以是永恒无时期的	可以描述实现期限
宣导对象	为外部和内部人员提供昭示与指引	主要是为内部人员提供指导

二、愿景的作用

要了解愿景的作用，首先要看清愿景的本质和作用机理，我们回到前面介绍的“需求、环境、目标逻辑关系图”。

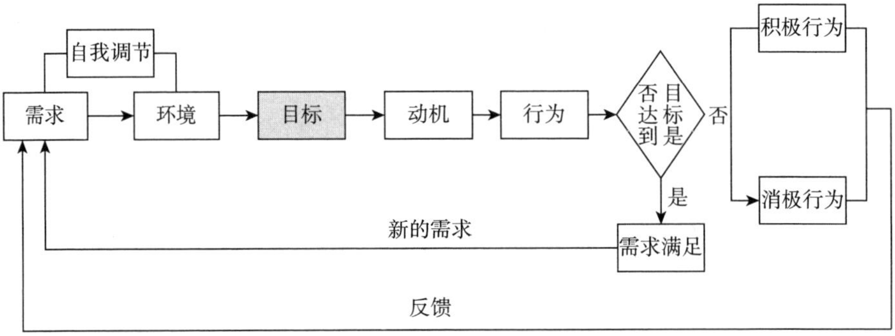

图 4－6　需求、环境与目标的逻辑关系图

从图 4－6 可以看到，行为产生的根本原因是“需求”，当需求遇到外部环境时，人们进行自我调节，进而产生了目标，在目标的牵引下产生动机，动机驱动行为去实现目标。愿景作为一种长期目标，在企业中主要发挥三大作用：

（一）激发动力

愿景是一种目标，目标的背后是需求，为了实现目标、满足需求，人们就会产生动力和行为。

因此，吉姆·柯林斯说：“胆大包天的目标可以促使大家团结——

这种目标光芒四射、动人心弦，是有形而高度集中的东西，能够激发所有人的力量，只需略加解释，或者根本不需要解释，大家立刻就能了解。”①

（二）指引方向

使命可以为我们指明事业范围，但这项事业做成什么样，就无法从使命中得知了，这时就要看愿景。

愿景是在使命划定的大圈里，离我们很远的地方树了一个里程碑，告诉我们到那里能看到更美的风景，于是我们就朝愿景的方向前进了。

需要说明的是，很多企业的使命、愿景并没有用起来，因为不知道怎么用。

事实上，使命、愿景与日常的经营管理都是紧密相连的，其承接关系是：

从使命推导出愿景，从愿景分解出战略目标，再有战略目标分解出年度目标、组织绩效和个人绩效，进而影响组织成员的日常行为，而组织成员的日常行为又反过来影响愿景能否实现。如表 4－3 所示。

表 4－3　从使命、愿景分解经营管理指标②

模块	核心内容	比喻为	说明	要瞄准
公司战略管理	使命	一生的大箭头	公司的终极方向	
	愿景	十年的大箭头	沿着使命方向，十年要达到的目标	使命
	公司战略目标	大箭头	CEO 的 KPI	愿景
组织绩效管理	公司年度 KPI	大箭头	CEO 的 KPI	愿景、战略目标

① ［美］吉姆·柯林斯，杰里·波勒斯．基业长青【M】．北京：中信出版社，2009。
② 黄旭．组织保障层面，战略如何落地．领教工坊，2021。

续表

模块	核心内容	比喻为	说明	要瞄准
组织绩效管理	各级组织年度 KPI	中箭头	各级组织年度要实现的目标	公司战略目标、年度 KPI
	各级组织年度工作计划	中箭头	各级组织年度最重要的几件事	上级组织年度 KPI、上级组织工作计划
个人绩效管理	个人 PBC	小箭头	各级干部和员工业绩承诺	上级 KPI
	个人工作计划	小箭头	各级干部和员工月度工作计划	上级 KPI、工作计划

（三）感召人才

个人有方向，企业也有方向，当个人的方向与企业的方向一致时，个人与企业的关系就会更加稳固。因此，一个清晰、激动人心的愿景可以吸引相同志向的人才加入。

三、如何确立愿景

愿景的前提是使命，本质是目标，源头是人（在企业里主要是指股东、员工和客户）的欲求。企业中的人遇到环境（包含需求端、竞争端和企业自身的能力与地位），经自我调节而确立目标，并将其通过营收、市场份额、品牌影响力等维度表达出来，这就是愿景形成的逻辑。如图 4－7 所示。

确立愿景要分三步走，如图 4－8 所示。

（一）研究企业的环境

吉姆·柯林斯认为，树立愿景需要管理层高瞻远瞩，而不能拘泥于小的战略战术，它是一个“创造”活动，而不是“预测”活动。分析一个愿景是否“理想”是没有意义的，关键是它是否令我们活力

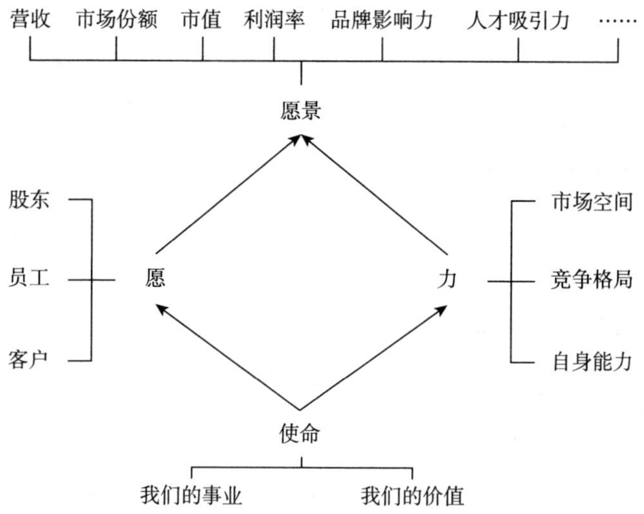

图 4－7　梳理愿景的基本框架

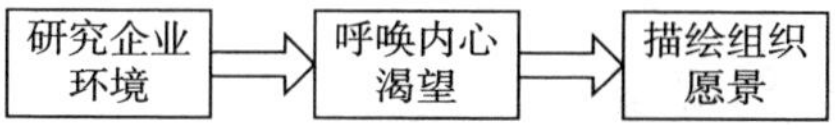

图 4－8　梳理愿景的三个步骤

四射。①

也就是说，梳理愿景不能像做战略规划一样谨慎、理性，重要的是挖掘出人们内心的渴望与抱负。

但任何一个人在制定目标时都不是漫无边际的，总要立足于周围的环境。作为一名咨询顾问，我可以想成为国内最有影响力的企业文化专家，但我不会立志成为“任正非”那样的企业家。所以，梳理愿景的第一步，是把周围的环境摆出来看一看，不要求 100% 精确，但要让制定目标的人心里有数。

企业环境的研究主要看三端：

1. 需求端三个问题

第一，我们所在的市场空间有多大？是十亿级、百亿级、千亿级还

① ［美］吉姆·柯林斯，杰里·波勒斯．基业长青【M】．北京：中信出版社，2009。

是万亿级？这关系到企业愿景的边际。

第二，行业的关键成功要素是什么？这有助于人们衡量企业的实力。

第三，行业的发展趋势是什么？这为愿景制定提供了大致方向。

2. 竞争端两个问题

第一，行业的竞争格局是什么样的？这有助于人们判断行业整体的竞争程度和后续的大致走向。

第二，我们的主要竞争者是谁？我们之间的差距有多大？这有助于判断我们大概能超越多少竞争者，到达哪个梯队。

3. 企业端两个问题

第一，我们当前在行业中处于什么地位，使我们的目标不至于偏离现实。

第二，我们有哪些核心能力？这是我们大胆想象的基础。

（二）唤出内心的渴望

愿景不在于多么精确，关键在于是否呼唤出了人们内心最渴望的东西，“一个胆大包天的目标不应该是一个必胜的赌博，它应该只有50% ~70%成功的可能”①。

一个人内心最渴望的是什么，只有自己知道，我们能做的是为“造梦”的人提供现实环境和未来方向的参考，然后通过访谈或问卷的形式呼唤出组织成员的渴望。

（三）描绘组织的愿景

1. 愿景的结构

愿景太长，显得气势不足，也不利于传播和记忆；太短，则显得空洞，不够明确、动人。因此，愿景最好采用“精炼短句 + 生动描绘”的结构来表达。如表4－4所示。

① ［美］吉姆·柯林斯，杰里·波勒斯．基业长青【M】．北京：中信出版社，2009。

表 4－4　默克 20 世纪 30 年代的愿景

精炼短句	把这家化工公司转型为世界上最出色的药物制造公司，并拥有能和著名大学媲美的科研能力
生动描绘	依靠我们提供的工具，科技将会进步，知识将会增加，人类生活将会比以往任何时候更能抵抗疾病的干扰……

2. 精炼短句

最常用的表达方式是“成为……企业”，其中省略号代表的是一种定语，一般有三种表达方式：

其一，通过产业定位和竞争地位表达愿景，这种表述最常见。表 4－5 列举了各维度的可选方向。

表 4－5　产业定位、竞争范围和竞争地位相关选择

产业定位	可选项：点、线、面、体	
竞争地位	范围	可选项：行业、区域、国内、国际
	地位	可选项：500 强、100 强、10 强、一流、领先、领导者、第一、标杆

产业定位有“点、线、面、体”四种选择，每一种选择对应不同的业务特点与竞争要点。如表 4－6 所示。

表 4－6　产业定位的四种选择

产业定位	点（专业化）	线（方案化）	面（多元化）	体（生态化）
业务特点	· 聚焦产品，通过把产品做专做精立足市场 · 从事价值链单个环节 · 提供单一产品	· 聚焦客户，与客户建立黏性 · 从事多个价值链环节，垂直产业做透 · 提供整体解决方案	· 聚焦能力，基于能力向周边延伸 · 从事多个产业的多个价值链环节 · 提供丰富多元的产品和服务	· 聚焦平台，基于平台孵化各类业务 · 从事共生互利的多元化产业 · 提供丰富多元的产品、服务及平台资源

续表

产业定位	点（专业化）	线（方案化）	面（多元化）	体（生态化）
竞争要点	· 专注、品质、稳定交付、柔性制造 · 规模经济、效率经济	· 技术积累、客户黏性 · 软硬件与服务综合能力 · 产业纵深护城河、客户个性化满意服务、整体一揽子服务	· 产业投资与协同 · 强大的市场、研发、资本、管理能力	· 业务与职能外向市场化、资源共享、开放共生 · 内外部多边的供需群体拉通与交互

企业通常靠一款产品在市场实现一点突破，成功创业；积累一定的客户和资金后，开始向产业链上下游拓展，成为一站式解决方案提供商，在行业形成较强影响力；当沉淀了足够多的资金和足够强的能力后，开始实行相关多元化和有限的非相关多元化扩张，形成强而大的局面；如果企业的能力和资源足够强大，以至于能打造一个平台，让各类客户和企业可以在公司提供的平台上共生连接，他们就成为了生态经营者，比较典型的企业如腾讯、小米。

事实上，在梳理企业使命时也会遇到产业选择的问题，二者不同的是，使命主要是从客户需求和自身优势出发，找到企业的价值点，而愿景中的产业定位，更多的是基于股东、员工的欲求和自身的资源能力，选择企业的努力方向，理论上讲愿景确定的产业定位会大于使命中的产业选择，但也存在二者一致的情况。

竞争地位的选择，主要还是看股东和员工的欲求及企业的现状，目标太小则没有吸引力，目标太大则难以实现，比较恰当的目标是有50% ~70% 实现的可能。

其二，从业绩、品牌、能力、员工期望等某个特定维度表达企业的愿景，例如腾讯曾经的愿景是“成为最受尊敬的互联网企业”，笔者服务的一家企业的愿景是“做 × × 行业效益最好的企业，员工幸福指数最高的企业”。

其三，以某个成功的标杆作为定语表达企业的愿景，斯坦福曾经的愿景是“成为西部的哈佛”，某体育设计公司的愿景是“成为脚踏车业的耐克”。

3. 生动描绘

愿景要能够吸引人、激励人、指引人，因此愿景的描绘要符合两个特点：一是明确，让组织成员知道努力的方向；二是动人，让人读起来有画面感，有共鸣。

基于以上两个要求，笔者认为，愿景梳理应有一定的参考维度。站在未来的角度，哪些维度和指标能代表企业追求的方向呢？中国人民大学彭剑锋教授带领团队研究了50家世界级企业的发展史，总结了未来具有全球竞争力的企业的八个标准，可以作为企业描绘愿景时的一个参考，如表4－7所示。

表4－7　描绘愿景的参考维度

1. 领先的经营规模与行业地位	1. 营业收入 2. 全球市场占有率 3. 市值
2. 领先的技术与产品能力	4. 研发费用投入占比 5. 国际发明专利数 6. 产品领先（产品市场竞争力与新产品产值率、产品盈利能力）
3. 领先的品牌影响力与品牌价值	7. 拥有较高国际知名度和美誉度的品牌 8. 品牌溢价与品牌价值
4. 领先的全球产业影响力和话语权	9. 国际标准数量 10. 产业关键环节核心技术控制力 11. 全球产业核心资源配置能力
5. 领先的运营效率和经济效益	12. 净利润 13. 净资产收益率 14. 营业收入利润率 15. 全员劳动生产率 16. 数字资产与数字化运营

续表

6. 领先的资本运作与产业并购、整合能力	17. 资信等级与筹资能力 18. 战略性收购兼并能力 19. 经营现金流与资产变现力
7. 领先的公司治理与卓越的组织能力	20. 优化而稳定的公司治理 21. 强大的风险管控与赋能平台 22. 稳定的高层领导团队与全球领导人才 23. 全球人才吸纳力与最佳雇主品牌
8. 领先的价值主张与产业生态	24. 长期价值主义 25. 相关利益者平衡与良好营商关系 26. 产业生态优势 27. 领先的最优管理实践成为全球学习标杆

最后，需要提醒的是，目标的实现需要付出对等的努力。当一个企业选择了做大做强的愿景，就要敢于付出超常的艰辛与努力；当一个企业选择做小做精的愿景时，就要能够抵制扩张的诱惑。

选择一个愿景，往往意味着要配称相应的价值观。

第三节　价值观：顺应“天道”方可凝聚人心

一、价值观是什么

（一）两大误区

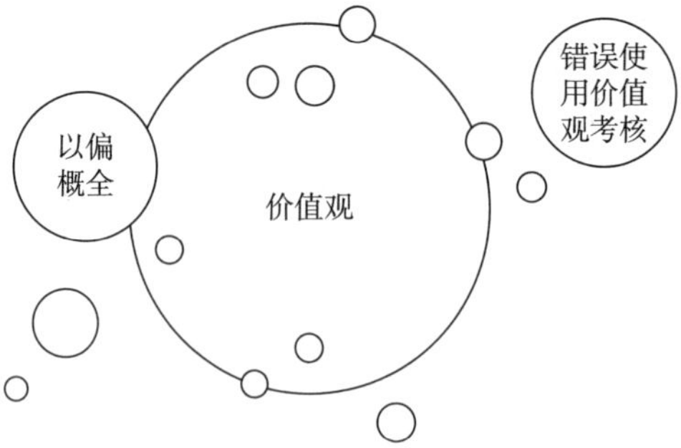

图 4－9　价值观的两大误区

1. 以偏概全

许多企业把文化手册上的几个词当作企业的价值观，事实上，写在文化手册上的价值观只能说是企业的主流价值观，不是全部，在主流价值观之外还有很多隐性的假设。

例如确立了“以客户为中心”的价值观，就意味着我们要认同“成人达己”的价值观，就意味着当“服务领导”与“服务客户”冲突时我们要优先“服务客户”，还意味着“谁为客户创造的价值大，谁应该分到的价值就越大”。这些理念都是相互关联、不可缺少的，但很多时候我们在理解价值观时，都只是盯着字面的几个词，不去思考字面背后的内容，这就导致价值观很难落地。所以，价值观要系统理解不可以偏概全。

2. 错误使用价值观考核

为了使价值观能够落实到员工的行为中，很多企业开始进行价值观考核，但考核的过程中出现很多问题：到底应该采用“5 分通关制”，还是采用“是与否”的打分方式？如果采用 5 分制，出现大多数人都打 3 分的情况怎么办？价值观考核该不该和绩效考核一样占一定权重？

之所以出现这么多问题，很重要的一个原因是对价值观理解错了。我们所谓的价值观考核，其实质是劳动态度的考核。

价值观通常是经历漫长的岁月形成的，一旦形成就难以改变，只有是与否，没有程度之分，无法用 5 分制考核，通常是在招聘阶段进行考察，尽可能把价值观一致的人招进来。

但劳动态度不一样，它受员工认知、领导风格、团队氛围、工作环境多种现实因素的影响，有好与差以及程度之分，通过劳动态度考核可以督促员工按照价值观的要求行为。长此以往，就会形成良好的工作习惯和职业素养。

通常情况下，员工的劳动态度都是合格的，所以大多数员工得 3 分就很容易理解。但劳动态度考核得分高，只能说明该员工的态度好，不一定就表明其业绩好，所以劳动态度考核不能跟业绩考核一样占一定权重，通常是将其独立计分，并作为奖金分配和干部晋升的前置条件。详细的操作方法，笔者会在落地篇章介绍。

（二）正确的理解

1. 价值观是经过长期实践验证而成的心智模式

价值观是人们经过长期的实践验证逐步形成的关于“什么是价值及如何获取价值”的心智模式。

何为价值？有人认为金钱是价值；有的人认为权力是价值；有的人认为成就他人是价值。

无论何种价值，归根溯源都是人的需求，价值观的背后其实是一种深层的利益关系，只是不同的人面对不同的需求会做出不同的优先选择，判断一个人或一个企业的价值观时，通常要看他在冲突中如何选择。

如何获取价值？有人坚持利他主义，有人坚持利己主义。这是两种基本的价值观，企业中很多矛盾和问题都是因这两种思维的冲突而形成。

“什么是价值，如何实现价值”，是人们必须思考的基本问题。这两个问题，经由不同的人、不同的认知，通过长期的实践和自身的调节，形成了稳定的心智模式，并用这些心智模式指导自己的行为，这就是价值观的形成过程。

2. 价值观分目的价值观和工具价值观

通过上述介绍，可以看到价值观包含两个基本问题：什么是价值、如何实现价值。

现实中，很多人在谈价值观时并没有意识到这个问题，所谈的价值观主要是讲“如何实现价值”，例如客户至上、持续创新、团队合作，我们可以将其理解为“工具价值观”。

关于“何为价值”，其实是说我们追求的东西是什么，可以将其理解为“目的价值观”，这部分内容主要体现在企业的“使命”中。

对于员工来说，企业使命表达的价值不代表个人追求的全部价值。除此之外，员工还要追求财富、权力、成就、荣誉等价值，这就要求企业在制定价值观时考虑员工个体的价值追求，这样企业的价值观才更容易被员工接受。

3. 企业价值观要顺应“天道”

企业可以追求利润，也可以追求荣誉，可以走“贸工技”路线，也可以走“技工贸”路线。**在价值观方面，企业有很大的自由选择的空间，但有一条禁忌是绝不能触犯的，那就是违反客观规律。**

所谓的客观规律就是自然界和社会界已被人们所证实的规则，相当于稻盛和夫说的“天道”。

例如如果企业奉行的是“不劳而获”的价值观，肯定经营不长，因为世界中存在能量守恒的定律，不可能让一个企业长期不劳而获。

相反，那些深谙“天道”、顺应客观规律而为的企业，往往能从中获益良多。例如华为把“熵”的理论应用到企业管理中，确立了“长期坚持艰苦奋斗”的价值观，不断激发组织成员奋斗，对抗人们天然的怠惰。

所以，优秀的企业文化往往都是发现和顺应了某些客观规律，背后都蕴含着深刻的哲理。

二、价值观的作用

（一）指引行为

价值观是一种成熟稳固的心智模式，其大致的结构是：我认为什么是有价值的——要实现这项价值需要在什么情况下做出什么行为。

价值观对行为模式有重要影响，在同样的客观条件下，具有不同价值观的人，产生的行为也不相同，只有那些经过价值判断被认为是可取的，才能转换为行为的动机，并以此为目标引导人们的行为。所以，价值观对人们行为的定向和调节起着非常重要的作用。

（二）激发动力

价值观的核心是“价值”，即人们对“何为价值”及“如何实现价值”的基本认知。所谓价值，核心是人们的需求，而需求是动力的源泉，当一个人有需求，并且认为要实现该需求，就要采取某种行为时，他就会为实现目标而竭尽全力。

在 1929 年的大萧条中，日本多数企业开始裁员、降低工资。松下的产品销量也减少了一半，库存猛增。在这种局势下，松下幸之助提出“工人一个不裁，工资一分不减，但产量减半，员工取消休假，全体从事销售，消化库存”的方案。方案提出后，员工没有抱怨，全都竭尽全力地推销产品，结果仅仅用了两个月时间，库存消化完毕，生产恢复正常。[①] 这一事例体现了松下幸之助和松下公司“以人为本”的价值观，在这种价值观的牵引下，企业充分为员工考虑，员工也相信企业，即便遇到经济危机，仍然选择与企业站在一起，共同攻克难关，这就是价值观的力量。

（三）凝聚人心

价值观是长期积累形成的根深蒂固的心智模式，人与人之间的不合与排斥往往不是因为一两件具体的事，而是因为透过一些事感受到了价值观的冲突。同样，把不同的人凝聚到一起的往往也不是具体的事，而是事情背后根深蒂固的价值观。

同气相容，同道相和。华为拥有 19 万名中高级知识型人才，有数

---

① 中国国际电视总公司出品，任学安导演，公司的力量，2010。

千位世界级水准的科学家、技术专家、管理专家等，而且绝大多数员工十多年、几十年来持续奋斗，把这些知识分子凝聚到一起的不只是高标准的薪酬、奖金等，更重要的是华为的使命、价值观得到了大家的认同。

三、如何提炼价值观

（一）价值观的提炼

企业理念是企业发展的底层思维，指导企业各方主体的行为和关系处理，更是影响企业的长远发展，企业的思想权和文化权是企业中最大的权力。

为了保障企业理念的正确性，提炼企业理念的人和程序就显得尤为重要。

1. 谁来提炼价值观

根据我们的总结和实践，组织价值观的确立通常由三种力量在推动。

第一，领导者。

企业价值观的梳理提炼往往是由领导者发起并主导的。

第二，组织精英。

个人的能力再强，终究是有局限的，所以很多企业在提炼价值观时，通常会召集中高层、骨干员工等组织精英共同参与，以发挥集体的智慧。

2019 年阿里巴巴升级价值观时，举行了 5 轮合伙人专题会议，累计 467 名组织部成员参与，同时对全球各事业群不同司龄、岗位、层级、年龄的员工进行调研，得到建议反馈近 2000 条。

第三，专业机构。

很多时候我们在为别人分析问题时总是头脑清晰、面面俱到，但一回到自身，总感觉满脑浆糊、丢三落四，“当局者迷，旁观者清”，似乎成了客观存在的现象。再加上价值观提炼工作的复杂性和专业性，很多企业开始借助外部专业机构的力量提炼价值观，大大提高了理念的科学性。

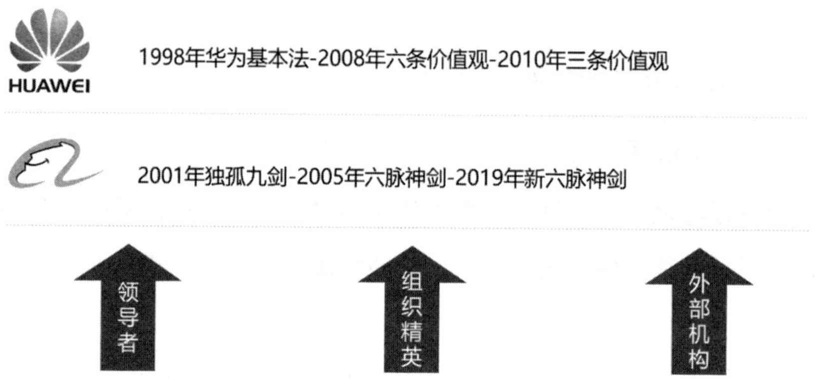

图 4－10　价值观梳理的三种力量

2. 提炼价值观要考虑 3 个因素

价值观是经过长期实践验证形成的，并且用以指导企业长远发展的核心理念。因此，对企业价值观的提炼应综合三个方面因素：过去有哪些成功经验可以继承；现实中有哪些突出问题，需要什么样的文化予以化解；未来目标的实现需要引进哪些文化元素。如图 4－11 所示。

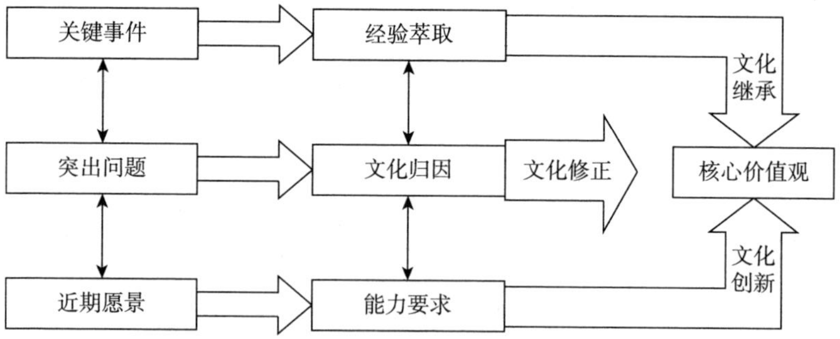

图 4－11　价值观提炼总体思路

(1) 文化继承

价值观不是一朝一夕形成的，更不是人为创造的，是组织中的人经过长期实践沉淀而成的，因此企业的价值观应该继承过去的优良文化传统。

如前面所说，通常在利益冲突的时候更容易体现价值观，**所以提炼过往的优良文化传统，需要看企业发展过程中的关键事件，从关键事件中提炼成功因素及能否反复应用的经验。**如表 4－8 所示。

表 4－8　某企业成功经验萃取

关键事件	2010 年，开始进行闭环管理；2013 年，推动业务的全流程管理	2011 年，引入先进管理工具（SAP）	2015 年投入大手笔，对全国近 8000 家的终端门店进行了升级	2016 年，成功上市
主要成就	构建了领先的品牌和渠道实力，借助行业东风，高速增长，做大规模，成功上市，并牵动内部管理走向规范			
成功要素	领先的品牌与渠道实力；持续提升管理效率；产融互动			
经验萃取	客户为本；学习进化；审时度势			

为了使成功经验提炼得更加准确，除了看关键事件，还要找一些比较了解企业历史的老员工进行访谈，对萃取的成功经验进行验证，去伪存真。

(2) 文化修正

企业往前发展，必须解决当前的问题，尤其是那些突出问题、主要矛盾，这就要求文化上做出相应的修正。因此，在梳理企业价值观时要找出问题和问题背后的文化归因，有针对性地进行文化改进。如图 4－12 所示。

对现实问题的梳理，通常采用“关键人员访谈＋问卷调查＋综合分析”的方法，先对一部分中高管人员进行访谈，初步判断可能存在的问题，结合访谈情况设计调查问卷，最后综合所有的访谈情况和问卷

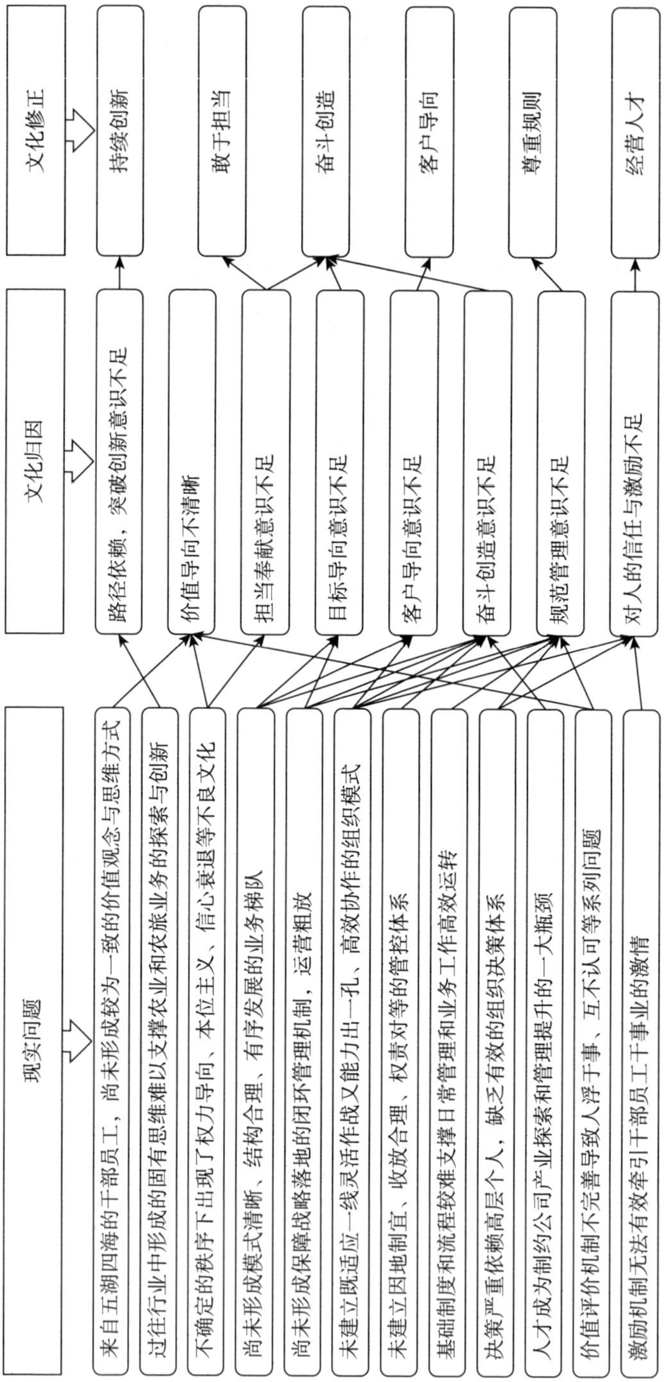

图 4－12　基于现实问题修正价值观

调查情况，以及查阅资料获取的信息和管理经验，梳理出企业当前存在的突出问题。

（3）文化创新

价值观具有稳定性，一旦确立下来，不宜频繁变动，因此价值观的梳理提炼应着眼未来，能支撑企业长远目标的实现。

企业的长远目标就是企业愿景，而愿景正是企业股东、员工和客户对未来目标的展望，支撑企业愿景的价值观也是顺应企业各方需求的价值观。

由愿景提炼价值观时通常采用"关键成功因素分解法"，即针对要实现的目标，分解出关键措施，针对关键措施分解出需要培育的关键能力，针对关键能力提炼需要具备的文化元素。

华为通信管道业务曾制定了"两个市场、两次替代"的目标，即先在国内市场，后在国际市场，对国外产品进行替代。那么，依靠什么替代？成本、技术、服务综合最优的性价比优势。优势如何形成？营销、技术双轮驱动，在缺少核心技术的情况下，先从满足顾客需求的应用技术入手，同时提高营销服务水平。优势来源于何处？年轻、有才能、具有"奋斗"精神的人才队伍。打造这样的人才队伍需要什么样的文化？以奋斗者为本，招募愿意奋斗的人，并在薪酬、奖金、福利、荣誉等价值分配方面向奋斗者倾斜。①

（二）价值观的表现形式

对于企业来说，可以提炼出的文化元素一定是复杂多元的，但现实是，底层的理念往往是简单的。如果企业最终确立的价值观很复杂，很可能是没有抓住最本质的理念。因此，**价值观应尽可能地少，1～3 条**

---

① 施炜．管理架构师【M】．北京：中国人民大学出版社，2019。

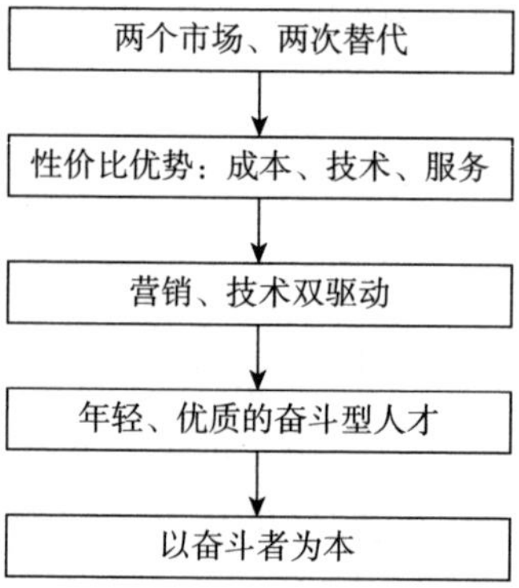

图 4－13　基于未来需求推导价值观

为佳，最多不超过 4 条。

如何从复杂多元的文化元素中提炼出最核心的价值观，可以分四步操作，如图 4－14 所示。

第一步，把通过上述步骤得出的所有关键词放置到丹尼森模型[1]的四个象限中。

第二步，对意思相近的关键词进行整合。

第三步，针对一个象限中有多个关键词的情况，把相近的关键词整合为一个，剩余的关键词按照“企业家期望－客户期望－员工期望”的顺位删减到只剩一个关键词，留下最底层、最核心的价值观，有些价值观确实必要但又不宜单列时可以融合到其中一条价值的内涵中。

第四步，整体审视剩余的关键词，看其是否兼顾了股东、客户、员工各方的需求，看其是否兼顾了目标性、一致性、参与性和适应性四个维度的要求，看起是否形成了一个闭环的逻辑体系。

价值观的表述形式，整体的导向是简洁、整齐、明了，可以用两字词语、四字成语，也可以用短句。例如华为的三条价值观：以客户为中心，以奋斗为本，长期坚持艰苦奋斗。

---

① 丹尼森组织文化模型是当前国际和国内广泛应用的企业文化分析方法，基于该模型梳理企业文化时需兼顾考虑目标性、一致性、参与性和适应性四个维度。

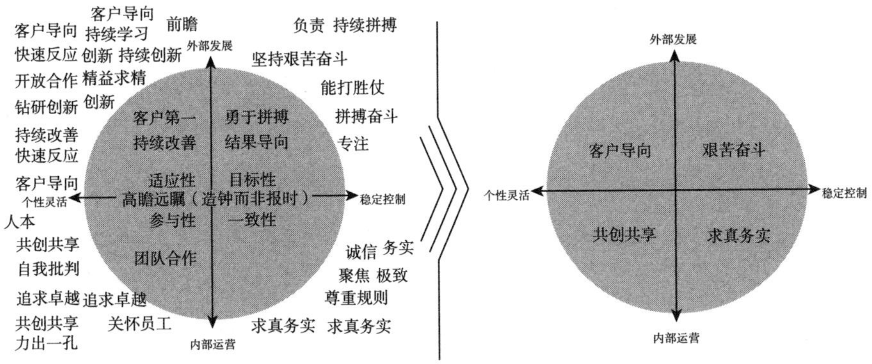

图 4－14　从复杂的文化元素中提炼核心价值观

如果企业有在员工中广为流传且深入人心的“土话”，又正好表达了核心价值观的内涵，建议优先采用“土话”的表达方式。例如阿里巴巴 2019 年最新确立的六脉神剑中有很多都是员工常说的“土话”。

第五章

如何把理念贯彻到经营管理中

现实问题

①很多企业尽管确立了完善的使命、愿景、价值观，但却不知如何将其贯彻到经营管理中。

②很多企业缺乏对未来发展的系统思考与顶层设计，出现问题后“头疼医头，脚疼医脚”，难以形成系统力量。

解决方案

以使命、愿景、价值观为牵引，借鉴《华为基本法》的经验，从战略、组织、人才三个方面进行系统思考，指引企业梳理基本的原则和策略，为经营管理提供清晰指引，形成系统化力量。

第一节　梳理基本原则：企业赢的逻辑

一、如何梳理基本原则

包政老师认为，“企业基本法”就是一套概念体系，使我们能够用这套概念在复杂多变的现象面前，看到事物本身的真相。

梳理企业基本原则，实际是沿着系统的管理框架梳理各个模块的概念与本质，找到各模块管理的一般理念。

由于企业的历史、战略意图、组织特点等各不相同，把一般理念放到不同的企业实践中，就会发生不同的“化学”反应，出现的问题和关注的焦点就会有所差异。因此，企业基本原则应当像前面所述价值观一样，从传承过往经验、解决现实问题和适应未来要求三个方面进行综合梳理，总体思路是：

第一步，调研诊断与信息收集。围绕战略、组织、人才管理的核心课题，开展问卷调查、关键人员访谈、关键事件分析，整理出各课题的成功经验、突出问题及未来发展的要求。

第二步，初步研究与理念梳理。结合各课题的成功经验、突出问题和未来发展要求，参考标杆企业先进经验，初步梳理各课题需要确立的核心理念。

第三步，群策群力与理念共识。针对各课题收集到的信息和初步梳理的理念，组织企业中高管，以及相关领域骨干员工召开工作坊，经过反复讨论，最终共识各课题应确立的核心理念。

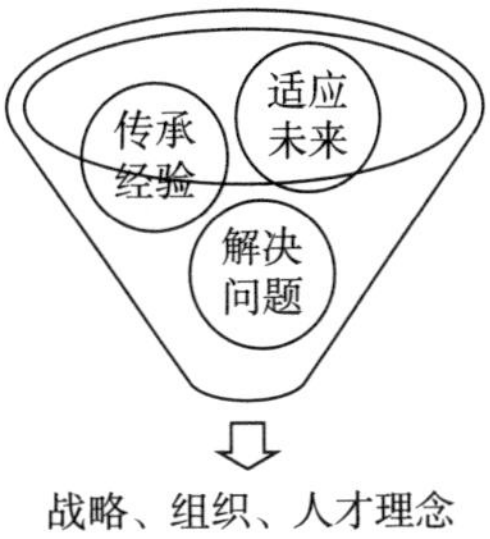

图 5 –1　企业战略、组织、人才管理基本原则的梳理方式

（一）传承经验

企业发展到一定阶段，必然有其成功的经验，在梳理经营管理理念时，要深入分析成功经验的底层逻辑，抓取可复制的经验，作为相关模块的指导理念。

成功经验主要通过关键人员访谈、关键事件整理的方式初步整理，再由企业核心团队讨论达成共识。如表 5 –1 所示。

表 5 –1　某企业的战略管理成功经验

维度	成功经验
战略管理	高瞻远瞩，顺势而为：凭借企业家敏锐的眼光和远见卓识，抓住家电行业大发展和国产化的趋势，顺势而起
	聚焦大客户，抓关键：大客户是行业竞争的关键，创业初期，聚焦大客户，为企业提供了相对稳定的业务机会，使得创业更加从容
	重视市场，善抓机会：领导人在市场方面敏锐的嗅觉和超强的业务能力，使企业抓住了创业成功和业绩增长的命脉

续表

维度	成功经验
战略管理	产融互动，壮大规模：通过资本市场的助力，内扩产能，外拓业务，产能规模和业务布局迅速拉升
	借力发展，持续提升：以开放的心态引入资源和先进的工具，持续保持进步

（二）解决问题

突出问题反映了企业在相应管理模块存在的短板或者亟待解决的问题，企业的业务特点、领导风格、人员素质不同，在实际管理中遇到的问题也不同，针对现实突出问题制定的理念才更有指导意义。

突出问题主要通过关键人员访谈收集汇总，同时通过调查问卷对比验证。如表 5－2 所示。

表 5－2　某企业组织管理方面存在的突出问题

维度	突出问题
组织管理	组织职能不健全，有些重要职能无人承担，或者在其位未能谋好政
	权力和责任难以充分向下分解，压力集中在上层，组织陷入沉寂状态
	流程制度的完备性、信息化和刚性不足，业务运转效率低

（三）适应未来

理念必须具有长期指导意义，经营管理理念要深入研究长期战略意图和环境变化趋势，基于长期发展需求确定指导思想。

未来发展需求应重点从愿景、客户需求变化、人才需求变化三个方面进行梳理。其中，愿景维度要基于愿景目标，沿着价值链分析关键成功要素，最后落实到对战略、组织、人才管理的需求上。

表 5 – 3　某企业未来发展对人才管理提出的要求

维度	表现	对人才管理的要求
愿景	成为行业头部企业	从全国高校和领先企业中招募、储备一批行业一流的专业技术人才
客户需求变化	需求偏好从品质第一、价格第二，转变为价格第一，兼顾质量和整体解决方案	一切降低成本、提升品质、创新产品，以及提升客户满意度的行为都是有价值的，组织绩效和个人绩效评价指标应着重体现以上价值点
人才需求变化	需求偏好从主要追求物质回报，转变为物质与精神兼顾，工作与生活平衡	从薪酬、福利、发展、环境四个方面完善激励矩阵，加强发展、认可等软性激励；薪酬、奖金等物质激励向技术、营销等关键人才倾斜，且达到行业领先水平

二、基本策略

基本策略，实质就是要理清企业“赢”的逻辑，即瞄准一个长远目标，沿着战略、组织、人才的核心课题的先后顺序，逐步向下分解关键成功因素，找到每个课题需要坚持的核心理念。如表 5 – 4 所示。

表 5 – 4　梳理基本策略通常要研究的 9 个核心课题

序号	关键课题	主要内容	向上承接
1	战略意图	为了支撑使命、愿景，公司未来 5 ~ 10 年的战略目标是什么	使命、愿景
2	成功逻辑	为了实现战略意图，我们要抓住哪些关键成功因素，核心价值链应该怎么做	战略意图
3	资源配置	基于成功逻辑，我们应该如何配置企业资源	成功逻辑
4	流程体系	基于成功逻辑，我们应构建什么样的流程体系，重点抓好哪些关键流程	成功逻辑
5	组织架构	为了支撑流程体系高效运转，我们应建立什么样的组织架构和组织的宽度	成功逻辑、流程要求

续表

序号	关键课题	主要内容	向上承接
6	组织模式	为了支撑流程体系高效运转，我们应选择何种组织模式？如果选择分部制，进一步该选择何种管控模式	成功逻辑、流程要求
7	人才结构	基于成功逻辑，我们需要搭建什么样的人才队伍？人才的标准是什么？如何获取？如何培养？如何使用才能发挥其最大价值	成功逻辑
8	评价体系	基于成功逻辑和不同人才创造价值的特点，我们应如何评价人才	成功逻辑、人才结构
9	激励体系	基于成功逻辑和不同人才的需求特点，我们应如何激励人才	成功逻辑、人才结构

基本策略是基于如何达成企业发展目标的逻辑，在基本管理原则的指导下，对相应管理模块下的关键课题进行选择或设计。

企业目标、基本管理原则及领导风格不同，对相关课题做出的选择就不同。例如支撑企业发展的组织模式，有的企业选择直线职能制，有的选择分部制，还有很多选择混合模式。如何做出正确选择，则需要对相关课题及企业情况有深入的了解和洞察。

同时，企业的战略中心和焦点问题不同，需要研究的关键课题也不同，上述所列 9 个课题是最基本的，企业要根据自身需要增加合适的课题。例如在战略规划模块下增加业务梯队、核心能力课题，在人才建设模块下增加干部管理。

第二节　战略管理理念：让企业富有前途

一、战略管理的核心课题

（一）战略管理的基本逻辑

企业的成功 = 战略 × 组织能力。战略决定一个企业的努力方向，组织能力再强，如果方向错了，最终带来的很可能是事倍功半或者事与愿违的结果。

战略管理，按照钱德勒的定义就是“决定企业基本的长期目标与任务，制定行动方案，配置必要的资源以实现这些目标”。

战略管理是一个动态过程，企业需要时刻审视外部环境与内部环境的变化并敏捷地做出反应。战略管理的目标就是使企业长期有效地适应环境。

（二）战略管理的核心课题

表 5－5　战略管理的核心课题

	基本原则	基本策略
战略管理理念	战略规划的一般理念	公司的战略意图是什么
	战略解码的一般理念	公司的成功逻辑是什么
	战略执行的一般理念	公司资源配置的原则是什么

二、战略规划

（一）战略规划的本质

何为战略规划，有很多理论观点，但总体可分为两大学派：一是以波特为代表的外部环境学派；二是以沃纳菲尔特、大为·柯林斯等为代表的内部资源学派。

前者认为，企业的外部环境决定着企业能否赢得高额利润，企业的能力和资源不具有长久稳定性，其他企业通过模仿和购买同样可以获得，企业的内部资源和能力需服从外部环境中的机会和威胁而进行调整。

后者认为，每个企业都是独特资源和能力的结合体，这种独特的资源和能力的集合，是制定战略的基础和出发点，也是利润的来源，企业应聚焦少数几个能够发挥自身资源与能力的机会，专注培养、强化和发挥自己的优势能力。

真正的实践中，企业在做战略规划时往往都不会只看一面，而是综合外部环境与自身能力来做规划，遵行的是安德鲁斯的观点，即研究外部环境条件与趋势及公司内部的独特能力，使自身的能力和优势与未来的机遇相结合，克服劣势，避免威胁。**战略规划从本质上说就是市场机遇与内部资源的匹配过程。**

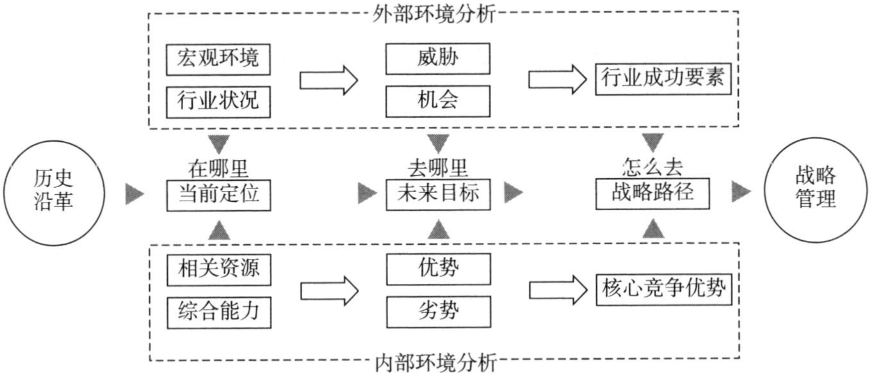

图 5－2　战略规划的常规做法

（二）战略规划的理念

理论来源于实践，反过来又指导实践。在长期的战略规划实践中，人们总结了比较丰富的指导理论，结合战略规划的本质，这里列举几个最核心的理念：

- 开放：战略规划的前提是对内外部环境，以及资源匹配的模式有充分的认识。因此，梳理战略时一定要有开放的心态与思维，抛开眼前的诱惑、困扰与成见，开阔视野，广泛学习，从大量的经验与见闻中发现事物的本质与趋势，从而做到升维思考、顺势而为。

- 聚焦：战略关系到企业努力的方向，方向不要求 100% 正确，但要基本正确。为了保障公司战略方向基本正确，在战略制定的过程中须坚持三个聚焦：聚焦客户需求和客户价值，以客户为中心；聚焦行业竞争的关键要素，培育和发挥核心竞争能力；聚焦主航道，防止盲目扩张，把资源浪费在非战略机会点上。

（三）战略意图

战略意图是对使命、愿景的承接，愿景确立了未来 30 年要实现的目标，战略意图要思考的是：为了实现 30 年的目标，未来 5 ~ 10 年要实现的目标是什么。

我们通常说"有多大能力做多大的事"，战略意图不是企业一厢情愿决定的，也不是越大越好，通常是综合考虑使命愿景、外部机会及内部能力三方面因素做出的选择。如图 5 - 3 所示。

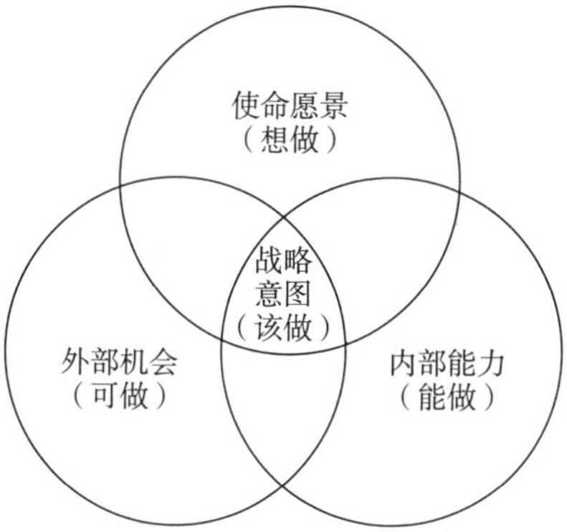

图 5 - 3　制定战略意图应考虑的因素

既然是对愿景的承接，战略意图制定的维度也要尽可能与愿景保持一致。

当然，为了使战略意图更加直观、易宣传，企业可以参照愿景的形式用一个精炼的短句描绘未来 5 ~ 10 年的战略意图，用细分的目标加以完善。如表 5 - 6 所示。

表 5 - 6　某餐饮服务企业的五年战略意图

整体目标	成为区域领先的餐饮服务企业
细分目标	五年后营收不低于 100 亿元
	利润率领先区域同行

续表

细分目标	员工薪酬在餐饮行业具有明显竞争力
	在本区域具有很强的行业影响力，能够得到政府和同行的认可
	区域最佳雇主

三、战略解码

（一）战略解码的本质

战略解码是将企业的战略意图转化为干部员工能够理解的年度目标、关键举措，以及目标、责任的过程，一般包含三个步骤：

第一步，针对公司未来 3～5 年的战略目标，讨论、澄清、共识关键成功因素和年度目标。

第二步，聚焦年度目标，分析关键成功因素，制定若干必赢之仗，签订组织绩效承诺书。

第三步，根据组织绩效制定年度计划和预算。

知道要做什么事很重要，但知道如何把事做成更重要，战略解码的本质就是寻找实现目标的关键驱动因素和保障方案，是连接战略规划和战略执行的关键一环，看似简单，实则很有难度，它需要系统严谨的思考和实战经验的支撑。

某公司制定了未来五年实现“市值200亿元、营收100亿元”的目标，实现这些目标就要从市场、技术、人才、财务、流程、机制、投融资等方面考虑关键成功因素，确定年度目标。如果年度目标中决定营收增加10亿元，就要从市场线索、客户数量、转化率、客单价等方面做进一步拆解，明确关键成功因素和组织绩效指标。

表 5－7　关键成功要素分解

战略目标	维度	关键成功因素	相关指标
市值 200 亿元 营收 100 亿元	财务	收入越来越多	营业收入
		新订单越来越多	新签合同额
		利润率要提升	利润率
		现金流不能断	收款
	市场	合同额较多	合同额
		细分市场做透	新增办事处数量
		客单价提升	大项目比例
	技术	技术含量越高，市场难度越小	新增研发中心数量
		开发更多新产品	新产品销售比例
		参与行业标准与政策制定	行业标准影响度
	人才	需要招募更多顶级人才	领军人才数量
		项目经理对回款很重要	优秀项目经理数量
		走出去需要专门的销售团队	海外销售到岗率
	流程	没有 IT 系统，效率太低	IT 系统完备度
		内部流程规范合理能提高效率	内部流程合规性

（二）战略解码的理念

垂直一致：以公司战略目标和部门目标为基础，自上而下层层分解，保证纵向承接一致性。

水平一致：以公司端到端的业务流程为基础，明确部门间的协作关系与连带责任，保持横向一致性。

资源一致：明确各项计划、责任落实所需的人员、资金和权限，为战略目标的实现提供相应的资源保障。

（三）成功逻辑

成功逻辑，通俗地讲，就是企业实现战略意图的底层逻辑，与战略解码相识但又不相同。战略解码，是从具体操作层面把目标分解为任务，而成功逻辑则是从底层逻辑上寻找实现目标的策略。

既然是底层逻辑，既要回归企业的本质目的，按照德鲁克的观点，企业有且只有一个中心、一个出发点，那就是“满足顾客需求”。因此，梳理成功逻辑就要回归顾客的需求。

现实中，尽管企业提供的产品和服务不同，但对客户来说，其需求基本可归为四类：更低的价格、更高的品质、更多的附加值，或者综合性价比最高。因此，围绕着四类基本需求，可以形成四种基本的成功逻辑。如表5－8所示。

表5－8　四种基本的成功逻辑

客户需求	更低的价格	更高的品质	更多的附加值	性价比最优
成功逻辑	成本领先	产品领先	服务领先	综合最优
特点	以最低的成本生产出同等的产品，让客户花更少的钱获得同等的产品，或者以同样的价格获得更多的产品	不断创新产品，提升技术含量，为客户提供更高品质、更好体验的产品或服务	深度挖掘客户需求，在核心产品或服务的基础上提供更多的服务和衍生价值	突出其一，平均其二，形成系统优势

企业选择哪种成功逻辑，关键是要把握住客户的需求和变化趋势，而对客户需求的把握，一是看客户缺什么，二是看其购买意愿和能力。

对我们日常生活所需衣食住行方面的产品来说，如果在二十世纪七八十年代，质量合格但售价较低的产品会更有优势，因为当时人们在“平价”方面的需求尚未满足，且购买力有限，所以更看重产品和服务的价格，但时至今日，若还是坚持做低价的产品，则很有可能被淘汰。因为多数家庭在衣食住行方面的基本需求已得到满足，人们需要更高的品质或者性价比。

所以，小米提出“大众产品高端化，高端产品大众化”，为人们提供高性价比的产品，可谓是深谙客户需求趋势，再加上雷军过往积累的经验、能力、资源及社会积累的技术，小米在短时间内就超越了大批传统企业，且建立了难以超越的生态体系。

为了给企业的经营管理提供较为清晰的指引，基本的成功逻辑确定后，可以按照“关键成功因素分解法”，进一步梳理对核心价值链的要求。

一家休闲服装企业为了实现其战略意图，抓住“快时尚”的需求趋势，确立了“时尚（产品款式新，引领时尚）、快速（产品更新速度快，新品数量多）、价优（价格低，成本低）”的成功逻辑，这就对核心价值链的研、产、销提出了要求。

对研发来说，要支撑这三种价值定位，关键的策略就是模仿，因为模仿才能快速、低成本设计出引领时尚的产品。

对制造环节来说，首先需要自主掌握印染环节，因为外部供应链无法满足新产品快速上市的要求；其次要做到智能裁剪，因为人力无法承担繁多的品种；同时需要采取近距离分布式加工（例如家庭作坊）的生产方式，否则无法完成海量订单……

在销售环节，首先要创新顾客体验，增强零售店吸引力；其次要动态收集顾客需求信息，及时汇入总部。另外，对销售速度慢的产品，要通过店内促销、区域调剂等方式快速消化……①

四、战略执行

（一）战略执行的本质

一切规划只有得到良好的执行才能转化为实际的业绩。战略执行的

① 施炜．管理架构师【M】．北京：中国人民大学出版社，2019。

内容是年度战略计划，包括公司计划、部门计划和重点项目计划，执行的过程牵涉领导层的定力与支持、干部员工的执行力、资源的投入、权责利能的匹配等，为了保障计划的有效落实，还需要企业建立监控、考核与复盘纠偏机制。

简单来说，战略执行就是通过计划的实施、监控、考核与复盘，使战略规划与战略解码转化为实际行动，实现战略目标的过程。

（二）战略执行的理念

专注：战略目标一旦确定，就要坚定不移地投入资源，心无旁骛、全力以赴保障目标实现。

闭环管理：建立涵盖计划、执行、监控、考核的闭环管理机制，定期复盘战略执行情况，纠正问题，协调资源，并对执行结果进行奖惩激励。

权变：战略是基于内外部环境做出的规划，环境是不断变化，没有稳定的环境，更没有一成不变的战略，战略必须在计划性和灵活性之间找到平衡。

（三）资源配置原则

战略的实施需要资源的支持，企业的战略资源主要包括人力、物力、财力、信息、技术等。

资源往往具有稀缺性，为了使有限的资源发挥最大的价值，就要明确资源配置的原则。

有效的资源配置通常考虑两个因素：支持战略程度和盈利状况。

对于战略支持度高，但盈利情况差的领域，可以从战略支持程度低或盈利状况差的领域协调资源。

对于战略支持程度高且盈利状况好的领域要坚定持续投入，适度倾斜。

对于战略支持程度低，但盈利状况好的领域，保持现有的投入水平即可。

对于战略支持程度低，且盈利状况差的领域，要快速退出。

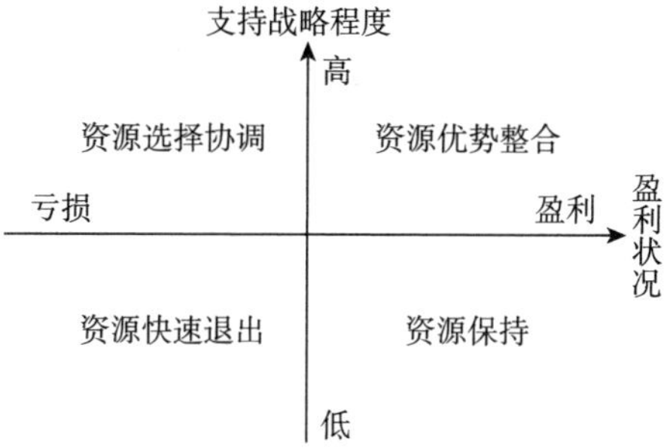

图 5－4　资源配置的原则

第三节　组织管理理念：让组织富有效率

一、组织管理的核心课题

（一）组织管理的基本逻辑

针对组织的三大基石，巴纳德提出了经理人的三项职能：阐明并确定组织的目标；激发个体积极贡献；建立并维持一套信息传递系统。①

现实管理中，共同的目标主要通过战略管理来实现；个体的意愿主要通过人才管理实现；信息传递系统的构建与运营则成了组织管理的主要内容，具体包含三个方面：

• 流程管理：基于成功逻辑和战略意图，构建合理的流程体系，指引价值创造活动在横向部门间高效运行。

• 组织设计：基于流程体系，构建合理的组织单元，使各项活动有人承接。

• 权责管理：把权力和责任授予各个层级和部门，牵引人们能按照

① ［美］切斯特 I. 巴纳德．王永贵．经理人员的职能【M】．北京：机械工业出版社，2021。

纵向的指令高效地传递信息、执行任务。

（二）组织管理的核心课题

表 5－9　组织管理的核心课题

	基本原则	基本策略
组织管理理念	流程管理的一般理念	基于成功逻辑应设计什么流程体系
	组织设计的一般理念	基于成功逻辑应设计哪些组织单元
	权责管理的一般理念	基于成功逻辑应选择何种组织模式

二、流程管理

（一）流程管理的本质

流程是围绕一个统一的目的，各个节点或职位的人按照事情本身的进展逻辑完成特定的工作任务，并在事项之间进行指令、信息和其他要素传递的活动。本质上，流程是为客户创造价值的一系列活动和行为的组合，是创造价值的机制。

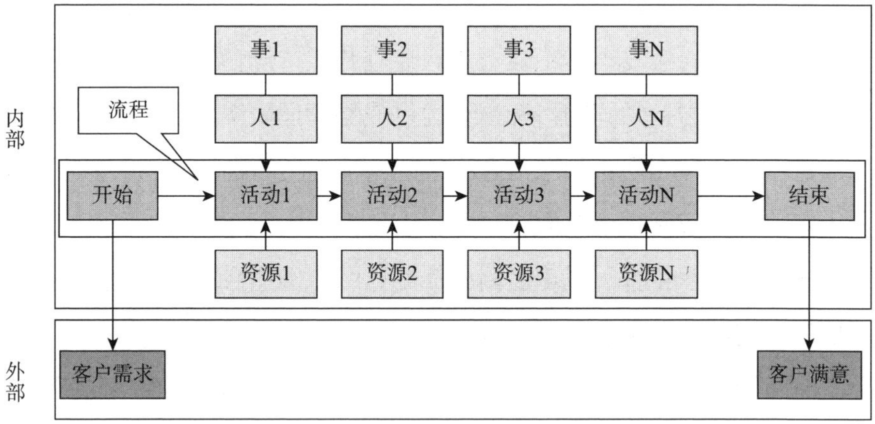

图 5－5　流程是端到端的价值创造活动

（二）流程管理的理念

增值：流程设计的运行要以客户为中心，从客户需求出发，以满足客户需求为目的，一切不为客户创造价值的流程都是多余的流程，一切不增值的活动都应该删除。

高效：流程的层级、步骤、活动必须简单明了，易于理解和执行，尽可能地归拢责任主体，减少流程中的事项和环节，避免流程冗长。流程的执行周期要短，时间节点清晰，且严格按照要求在规定节点内完成任务。

（三）流程体系

流程体系梳理的实质是对企业价值创造活动的梳理，但企业的价值创造活动是复杂多变的，作为顶层设计要梳理的是那些关键的、稳定的价值创造活动，即一级流程体系。

经过几十年，甚至几百年的发展，很多产业的价值创造体系都已成熟，但不同战略意图和发展阶段的企业，会有不同的侧重。

例如对单体企业，主要关注内部的研产销等常规活动，但对于多元化企业，则要增加集团管控的活动；对于初创企业，重点关注销售、研发、生产等核心业务，但发展到一定阶段，则需要增加战略管理、文化管理等业务活动。

因此，对企业一级流程的梳理，可以遵循以下两个步骤：

第一步，根据企业成功逻辑构建相应流程。成功逻辑反映的是企业成功的关键驱动因素，相应的活动都要有流程支撑。

第二步，对照常规的流程体系查漏补缺。这里以制造型企业（实体经济的支柱）为例，列举 26 个一级流程，企业可根据战略定位、发展阶段、历史文化等因素，在前一步梳理的基础上适当增减。如表 5 - 10 所示。

表 5－10　制造型企业常规的一级流程①

价值创造活动分类	一级流程
牵引性活动	战略制定和执行
	投资管理
	理念架构管理
	年度计划和全面预算
	组织绩效管理
增值性活动	市场需求分析
	产品开发
	供应链管理（包含供应商开发、采购、生产制造、物流管理）
	顾客连接
要素性活动	人力资源配置
	人力资源激励
	人力资源开发
	干部管理
	资金筹措
	资金使用
	债务危机管理
	技术吸纳
	技术研究
	知识产权管理
支持型活动	信息系统管理
	数据流管理
	会计核算与决策支持
	战略型财务管理
	社会责任管理
	法务管理
	审计管理

① 施炜．管理架构师［M］．北京：中国人民大学出版社，2019。

三、组织设计

（一）组织设计的本质

一般来说，组织设计包含两个方面：从外在看，主要是指组织单元的设计；从内在看，主要指流程机制和权责机制的设计。这里所说的组织设计是指前者，即组织单元。

组织单元是构成整个组织体系、具有独立活动和职责的单位，大到事业部、工厂，小到部门、班组和职位都属于组织单元。

理论上，每一项价值创造活动都要有人去支撑。因此，每一个流程活动都要有对应的组织单元，但现实中一个职位对应多个流程活动和一个部门包含多个职位、多个流程的情况很常见。所以，这就出现了针对已有的流程要设置多少个部门和职位的问题。例如我们可以将战略制定与执行、投资管理统一由战略部门管理，也可以分成战略部、投资部两个部门管理。

组织设计的核心内容就是确定部门和职位，其实质是如何在客户需求与组织成本之间寻找平衡的问题。若设置太粗，则不利于专业化分工和为客户提供精细化服务；若设置太细，则人工成本上升，且容易出现流程冗长，协作效率低下的问题。

（二）组织设计的原则

从本质来看，设计组织单元的目标是为了高效地从事价值创造活动，进而支撑战略意图的实现。因此，组织设计通常会遵循以下基本原则：

客户导向：组织设计应充分考虑客户特点和需求，以更快的速度和更优的解决方案为客户创造价值，并根据客户需求变化，及时进行组织变革和调整。

这里的客户包括外部客户，也包括内部客户，即为业务作战提供服务的内部职能部门也要遵循这一原则。

效率导向：在保证企业任务完成的前提下，应力求做到机构简练，人员精干，管理效率高。

2018 年华为发布的《人力资源管理纲要 2.0》提出：业务决定组织，以组织内部运作速度优于外部变化速度、内部运作成本低于业务交易成本的原则指导公司组织管理与变革。背后的核心原则就是两条：客户导向和效率导向。

（三）组织架构

组织架构梳理主要确定两个问题：一是基于一级流程体系，设立哪些一级部门；二是确定组织的宽度，指引细分层级的组织设计。

对应前面所述的一级流程体系，表 5 - 11 列举了主要的责任部门，企业在设计一级部门时可以做个参考。

表 5 - 11　制造型企业常规的一级部门①

价值创造活动分类	一级流程	主要责任部门
牵引性活动	战略制定和执行	战略部门
	投资管理	
	理念架构管理	企业文化部门
	年度计划和全面预算	财务、运营部门
	组织绩效管理	
增值性活动	市场需求分析	市场部门
	产品开发	研发部门
	供应链管理（包含供应商开发、采购、生产制造、物流管理）	采购、生产部门
	顾客连接	市场部门

① 施炜. 管理架构师【M】. 北京：中国人民大学出版社，2019。

续表

价值创造活动分类	一级流程	主要责任部门
要素性活动	人力资源配置	人力资源管理部门
	人力资源激励	
	人力资源开发	
	干部管理	
	资金筹措	财务部门
	资金使用	
	债务危机管理	
	技术吸纳	研发部门
	技术研究	
	知识产权管理	研发、法务部门
支持型活动	信息系统管理	信息系统管理部门
	数据流管理	
	会计核算与决策支持	财务部门
	战略型财务管理	
	社会责任管理	企业文化部门
	法务管理	法务管理部门
	审计管理	审计管理部门

为了支撑企业战略意图的实现，针对某些关键的价值创造活动要有明确的负责单位。例如《华为基本法》第二十七条规定："我们要建立互相平行、符合大公司战略的三大研究系统，即产品发展战略规划研究系统，产品研究开发系统，以及产品中间试验系统。随着公司的发展，我们还会在国内外具有人才和资源优势的地区建立分支研究机构。"

关于组织的宽度，其实是对同一个价值创造活动到底设立几个部门支撑的问题，笔者认为主要看两方面因素：

第一，从外部看，若客户需求细分度高、变化快，相应的内部分工要细一些。例如服装、零食等消费品企业，其组织架构往往呈现宽幅的扁平化状态。

第二，从内部看，如果某项活动具有很高的战略地位，往往需要更加细分的组织予以支撑。例如一些手机厂商，针对技术开发，设立了外观结构、操作系统、芯片等细分的研发部门。

四、权责管理

（一）权责管理的本质

权力在英文中对应 authority（权威）和 power（力量）两个单词，按照社会学家塔尔科特·帕森斯的观点："权力是保证集体组织中各单元履行有约束力的义务的普遍化能力。"①

组织本质上是一系列的协作活动，协作活动主要靠两大机制连接：一是流程；二是权力。流程机制主要处理横向不同类别人员的协作关系，权力机制主要处理纵向不同层级人员的协作关系。

在企业中，权力的首要目的不是为了满足掌权者的权力欲望，而是实现组织的目标，因此每项权力的背后所代表的是价值创造活动或者责任。

根据前述一级流程体系，企业的权力基本可以分为 3 类、12 项。如表 5－12 所示。

表 5－12　组织权力分类②

人权	人力资源
财权	资金财务
事权	战略投资
	计划运营
	产品研发
	供应采购

① （英）罗德里克·马丁．丰子义，张宁译．权力社会学【M】．上海：三联书店，1992。{没有书名}

② 施炜．管理架构师【M】．北京：中国人民大学出版社，2019。

续表

事权	生产制造
	营销销售
	品牌公关
	信息数据
	法务审计
	行政后勤

权力越分散，承担责任或者创造价值的力量就越大。因此，理论上讲，企业应尽可能把权力分解给更多的组织成员。但责任的承担需要一定的能力，当组织成员的能力较弱时，分散权力反而会影响效率，权责管理的实质还是如何分配权责，使企业资源利用效率最大化。

（二）权责管理的理念

提升效率：企业权责的分配应当综合考虑决策者的能力、所掌握的信息及决策时间，按照效率最大化的原则分权授责。

当员工具备从事某项业务的能力时，权力应尽可能地向下分解到一线作战人员，提高决策和行动的效率。

但是对于基层员工能力不足，而上层领导能够有效管理的事项，则应把相应的权责集中到上层，例如战略、文化及人才的管理权。

权责对等：企业在分配权力时要明确对等的责任，同时要求某个部门或岗位承担责任时，也要给予对等的权力及可以调配的资源。

防范风险：权力意味着权威和力量，如果不加管控，就有可能被滥用。因此，企业应建立一定的权力监督与审计机制，保障组织的安全和规范，防范风险。

（三）组织模式：权力的分配

在实际管理中，组织权力如何分配，宏观方面主要体现在组织模式和集团管控模式的选择，从直线制到直线职能制、分部制和生态化组织，从运营管控到战略管控和财务管控，实质是企业的事权、人权和财权逐步下放的过程。如图 5－6 所示。

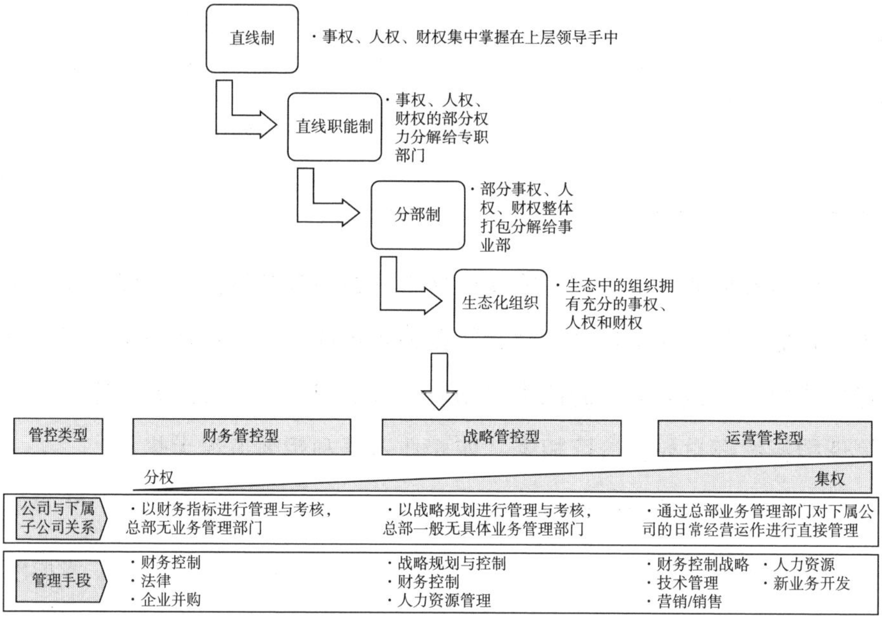

图 5－6　组织权力在不同组织模式与管控模式中的分解

权力下放到何种程度，哪些应该收，哪些应该放，采用何种组织模式和管控模式，通常结合战略重要性、客户的需求、上层的管控能力、下层的业务能力四个方面的因素进行判断。如图 5－7 所示。

图 5－7　分配组织权力的参考因素

第四节　人才管理理念：让人才富有成就

一、人才管理的核心课题

（一）人才管理的目标

人才管理主要解决个体“协作意愿”的问题，而协作的意愿主要取决于个人在实现组织目标过程中所获得的满足。也就是说，**人才管理主要实现两个目标：一是组织的战略目标；二是个人的成长与满足。**

对企业来说，要想实现组织的目标，就要尽可能地提升人才的能力和效率，使其在合适的岗位上创造出最大的价值；要想实现个人的满足，则需要在准确评价个人贡献的基础上，给予适当的激励。这就是人才管理的基本逻辑。

（二）人才管理的理念

表 5－13　人才管理的理念

	基本原则	基本策略
人才管理理念	人才建设的一般理念	基于成功逻辑应构建什么样的人才结构
	人才评价的一般理念	基于成功逻辑应建立什么样的人才评价体系
	人才激励的一般理念	基于成功逻辑应建立什么样的人才激励体系

需要说明的是，人才管理方面，笔者没有采用华为提出的“价值创造、价值评价和价值分配”模型，主要考虑是：“价值创造”涵盖内容较广，除了人才，还牵涉组织设计、资本运作及流程运转的效率等因素，使用“人才建设、人才评价和人才激励”更精准。

二、人才建设

（一）人才建设的本质

人才建设是人才管理的第一步，也是人才管理和价值创造的基础，在实际管理中包含人才标准、人才规划、人才引进、人才培养、人才任用和人才流动等相关内容，其基本逻辑是根据企业的战略意图和业务需求找到合适的人，将其放到合适的岗位，并通过培训和实战提升持续提升其能力，本质是为企业的价值创造活动提供最合适的人才。如图 5－8 所示。

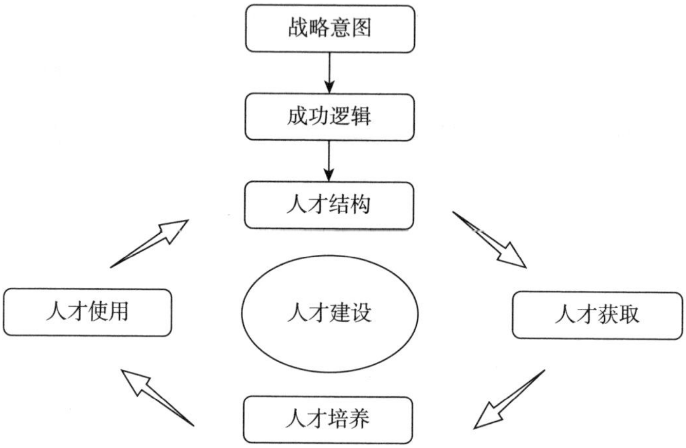

图 5－8　人才建设与成功逻辑的关系

（二）人才建设理念

业务导向：人才规划要匹配业务的特点和需求，业务需要什么样的人才就配置什么样的人才，用人五湖四海，以开放包容的心态构建一支适应不同发展阶段、不同特点业务的多元化的人才队伍。

因才适用：识别不同人才的贡献性质和管理特点，结合公司战略和业务需求构建差异化的管理机制，用人所长，不求全责备，让合适的人在合适的岗位上做出最大的贡献。

（三）人才结构

人才结构是指依据企业成功逻辑梳理出需要构建的人才队伍的类型与层次，属于人力资源规划中的关键一环，后续的人才招募、人才培养、人才评价与激励都要以此为基础。如图 5－9 所示。

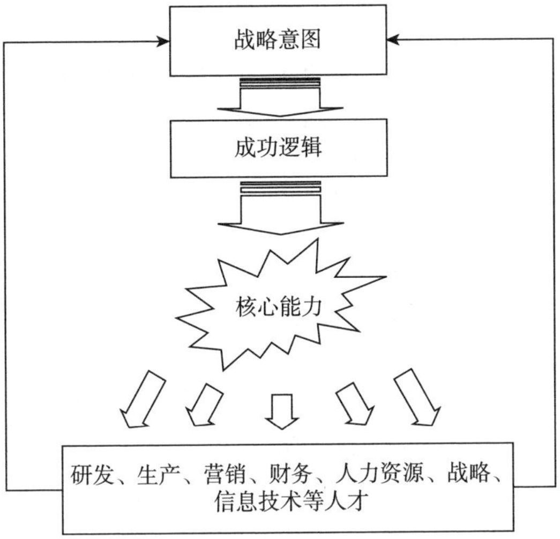

图 5－9　基于成功逻辑梳理人才职种和层次

与人力资源规划不同的是，在基本策略中，只知道需要什么职种的人才是不够的，关键是抓住人才的底层特征，制定有效的管理策略。

我们从人才的稀缺性和对企业的价值两个维度进行衡量，把人才分为核心人才、通用人才、辅助人才、独特人才四类，企业可以根据不同人才的特点制定相应的管理政策。如图 5－10、表 5－14 所示。

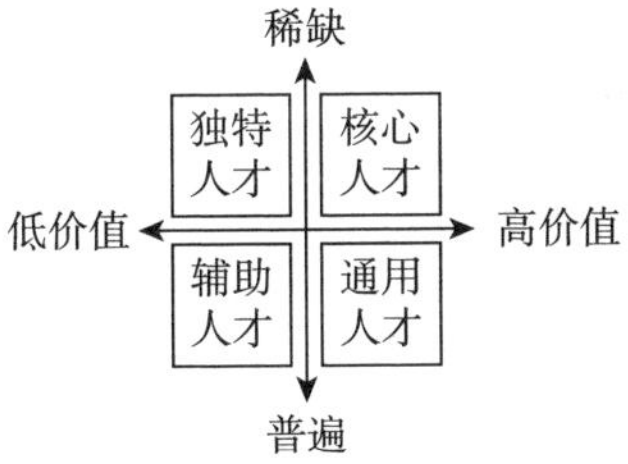

图 5－10　综合人才稀缺性和价值两个维度的人才分类

表 5－14　不同类型人才的管理原则

人才类型	核心人才	通用人才	辅助人才	独特人才
人才特点	· 掌握特殊知识和技能 · 对公司战略支持度高	· 掌握普通知识和技能 · 对公司战略支持度高	· 掌握普通知识和技能 · 对公司战略支持度低	· 掌握特殊知识和技能 · 对公司战略支持度低

续表

人才类型	核心人才	通用人才	辅助人才	独特人才
人才获取	· 内部提升 · 根据才能和业绩	· 内部提升 + 外部招募 · 根据业绩	· 人力资源外包 · 为特别任务招聘	· 根据业务需要选择合作 · 根据才能
人才培养	· 分配挑战性任务 · 综合技能培训	· 培训学习先进经验 · 师傅帮带	· 主要培训流程、规章	· 根据合作需要提供在职培训
人才使用	· 因人设岗 · 充分授权、提供资源	· 清晰定义工作内容 · 适度授权	· 准确定义工作范围	· 充分结合人才特点和公司需要

笔者在跟一家水务企业交流人才结构时，提出是否可以学习华为到各大名校选拔顶尖人才，用一流的人才打造行业领先优势。他们的回答让我印象深刻，“我们不能学习华为，因为华为从事的是高知识密度和高附加值的产业，我们的业务技术壁垒和利润率都比较低，没有必要也无法承载那么多高端人才”。这就是根据企业的业务特点和成功逻辑选择合适的人才结构。

三、人才评价

（一）人才评价的本质

人才评价包含人才能力、态度和业绩的评价。其中，能力主要通过任职资格和胜任素质在人才招聘和选拔环节实现，态度主要通过关键行为表现评价，业绩主要通过绩效考核评价。

人才评价不直接实现企业目标和个人目标，但如果做不好人才评价，就无法实现人尽其才，也无法实现对个人的公平激励。人才评价的本质目的是准确衡量人才的能力与价值，为人才建设和人才激励做好支撑。

（二）人才评价的理念

客观：人才评价要以责任结果为导向，以客观数据和事实为基础，尽可能减少抽象的定性判断和评价人的主观影响。

全面：通过任职资格、劳动态度考核，以及业绩考核对人才的能力、态度和业绩进行综合评价，全面衡量人才的价值。

公正：人才评价要公开透明，能够经得起员工的质疑，同时公司要不断优化评价机制，尽可能让各项评价充分体现人才所创造的价值，体现人才对公平公正的价值追求。

（三）评价体系

人才评价主要是评价人才的价值，人才评价体系主要是根据不同人才创造价值的特点制定差异化的评价方式。根据人才创造的价值是否容易量化，以及工作完成周期的长短，可将评价方式大致分为四类。如图 5－11 所示。

图 5－11　根据价值创造特点确定评价方式

例如《华为人力资源管理纲要 2.0》提出："针对专家类人才创造价值的长期性与不确定性特点，建立长短期贡献相结合、能上能下的任期评估机制；针对职员了人才创造价值的稳定性和确定性特点，建立以责任心和经验积累为重心的任期评估机制，以及与工作量和质量相关的评价激励机制。"

在设计具体的评价指标时，要重点关注与战略相关的指标，以牵引各类人才聚焦战略目标的实现。例如采取“产品领先”策略的企业，要侧重考核产品创新相关指标；采取“服务领先”策略的企业，要侧重考核客户满意度相关指标。

四、人才激励

（一）人才激励的本质

个人加入组织不是为了纯粹的贡献，而是带着个人目标的，只有个人目标得到满足，个人才会提升协作的意愿。人才激励的本质就是企业提供给人才的“回报”，用于交换人们的“贡献”，结果是回报与贡献的平衡。

（二）人才激励的理念

导向贡献：人才激励要适当像创造价值的优秀人才倾斜，同时对怠惰者进行负向激励，用合理的差距激励撬动更大的员工动力。

精准激励：根据不同员工的职业特点和需求建立差异化激励机制，充分考虑员工所处的管理层级、职业差别、需求层次、年龄段等因素进行精准激励，强化激励效果。

公平：人才激励应以创造的价值为依据，使获得的回报与做出的贡献基本对等，同时在内部成员之间做到相对公平。

（三）激励体系

人才激励包含物质激励与非物质激励、短期激励与长期激励，人才激励体系主要是根据不同人才的需求特点制定差异化的激励方式。

表 5 – 15　人才激励矩阵

激励矩阵	短期激励	长期激励
物质激励	· 工资 · 奖金 · 福利 · 津贴	· 股权 · 红利

续表

激励矩阵	短期激励	长期激励
非物质激励	· 荣誉表彰 · 领导褒奖 · 培训提升 · 工作的挑战性	· 使命 · 工作的趣味 · 合适的岗位 · 职位的晋升 · 工作的成就感 · 良好的领导风格 · 良好的文化氛围

按照马斯洛需求层次理论，当人们满足低层次的需求后，会转而寻求更高层次的需求。因此，企业在满足员工生理和安全需求的基础上，要对不同层次的人才设计不同的激励体系：

- 对基层人才要侧重采用工资、福利等短期物质激励。
- 对中层干部要侧重采用股权、晋升机会等长期的物质和精神激励。
- 对高层干部要侧重采用使命、成就感等长期非物质激励。
- 对于从事劳动密集型业务的人才，要多采用短期、物质激励。
- 对于从事知识密集型业务的人才，要多采用长期、非物质激励。

同时，根据企业成功逻辑和需要打造的核心能力，各种激励资源要适度向稀缺、高价值的核心人才倾斜。

下篇　企业文化落地机制：让组织充满活力

第六章

企业文化理念落地难在哪里

现实问题

很多人都说企业文化要落地，但对企业文化如何才能落地、如何才算落地缺乏清晰的认识，企业文化管理方式五花八门，但效果差强人意。

解决方案

结合企业文化的本质和管理实践，梳理企业文化落地的底层逻辑，提出“1 +1 +5”企业文化闭环管理体系，帮助企业系统、高效地开展企业文化管理。

第一节　理念落地的陷阱

一、企业文化落地的 3 个层次

关于企业文化落地，业界的认知是不统一的，有人认为企业文化理念被员工知晓即为落地，有人认为企业文化需要落实到各项制度和业务行为中。笔者认为，企业文化管理是一个耳濡目染、循序渐进、润物无声的过程，文化落地应该包括图 6 –1 的层次。

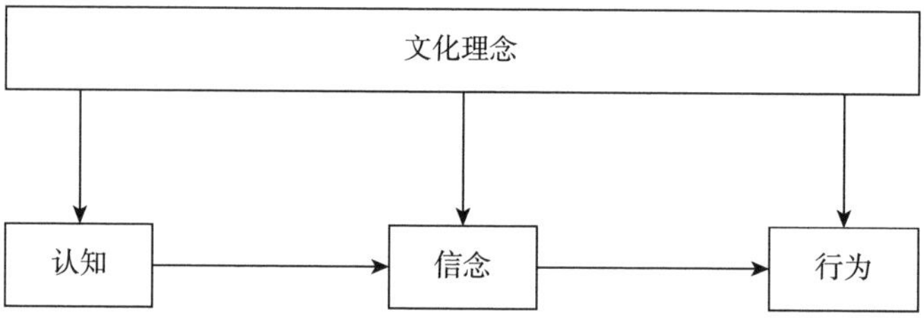

图 6 –1　企业文化落地的 3 个层次

文化落地第一层次：落到组织成员的认知，让大家知道企业的文化理念。也就是说，从企业家理念变成大家理念。

文化落地第二层次：落到组织成员的信念中，使企业文化转变为组织成员的一套心智模式，坚信不疑，牢不可破。

文化落地第三层次：落实到组织成员的行为，在开展业务的过程中遇到特定情境，必然按文化要求做事，形成自发自觉的行为习惯。

二、企业文化落地的常见问题

我们都期望企业文化落地，也都充满信心地认为能够落地，可现实情况却差强人意。

现实中，真正能像华为一样把企业文化做出效果的企业凤毛麟角，多数企业感觉企业文化没做出效果，或者觉得有点效果，但不突出。笔者观察了很多企业的实践，总结了当前企业文化管理常见的六大误区。

（一）企业文化活动化

简单地把文化理解为搞活动，投入大量资源搞活动、做宣传，以活动的多少、好坏作为评价文化管理效果的主要标准。

（二）企业文化机械化

把企业文化做成了死板的规矩、教条，例如有的企业实施军事化管理，规定员工 1 秒走几步。这都是对企业文化的片面理解和偏执做法，不得人心。

（三）企业文化下不去

主要是指文化停留在领导层，无法带动基层的干部员工一起学习和应用企业文化，企业文化无法落实到广大干部员工的内心和行为，甚至成了负担。

（四）企业文化上不来

把企业文化当作对员工的要求，对员工严格管理，领导层却不能以身作则、率先垂范，甚至公然违反文化要求。

（五）企业文化虚而不实

围绕企业文化做了很多工作，又是宣传，又是搞活动，看起来轰轰烈烈、热火朝天，但没有将文化与员工的责、权、利、能相关联，只能说是营造了氛围，无法触动人的内心，虚而不实。

（六）企业文化朝令夕改

这种企业一般属于青春期的企业，有一定规模，但在管理上又不是那么成熟，所以为了追求企业文化快速见效，总是不断探索、调整新的管理方法。比如笔者之前遇到的一家企业，花了大半年时间开发了一套行为标准，推行半年，已经能看到一些效果了，领导又有了新的想法，这套行为标准就废弃了。

三、企业文化落地难的原因

（一）客观原因

1. 牵涉因素复杂

企业文化是一个非常大的概念，涉及的因素非常复杂，我们现在所熟悉的企业管理的几大方面：战略、组织、人力资源管理等内容都与企业文化有关，所以要想做好文化管理，就需要对以上内容有一定的了解。

2. 缺少成熟经验

企业文化不像战略、组织、人力资源等模块有相对成熟的管理模式和方法，正是由于这种情况，认知混沌时就出现了“八仙过海各显神通”的状态。对于企业文化管理，各有各的看法，各有各的方式，但很难找到一套有说服力、可以效仿的做法。

（二）主观原因

1. 受人的影响大

正是由于牵涉因素复杂，缺乏成熟经验，企业文化如何管理，往往掌握在了个别人的手中，例如企业家、领导者、文化工作者等，文化管理的好与坏，受人的主观因素影响很大。

2. 缺乏系统管理

越是复杂的事，越需要抓底层逻辑。现实中很多企业在开展文化管理时都忽略了企业文化落地的底层逻辑，陷入了“自嗨”或盲目跟风的状态，要么是整天忙于做宣传、搞活动，要么是跟着一些明星企业反复调整管理方式，缺乏深入思考和系统策划，结果往往是事倍功半。

针对上述原因，笔者认为，破解企业文化落地难，一方面要深入研究企业文化落地的底层逻辑；另一方面要遵循底层逻辑建立系统的闭环管理体系。

第二节 “1 +1 +5”企业文化闭环管理体系

一、企业文化落地的底层逻辑

企业在领导者的主导下确立了文化理念体系，然后实施各项管理举措，使员工知晓这些理念，员工经过反复验证相信这些理念，形成个人信念和心智模式，当大多数人都相信同一理念时，就形成了特定的文化，遇到特定情境时员工就会按照一定的心智模式驱动行为，进而产生不同的业绩表现。如图 6 –2 所示。

图 6 –2 企业文化落地的底层逻辑

举个例子，企业的文化理念是“不让雷锋吃亏”，而且考核评价、报酬制度都显示“雷锋不会吃亏”，于是员工半信半疑地尝试奉献了一次，后来真的没有吃亏，他就会再次奉献。当员工发现，不管什么时候，只要他奉献了总能得到回报，他就会认同这个理念。当大多数人都认同一个理念的时候，文化就形成了。如图 6 –3 所示。

二、企业文化落地的方法

早在 2013 年，华夏基石王祥伍老师就提出了企业文化落地的“知信行”模型，这一模型与企业文化落地的底层逻辑高度一致，已成为企业文化管理中通用的总方法论。如图 6 –4 所示。

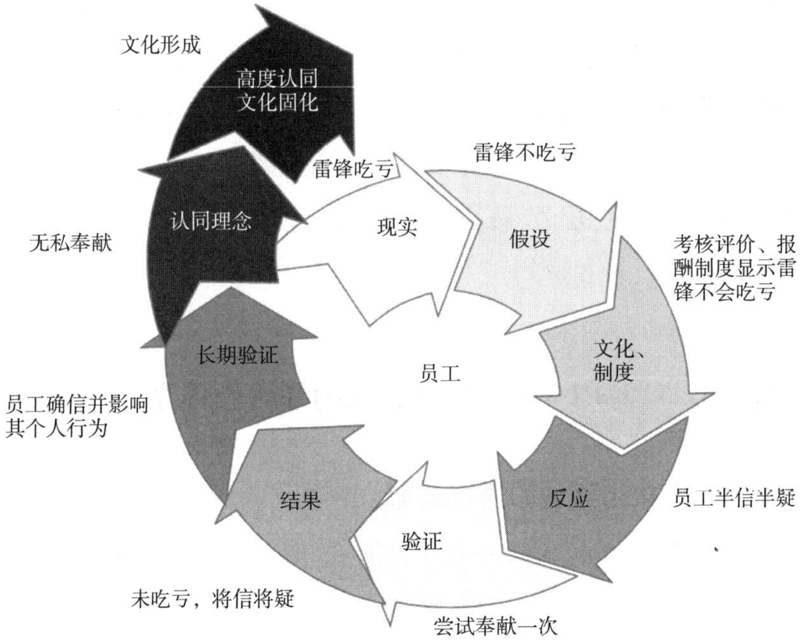

图 6－3　文化形成的过程

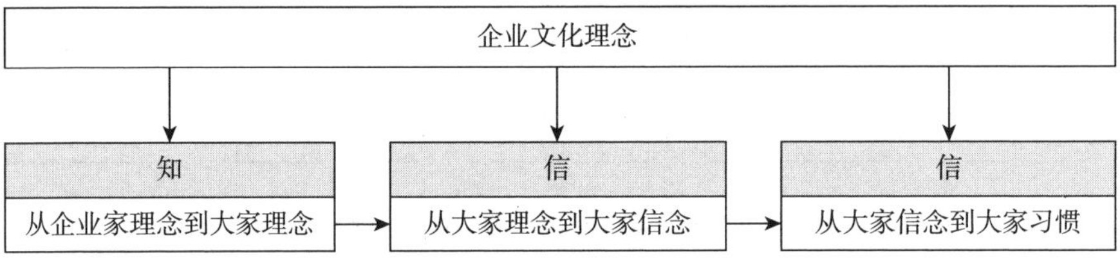

图 6－4　企业文化落地总方法论①

知：把企业家理念变成企业理念。

知的环节要解决的核心问题是，让大多数员工知晓企业的文化理念，对其形成全面、正确的认知。

信：把企业理念变成员工信念。

信的环节要解决的核心问题是，让大多数员工相信企业提倡的文化

① 王祥伍，谭俊峰.《华夏基石方法：企业文化落地本土实践》【M】. 北京：电子工业出版社，2013。

理念，并逐渐变成深信不疑的信念。

行：把员工信念变成员工习惯。

行的环节要解决的核心问题是，让大多数员工自觉实践企业提倡的、自己相信的理念，并把这种理念变成自己自觉的日常行动，最后变成企业的群体习惯。

三、"1 +1 +5" 企业文化闭环管理体系

根据企业文化落地的逻辑和方法论，结合多年企业文化管理实践，笔者总结了"1 个基于价值观的领导力 +1 个落地规划 +5 个管理机制"的闭环管理体系。如图 6 –5 所示。

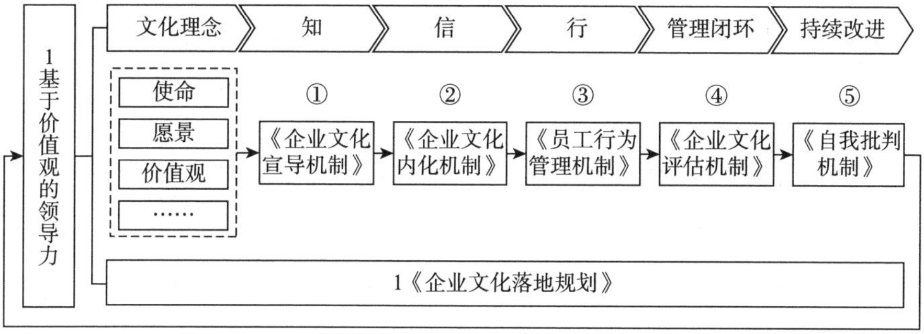

图 6 –5 "1 +1 +5" 企业文化闭环管理体系总图

（一）基于价值观的领导力

企业文化虽然要反映员工、客户等利益相关者的需求，但主导力量仍在于领导者，是他们创建了企业。这个过程中，领导者对商业机会的洞察、对人的判断与影响、对如何做成事的经验等，都是其领导力的体现，而且因为不断被证明是成功的，领导者的经验逐渐沉淀为企业的文化。

领导者的认识和观念直接影响甚至决定着企业确立何种文化理念，而且当理念确定后，需要领导者身体力行、率先垂范，需要领导者建立科学的机制并按照机制做事，把企业的理念转变成员工的理念和信念。

因此，企业文化落地首要且根本的是“领导力”，缺少领导力，将难以建立科学的机制，也难以发挥机制的作用。

（二）企业文化落地规划

企业文化管理是一项长期、系统的工程，因此在开展具体的文化管理工作之前要从全局和长远的角度考虑，制定一个 3 ~ 5 年的文化落地规划，明确企业文化管理的组织、责任、目标体系、整体策略和落地路径。

（三）企业文化宣导机制

文化理念要转变为员工的信念和行为，首先得让员工知晓并理解。企业文化宣导机制目的就是明确公司文化理念传播的职责，通过丰富多元的方式传播公司文化理念，引导员工对公司文化形成正确认知。

（四）企业文化内化机制

知晓理念并不意味着认同和相信，企业文化管理最难的一个环节就是把企业的理念内化为员工的信念。为了使员工相信企业的理念，企业需要通过人才招聘、考核、激励、领导示范等方式，把企业的理念与员工的责权利能结合起来，而且要通过制度予以固化，笔者将这一整套的机制定义为企业文化内化机制。

（五）员工行为管理机制

文化要想产生作用必须通过行为，如果一个企业的文化做得好，大多数组织成员就会相信公司的文化，并自觉地按文化要求做事，但我们很难保证所有员工在所有时刻都能自觉践行文化，这就需要建立一个《行为管理机制》。

通过持续开展日常行为管理、典型行为管理和优秀经验推广，奖优罚劣，提升员工素质，兑现文化理念要求，使公司文化理念落实到员工的业务行为和关键事件中。

（六）企业文化评估机制

企业文化管理是一项复杂的工作体系，为了使文化理念在各级组织都能得到很好地落实，需要建立一个监督评估机制，通过定期评估督促各级管理人员做好文化管理工作，保障文化管理的目标得到实现。

（七）自我批判机制

企业是人组成的，但人是有局限性的。在企业中，无论是高层领导还是基层员工，都有出现问题的可能，这些问题如果持续得到解决，企业就能不断实现螺旋上升；如果问题得不到解决，众多问题长期积压就会造成公司衰老退化，走向消亡。

企业要想持续存在，需要具备一个必要条件，那就是：持续进行自我反思与改进，我们把这个条件固化下来就是建立一个自我批判机制。

“1 +1 +5”的闭环管理体系中，领导力是根本，是文化落地的主导因素；《企业文化落地规划》负责指明整体方向与思路；《企业文化宣导机制》《企业文化内化机制》《员工行为管理机制》对应“知 - 信 - 行”的文化管理逻辑；《企业文化评估机制》是保障目标实现的闭环管理机制；《自我批判机制》是推动企业不断发现问题、解决问题，循环改进的机制。七个方面综合考虑了当前与未来、科学与艺术、刚性与柔性，共同构成系统、清晰的文化管理体系。

第七章

领导者如何引领组织成员共同奋斗

现实问题

领导者是企业文化落地的关键要素，但很多企业的领导者不重视企业文化，或者不知道如何管理文化，企业只能靠少数干部奋斗，无法带领更多员工一起奋斗，企业发展陷入瓶颈。

解决方案

阐明领导力与企业文化的关系，明确各级领导者在文化管理方面的职责，提出领导者植入文化的方法和艺术，帮助领导者提升文化管理能力。

第一节　领导力的最高境界是“以文化人”

一、领导力是引领他人实现更大目标

（一）领导力的本质

关于领导力，管理学界给出的定义是丰富多样的，综合众多学者的观点。笔者认为，**领导力本质上是一种影响力，其内核或力量源泉是认知与心智模式，外在表现是担当贡献、指引方向、管理关系、开放包容、领导创新等行为，结果是引领他人实现更大的目标或成就。**

领导力关系到方向、力量和目标，决定着一个人或一个组织，做什么事，能否做成事及做多大的事，是一种关键而稀缺的资源。

（二）领导力的 5 个层次

领导力大师约翰·麦斯威尔将领导力从低到高分成五个层次：①

1. 第一层次：职位

职位型领导者拥有的影响力来源于他的职位头衔，这也是唯一不需要能力或努力就能得到的领导力。

---

① ［美］约翰·麦斯威尔．任世杰译．领导力的 5 个层次【M】．北京：金城出版社，2012。

2. 第二层次：认同

领导者不再凭借职位权力，而是通过相互交流来赢得人心，人们开始彼此喜欢对方，团队会产生凝聚力，工作过程也会更加愉快。

3. 第三层次：生产

生产层次是领导力真正起飞的地方，优秀的领导者总能办成事，获得成绩。

处于该层次的领导者，本身就是高产的，而且还能帮助团队成员提高生产力。大家都希望在一个常胜的团队中，那些有能力并要追求更好发展的人就会被生产型领导力吸引，组成一个胜利团队。

4. 第四层次：立人

领导者的身份从生产者转变为培养者，他们充分运用自身的职位权力、人脉关系与生产能力投资于追随者，着力培养他们，直到他们真正成长为新的领导者。

5. 第五层次：巅峰

这是领导力的最高层次，在此层次的领导力会提升整个组织，并创造一种有益于团队中每个人的“工作环境”，进而促使他们成功。

巅峰型领导者能创造出顶级的组织，他们十分善于授权，因此造就了很多领导者。随着每个领导者的成长，整个组织不断发展壮大，即使某一名领导者退休了，仍然有许多领导者整装待发，前仆后继，整个组织完成目标的潜能将呈爆炸式增长。

麦斯威尔的研究告诉我们：**领导力是可以持续修炼、不断进阶的，最高层次的领导力是创建一种环境与文化，传递优良的品质，让组织中更多的人实现成长与成功**。那么，到底是文化培育了领导力，还是领导力创造了文化？二者是什么关系？

二、企业文化与领导力的关系

事实上，对企业文化与领导力的关系，企业文化之父埃德加·沙因早有论述。他在《组织文化与领导力》一书中清晰地指出：“企业文化和领导力是一枚硬币的两面……领导力是这样一种能力，它能使领导者带领团体走出造就了这个领导者的旧文化，同时开始适应更强的发展性变革进程。这种洞察旧有文化的局限性及发展以使其更具适应性的能力，就是领导力的本质和最大挑战。领导所做的唯一真正重要的事情是创建和管理文化。”①

在沙因看来，文化始于领导者，组织初建时，领导者将自己的价值观和假设施加给一个团体，如果这个团体很成功，并将这些假设视为理所当然，那么组织就有了文化。

随着新团体的逐步壮大，领导者就要考虑建一些机制，让新加入的成员知晓和接受组织的信念、假设和价值观。

当然，文化与领导力的关系不是单向的，文化一旦形成，就为以后几代成员界定了什么是领导力，企业将培育出什么样的领导力。也就是说，领导力也要受组织文化的约束。

总之，组织文化与领导力是相辅相成、密不可分的关系。**领导力对组织文化的形成与传递起着不可替代的关键作用，领导者发挥影响力的过程，也是传递和构建文化的过程，一个优良的文化环境也会造就卓越的领导力。**

三、企业未来需要什么样的领导力

领导力影响企业的方向、文化、动力和目标等，对企业的持续发展起着关键作用，那么未来企业应打造什么样的领导力呢?

根据麦斯威尔的理论，最高层次的领导力是创建一种文化，让更多的人成长和成功。笔者认为，其实质是“基于价值观的领导力”，核心特点是：

① ［美］埃德加·沙因．马红宇，王斌等译．组织文化与领导力【M】．北京：中国人民大学出版社，2011。

（一）影响他人的主要因素是"价值观"

这里的价值观是指"企业的价值观"，而且包含"实体价值观和工具价值观"。**领导者做决策时通常考虑的是企业的使命和价值观，为实现企业的利益和目标而努力，这样的心智模式让领导者超脱了个人私心的局限，看到更远的未来和更多的解决方案，也吸引了更多的"追随者"。**

（二）影响他人的方式是管理环境

用价值观影响他人不是"只说不做"的思想宣导，而是知行合一，通过以身作则、搭建机制、分配资源等方式营造一个反映企业价值观且人心所向的环境，让置身环境的员工获得成长和成功。

面对内卷严重、变幻不定的客观环境，企业要想实现可持续发展，最需要的是"基于价值观的领导力"，它能培育出更多的领导者，并且使企业的文化得以传承，给企业带来源源不断的人才与动力。

需要说明的是，基于价值观的领导力虽然是一种较高层次的要求，但与麦斯威尔巅峰型领导力不同的是：**基于价值观的领导力不是高层领导的"特权"，通过培养与修炼，企业各层级的领导者都能掌握，因为践行和传承企业价值观本就是各级领导者的职责。**

第二节　打造基于价值观的领导力

一、选拔志同道合的领导者

古往今来，凡心怀大志，建功立业的人都有一个共同特点，那就是重视招揽人才和使用人才。

秦孝公任用商鞅，两次变法，让秦国由弱变强；刘邦一介布衣却能战胜强敌、成就帝业，关键成功之道在于用人；雷军创立小米时，为了找到合适的人，每天谈 10 ~ 12 个小时，连续谈一周；张一鸣看上一个候选人，亲自跑到对方楼下咖啡馆找他，最后用三年时间请他加入了字节跳动。

选人用人，志同道合很关键。所谓志同，主要是指在使命、愿景和战略方向上有一致的认识；道合，是指在价值观和战略实施的路径上保持一致。

志向是一个人内心渴望的诉求，价值观是长期形成的心智模式，两者都是坚如磐石、难以动摇的。**企业要想打造基于价值观的领导力，最好是一开始就找到志同道合的领导者。**只有志同道合，领导者才会心甘情愿地践行和传承企业的价值观，与企业长期并肩战斗。**志不同，道不合，必然会相互冲突、难以长久。**

选拔志同道合的领导者，重点是把控好干部招聘与干部选拔两个关口。

根据价值观分解出企业的用人标准或通用素质模型，招聘时设置"闻味官"，或者企业家亲自面试，与候选人充分沟通，判断其价值观是否与企业一致。

内部选拔干部时，要根据价值观考核情况或关键事件等对候选人的价值观进行考察，价值观不合格者不得晋升为干部。相关内容，在第十章详细介绍。

二、提升领导者的文化管理能力

领导者的领导力主要取决于两方面的因素：一是内在的认知与心智模式；二是领导者的管理能力。管理实践中，二者都是可以通过修炼不断提升的，但前者的改变需要较长的时间周期，而后者通过学习和应用是可以快速提升的。

（一）领导者植入文化的方式

企业完成文化创建后，领导者的主要任务是传递文化，很多人认为领导者传递文化的方式是通过"个人魅力"，但沙因认为，拥有领导魅力的人很少，而且通过领导魅力所施加的影响也很难预测，所以他提出了领导者植入文化的六个主要方式及六个次要方式。①

1. 领导者植入文化的主要方式

（1）领导者定期注意、评估和控制什么

领导者所持续注意、奖励、控制及产生情绪化反应的事情都清晰地传递了他们优先考虑的、他们的目标及他们的假设是什么等信息。如果他们注意的东西太多，或者注意的模式不一致，那么下属们就需要通过其他信号或根据自己的经验去判断什么才是真正重要的，结果就导致了假设的多样化和各种亚文化的产生。

（2）领导者对关键事件和组织危机的反应

当一个组织面临危机时，领导者处理危机的方式会形成一些新的规范、价值观和工作程序，揭示出一些隐含的假设。危机会增强焦虑感，为了降低焦虑，人们认识和学习的动力会大大增强，为植入文化提供了良好时机。

（3）领导者如何分配资源

团队的资源是有限的，人们通常会把资源分配到他真正看重的事项上。因此，领导者如何分配资源，也是向团队成员展示其内在假设的重要方式。

（4）有角色地示范、教授和指导

领导者的外在行为，例如着装、办公环境、驾驶的车辆，以及开会是否守时、沟通是否坦诚等，看似无关紧要的风格和习惯，却在潜移默化中影响员工的认知。因此，领导者要重视自身在员工面前的行为，甚至要通过有意地角色示范、教授和指导，牵引员工树立正确的认知。

（5）领导者如何分配奖赏和职位

如果领导者正试图确保他们的价值观和假设能够被员工习得，那么

---

① ［美］埃德加·沙因．马红宇，王斌等译．组织文化与领导力【M】．北京：中国人民大学出版社，2011。

他们就必须创建一种与这些假设相一致的奖励、晋升和职位体系。

（6）领导者如何招聘、选拔、晋升和解雇员工

领导者总是倾向寻找那些与现有组织成员的风格、假设、价值观等相似的人，用谁不用谁、提拔谁、淘汰谁，领导者做出这些决策时通常是加入了价值观的评判，员工为了得到更好的机会和职位，往往会按照领导者彰显的理念做事。

2. 领导者植入文化的次要方式

（1）组织设计

组织设计可以反映领导者的某些深层假设，包括对某项业务的重视度、对如何完成组织目标甚至对人性的假设等。

（2）组织制度

制度和程序可以将理念得以固化，使人们预见生活，降低模糊性和焦虑，领导者可以通过建立制度和日常事务的工作程序来强化他们的假设。

（3）组织仪式

仪式往往是隆重的，且凝聚了特定的理念，如果一个人能够将自己认为很重要的某种理念仪式化，那么他将成为一个强有力的领导者。

（4）建筑设计

从物理环境中推断出来的信息，如同组织和制度，能够潜移默化地强化领导者的假设，但前提是要对物理空间、外观和建筑进行有效的管理，否则可能体现的是设计师的假设。

（5）重要故事

人的心智与行为具有延续性，过去的关键事件和行为案例也能向员工传递一些信息，通过讲故事，领导者可以让员工更形象地体会和认知组织的文化。

（6）正式声明

领导者可以将其认为重要的理念和规则以正式的文件公开发布，要求员工重视和学习，但沙因认为，这不能作为定义组织文化的方式，因为是否重视、如何认知，主动权在员工。

（二）领导者管理文化的艺术

管理是科学和艺术的统一，科学主要通过具体、直观的规则和技能来实现，而艺术则更多地靠经验和主观感知来实现。尤其是企业文化，管理的内容主要是人的感知与心智，如果单纯地依靠固定的方式去管理，就难以兼顾复杂的心智和情感。因此，领导者要想管好企业文化，必须懂得文化管理的艺术。对此，笔者在长期的管理实践中摸索出了以下几条经验。

1. 管理阶段

企业与人一样，有一定的成长规律和生命周期，在不同的发展阶段面临的主要矛盾和任务也有所不同，企业文化是服务于企业成长的，因此文化管理必须了解企业发展的规律，明确不同阶段的目标和管理重心，根据发展需要适时调整管理举措。如图 7 – 1 所示。

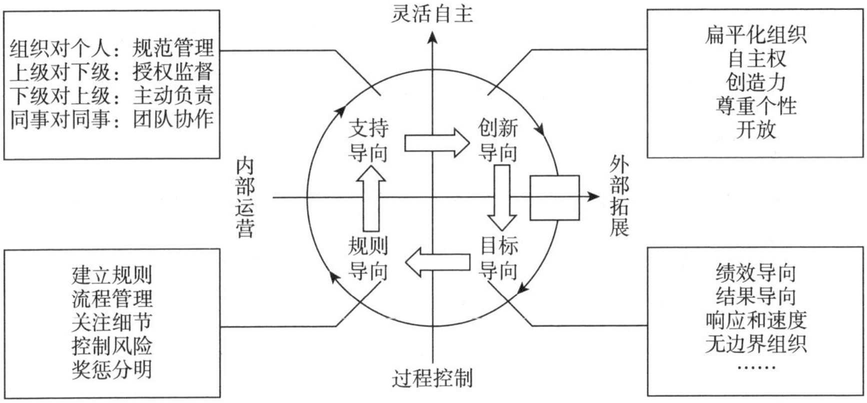

图 7 – 1　竞争性文化价值模型

对企业发展阶段的把握可以参考美国组织行为专家奎因提出的“竞争性文化价值模型”。奎因认为，企业通常会遵循着“创新导向—目标导向—规则导向—支持导向—高层次的创新导向”的路径螺旋上升发展。

首先基于某种创意开发一种新产品或服务，从而走上创业之路，此阶段的目标是充分发挥每个人的创造力，快速迭代产品或服务，跑通商业模式。

当商业模式走通之后进入第二阶段——目标导向阶段，这一阶段的主要目标是抓市场、求生存、扩大规模、增加营收。

经历野蛮生长后，企业的业务和人员都达到了一定规模，过去无边界、人管人的方式显得有心无力，这时企业将迈入第三阶段——规则导向阶段。这一阶段的主要目标是建立完善的规则和流程，明确职责，用制度和流程管理规模化组织。

但是，规则导向实施的时间长了以后，组织成员只管自己的“一亩三分地”，本位主义和官僚主义盛行，个人主观能动性和团队支持变弱，这时企业将步入第四阶段——支持导向阶段，这一阶段的主要目标是在坚持规范管理的基础上，加强对员工的培养和授权，牵引员工主动负责和团队协作，应对多元的业务关系和快速变化的内外部环境。

支持导向会支撑企业走过很长一段时间，直至其传统业务受到挑战，则企业将再次进入更高层级的创新导向阶段，开启一个新的循环。

2. 管好需求

需求是动力的根源，管好需求，一是要了解组织成员有哪些需求，包括生理、安全、社会、尊重、自我实现等，这方面容易出现的问题是对组织成员的需求“泛泛而谈、不求甚解”。

例如笔者在给一家新创立企业做咨询的时，访谈到其中一位职业经理人，他说公司的很多制度都不完善，各部门权责划分也不明确，大家做事没有章法、杂乱无序，而且老板动辄就说干不好就走人，让人感到不安。当听到这些反馈时，我的第一反应就是他在这个企业中是缺乏安全感的。

笔者遇到的另一家企业，公司成立十几年了还未建立起规范的考核与激励体系，平时没有考核，到年底了老板根据各部门表现给予一定的奖金。这就造成了一个问题，既然不考核，干好干坏都一样，大家都不愿多干活，遇到问题能推就推，为什么会出现这种现象？因为忽视了人们对公平的追求。

二是了解不同人员的需求特点，针对不同人员设计不同的激励方案。对于基层员工，侧重物质激励；对于高层员工，侧重用事业、成就、荣誉进行激励。

3. 管好人性

管好人性，首先要了解人性。

对人性的基本假设，管理界的主流观点认为，人性总体是积极的，只要给予适当激励，人就能做出负责任的行为，但同时也有消极的一面，当缺乏约束时往往会出现消极懈怠甚至滥用权力的问题。所以，任正非说："在新时期、新时代我们更多要通过文化、制度和流程来建立越来越科学化的管理，同时越来越放权，越来越要加大监控的力度，这是两个轮子，都得并行运行。"①

除此之外，领导者要多学习和了解其他的心理特点，例如趋利避害、从众心理、追求公平、责任分散等。

在了解人性特点的基础上，更重要的是顺应人性设计合理的机制。

例如华为三权分立的干部任用机制，业务部门有干部提名权/建议权，人力资源部门有干部评议权/审核权，党委有干部否决权/弹劾权，将权力分散到三个部门，有效地防止了权力寻租和拉帮结派。

实践证明，**基于人性设计组织模式和管理机制，可以减少内耗、控制风险，往往是最"节能"、风险最低的。**

---

① 黄卫伟等．以奋斗者为本：华为公司人力资源管理纲要【M】．北京：中信出版社，2014。

领导者除了顺应人性设计机制，还要有意识地营造一种正向的环境，包括保持乐观心态，经常宣导正向思想，多鼓励员工，多树立正面典型等，用正向的环境激发起人性善的一面，抑制恶的一面。

4. 管好节奏

做企业文化管理就像炒菜一样，既要懂得在什么时候下什么料，也要善于把握火候。所谓火候，指的是文化管理的节奏，即在适当的时候完成适当的动作。

例如笔者之前在企业开展行为管理时，会先开展一系列的宣传造势工作，通过张贴海报、发布文章、组织研讨等方式，让公司的干部员工引起重视，然后再开展一个月的试运行，等到大家了解和适应我们的工作方式了，再正式纳入考核评价，这样工作就很顺畅。

管好节奏，最重要的是要考虑受众的感受。例如不能觉得一个活动效果好，隔三岔五就搞活动，更不能反复开展同一个活动，领导者也不能频繁地训话，否则说多了大家就习以为常了。发现一个典型事件后，要第一时间做出奖惩，时过境迁再去处理，效果已大大减弱了。总之，节奏把握好了，取得事半功倍的效果，但这需要在长期的管理实践中积累。

5. 管好士气

士气反映一个组织的信心、勇气和战斗力，高度的自信可以唤起人的激情和潜能，使精神力量增加数十倍。

领导者对其所率领的团队传达积极正面的信息，能够在很大程度上提升团队凝聚力和战斗力，鼓舞团队成员以“士为知己者死”的精神来达成团队目标。如果领导者总是认为自己的下属不行，并经常表达这种负面假设，团队成员就会下意识地通过行动来证明领导的看法是对的。

管理者要善于感知和管理团队的士气，当团队士气低落时，多传递正向信息，给予正向激励；当组织中出现娇气和浮躁氛围时，领导者要

牵引干部员工更多地发现问题，传递压力，提升张力。宽严相济，营造一个“团结、紧张、严肃、活泼”的组织氛围。

6. 管好期望

经济学有一个公式：幸福 = 效用/期望值。**同样的事物效用大致是相当的，但是期望值越高，则幸福感越少。**

网上有这样一个案例，有家企业，面对金融危机和企业效益的不景气，先传出公司即将“裁员”的小道消息，员工人人自危，担心自己被裁。一段时间后，高管组织召开高层会议，决议“要与员工共渡难关，决不裁员”，但是好消息是有条件的，今年的年终奖、调薪计划取消。

此消息一出，员工松了一口气，不用担心失业了，年终奖没有就没有吧。眼看到了年底，老板又突然宣布“鉴于员工的优秀表现，公司在困难之际仍然拿出一部分资金，给大家发一点过节费”，虽然过节费不多，但对于员工而言却是“意外之得”，因而个个都很高兴，感念企业的付出。

近年来，网络对华为、阿里巴巴、腾讯等明星企业的宣传，一方面让我们看到了优秀企业的先进做法；另一方面也无形中提升了人们的期望，造成很多企业即使努力地改善福利待遇，员工的敬业度和满意度仍然不高，这就牵涉一个员工期望管理的问题。

员工期望管理并不是说要刻意降低员工期望，而是要指引员工在客观事实的基础上形成合理的期望，使个人期望与自身努力和企业发展水平相适应。

做好期望管理，需要企业从一开始就明确激励导向和原则。例如《华为基本法》第七十条规定：“公司在经济不景气时期，以及事业成长暂时受挫阶段，或根据事业发展需要，启用自动降薪制度，避免过度裁员与人才流失，确保公司渡过难关。”

另外，公司要根据自身发展水平和竞争策略制定适当的激励政策，不能为吸引和留住人才许以过高的承诺。

而且公司在实施各种奖励时，要把握奖励的幅度和频次，不能一次给予过高的奖励，之后很长时间都没有奖励，也不能频繁奖励，让员工觉得奖励很“廉价”。

（三）领导者的职责

尽管领导者在文化管理中扮演至关重要的角色，但很多企业并未明确各级干部在文化管理方面的职责，这就使领导者的文化管理行为变得不可预测。为了督促和牵引各级领导者做好文化管理工作，企业有必要阐明各级干部的文化管理职责。以下是笔者结合管理实践总结的各层级干部文化管理职责，供读者参考。

1. 高层干部

- 洞察内外环境变化，研讨确立并适时修订公司文化理念。
- 结合业务和组织管理需求解读文化理念，帮助员工理解文化。
- 根据文化理念处理关键事件并澄清文化导向。
- 根据文化理念有意识地进行角色示范、教授和指导。
- 宣传理念并以身作则、坚定不移地践行文化理念。
- 根据文化理念招聘、培养、晋升或淘汰员工。
- 直接管理自身所辖干部的思想与行为，并对其违反文化行为负连带责任。
- 指导所辖部门主管开展文化管理工作，保障所辖组织的文化管理效果。
- 敏锐感知组织氛围动态，不断激励士气，适时纠偏不良风气。

2. 中层干部

- 根据集团文化落地规划制订部门文化工作计划。
- 直接管理自身所辖员工的思想与行为，持续提升员工对文化的认知和认同度。

- 根据文化导向培养人才，激发活力，打造奋斗团队。
- 通过培训帮扶、奖惩激励牵引员工践行文化的能力和意愿。
- 根据公司安排和自主创新开展文化管理工作。
- 通过文化宣导、文化活动等举措营造学习、践行文化的氛围。
- 对关键事件及时处理，澄清文化导向根据文化理念分配资源和奖励。

3. 基层干部

- 严格执行公司和部门文化管理计划，高效开展相关工作。
- 结合业务和组织管理需求点点滴滴管理文化。
- 根据文化理念有意识地进行角色示范、教授和指导。
- 了解团队员工特点，关注思想动态，帮助下属成长。
- 根据公司要求开展价值观行为评价。
- 对正向行为及时肯定，对负向行为及时纠偏。

第八章

如何制定系统、管用的文化落地规划

现实问题

①没有文化落地规划：很多企业都是根据领导者的意见和指示开展企业文化管理，缺乏长远、系统的落地规划，导致文化落地没有明确的目标和思路，经常出现“东一榔头，西一棒槌；三天打鱼，两天晒网”等为文化而文化的现象，结果往往是事倍功半、徒劳无功。

②文化落地规划束之高阁、形同虚设：部分企业通过专职人员或者请外部咨询机构制定了文化落地规划，但往往是开始时热情高涨、如火如荼，时间长了，领导的重视度和文化落地规划的热度慢慢下降，文化落地规划被束之高阁，无人问津。

③文化落地规划的目标不能实现：很多企业在文化落地规划中制定了目标，但到了时间节点却发现很多目标都没有达成。

解决方案

①结合企业发展阶段、现实问题和未来发展目标制定分阶段企业文化管理目标。

②建立自上而下贯通、统筹管理与自主管理并行的落地组织，明确文化管理职责。

③聚焦文化管理目标，制定行之有效的落地措施，明确关键动作和工作标准。

第一节　五步制定企业文化落地规划

为了使文化落地规划更加科学、理性，结合在企业中的实战经验，笔者总结了落地规划的五个步骤：

第一步，确定文化落地目标体系，明确文化管理的大方向。

第二步，确定文化管理组织，构建一套自上而下贯通、统筹管理与自主管理相结合的组织模式，把支部建到连队上。

第三步，确定文化落地策略，使文化管理更有适用性，更有效率。

第四步，确定文化落地关键路径，为落地工作提供相对具体、清晰的指引。

第五步，确定相关投入，建立保障机制。

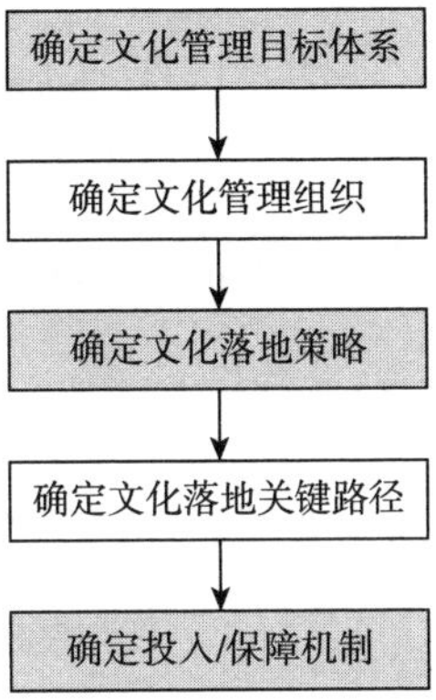

图 8－1　文化落地规划的五个步骤

第二节　设计文化管理的目标

一、制定企业文化管理目标需考虑的因素

（一）基于发展阶段分析

企业在不同的发展阶段，拥有不同的业务和管理重心，企业文化要支撑业务的发展和组织的建设。因此，在制定文化管理目标时应首先关注企业所处的发展阶段和对企业文化的需求。

结合施炜老师提出的企业成长导航，笔者梳理了企业不同成长阶段的业务特点、组织特点，以及核心目标和主流文化，企业在制定文化管理目标时可作参考。如表 8－1 所示。

表 8－1　企业不同发展阶段的核心目标与主流文化

阶段	创业	机会成长	系统成长	分蘖成长	重构成长
核心目标	·生存：抓市场，求生存	·做大：扩大市场规模	·做强：组织能力升级	·做广：沿产业链纵横扩张	·做久：业务和组织重构
业务特点	·提出并试验新的商业模式 ·产品试错并快速迭代	·营销拉动，快速扩大市场规模	·基于战略意图发展 ·市场份额稳步增长	·业务多元化 ·行业及产业链整合，购并增加	·拓展新的产业，试验新的商业模式
组织特点	·组织扁平化 ·创始人治理企业并驱动企业成长	·科层制为主，集中快速决策 ·少数经营干部驱动企业成长	·注重人才培养与激励，适当加大授权 ·系统构建制度和流程 ·群体奋斗，组织驱动	·基于能力的成长 ·总部平台+分部制组织模式 ·分权的同时加强集权	·组织分化
主流文化	·创新导向 ·快速行动	·目标导向	·规则导向 ·支持导向	·目标导向 ·支持导向	·创新导向

现实中，企业发展通常融合多个阶段的特征。因此，我们需要结合企业的业务和组织特点综合判断其大致处于哪个发展阶段，该阶段的核心目标是什么，进而分析需要什么样的文化支撑，在文化管理方面需要实现哪些目标。

（二）基于现实问题分析

企业文化管理应解决企业当前面临的突出问题，因此在制定文化管理目标时应充分了解企业的现实问题。现实问题的诊断主要通过问卷调查和关键人物访谈，以及两个方面的综合分析得出。问卷和访谈的维度应涵盖核心文化理念的认知、认同情况，战略、组织、人才管理中的问题。

（三）基于未来发展分析

企业文化一方面服务现实的问题的解决，但更重要的是支撑企业未来的发展，因此在制定企业文化工作目标时要重点参考企业未来3～5年的战略目标。当企业没有明确的战略目标时，要通过关键人物的访谈梳理出未来要实现的关键目标。

二、文化管理目标体系

（一）企业文化管理总体目标

企业文化落地规划应明确未来3～5年企业文化管理应实现的总体目标是什么。

关于企业文化的作用和目标，现存有很多说法，可谓是“仁者见仁，智者见智”。从企业文化的本质和作用机理看，笔者认为，企业文化管理的总体目标是把组织的理念转变成干部员工的信念，通过牢固的信念激起组织成员的动力，使其持续、稳定地创造价值，进而支撑企业长期发展。

当然，企业面临的问题和发展需求不同，对总体目标的表述各有侧重，以上只是提供了一个基本方向。

（二）分阶段目标

企业文化管理是个长期工程，一项理念落实到人们的认知、信念、行为和业绩中往往要经历3～5年甚至更长时间。因此，文化落地规划时要制定分阶段目标，循序渐进完成总体目标。

结合企业文化落地规律和实践经验，初次开展企业文化管理时，可以按照以下三个阶段策划文化落地目标。

第一阶段：正确认知。完成公司文化管理组织体系、管理机制和传播平台等基础设施建设；在全公司范围内开展宣讲、研讨与培训，使80%以上干部员工对企业文化理念形成全面、正确认知。

第二阶段：内化于心。在持续宣导的基础上，开展员工关怀、奖惩激励、劳动态度考核等，使文化理念融入业务管理和权责利能，80%以上干部员工内心认同并信任公司文化理念。

第三阶段：外化于行。通过劳动态度考核、典型行为管理和优秀经验推广，使80%以上干部员工的行为表现与文化理念的要求相一致。

在实际制定企业文化管理目标体系时，建议以发展阶段、现实问题和未来发展的分析为出发点和落脚点，综合考虑认知、认同、行为等维度，根据文化落地规律和企业实际制定分阶段目标。

第三节　文化管理的组织体系设计

一、企业文化管理组织体系

为保障企业文化各项工作在各层级都有人承接，建议在企业中建立自上而下贯通、统筹管理与自主管理并行的组织模式，即所谓的“把支部建到连队上”。

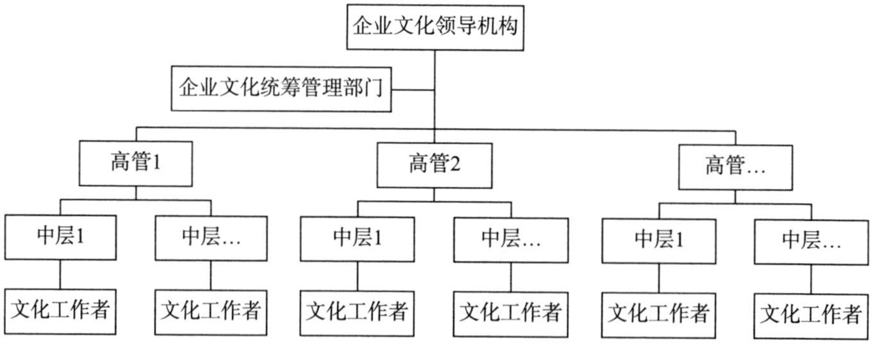

图8－2　企业文化管理组织

二、各主体职责

（一）企业文化领导机构及其职责

从企业高管中选取部分代表或全部成员以兼职的形式组成企业文化

领导机构，采用民主集中制的方式进行决策，其核心职责是：

- 讨论确定企业文化核心理念，掌握组织的思想权。
- 讨论确定企业文化战略目标和落地纲要。
- 根据环境变化适时修订文化大纲。
- 为企业文化建设提供资源支持。

领导机构可以设置一名常务执行官，负责企业文化日常事务管理。

（二）企业文化统筹管理部门及其职责

企业文化统筹管理部门是整体负责企业文化管理工作的专职机构，可以设立专职的企业文化部，也可以由人力资源、党建、行政等与人才管理密切相关的部门兼管，其核心职责是：

- 整体管控、统筹协调公司文化管理工作。
- 拟定企业文化管理的近期与中长期规划，提交企业文化领导机构审批后执行。
- 建立企业文化管理机制，并按机制推动、指导各级组织的文化管理工作。
- 负责新员工文化引导方案的制定与效果评估。
- 负责公司内部企业文化建设的评比考核工作。
- 组织进行对公司企业文化重要议题的相关讨论研究。
- 负责企业文化案例库的建立和维护工作。
- 负责企业理念物化管理工作。
- 负责荣誉激励体系及仪式活动的建设。

（三）各级主管及其职责

企业文化与领导力是一枚硬币的两个面，企业文化的落地必须充分发挥领导者的作用。因此，企业在文化管理方面应确立“一把手责任制”，明确各级主管是其团队文化管理的第一责任人。

（四）企业文化工作者及职责

文化工作者是协助主管落实企业各项文化管理工作的专职或兼职人

员，主要职责是：

• 根据公司文化管理计划，协助部门负责人制订《年度文化工作计划》。

• 参加公司统一组织的文化管理会议和活动，推动公司文化管理要求在本部门的贯彻实施。

• 组织在本部门开展理念物化、理念学习、文化研讨等文化宣导工作。

• 协助企业文化统筹管理部门开展劳动态度考核及应用工作。

• 组织在本部门开展典型行为管理，对部门员工日常行为进行督查、记录、纠偏和反馈。

• 负责部门正负向典型事例的收集与上报。

• 负责部门典型文化问题研讨会的组织与表单输出。

• 在部门内策划开展文化相关活动。

• 协助企业文化统筹管理部门开展行为管理、文化评估、主题活动等。

第四节　文化管理的策略设计

策略是为了实现某一个目标，预先根据可能出现的问题制定的若干对应的方案，侧重对事物发展规律的预测和对问题的提前应对。在企业文化的管理中就是要深入、系统了解企业的文化现状，以及组织成员的诉求、思想、行为特点，提前制定一套指引文化有效落地的方案。

策略讲究因地制宜、灵活变通，没有固定的范式，在设计文化落地策略时主要考虑两个方面六大因素：

一、企业文化现状

领导风格：为了保障文化管理举措的顺利实施，文化管理策略要适应领导的管理风格。

文化氛围：文化管理工作要顺势而为，因此文化管理策略需顺应企业已经形成的基础文化氛围。

主要矛盾：企业中可能同时存在多个矛盾，文化管理策略要抓主要矛盾，通过主要矛盾的解决带动次要矛盾的解决。

二、企业员工特点

共性特点：制定企业文化管理策略时要了解人性的基本特点，例如人具有善的一面，也有恶的一面，人是趋利避害的，文化管理要顺应人性。

认知特点：制定文化管理策略时要了解企业员工的认知能力和特点，对认知水平较强的员工应采用透明且精心设计的管理举措，对认知水平较弱的员工应采用简单易懂的管理举措。

需求特点：不同层次的员工具有不同的需求，文化管理策略要适应不同层次员工的需求采用适当的管理举措。

笔者曾经为一个企业做落地规划，该企业存在一个现状就是领导层的权威不足，许多干部出现推诿扯皮甚至渎职腐败行为。由于企业人才缺乏，企业家也不敢轻易对这些干部做出处罚，而那些踏实尽职的干部却经常吃亏，干活多，没奖励，反倒要承担责任，时间长了，原本踏实尽职的干部也不再卖力了，形成了劣币驱逐良币的状态。

为了扭转这种局面，我们在做文化落地时制定了一定策略，“奖优罚劣，良币驱逐劣币”，对善于拼搏、尽职尽责的干部及时进行奖励，同时对严重渎职的干部予以处罚，在公司层面树立正面导向，让真正创造价值的优秀干部得到重用，从而一步步找回人心、扭转风气。

最后在这条策略的指引下，许多干部改变了以往的不良风气，有些干部因为严重违规被免职，也有一些已经习惯了耍滑偷懒的干部因为不能适应新的文化离开了，困扰企业家很多年的问题被解决了，企业树立了正向风气，且不是一两个人轻易能撼动。

第五节　文化落地关键路径

目标、策略是宏观、整体的设计，文化要落地还需借助具体、有效的路径和举措，对此，笔者结合华为、阿里巴巴等优秀企业及长期咨询实践梳理，总结了一套文化落地的关键路径与核心举措。

一、文化宣导

表 8－2　文化宣导

落地路径	核心举措	关键动作
理念物化	设计和印刷《文化手册》	·版面设计 ·手册印刷 ·发布学习
	文化上墙	·摘取文化关键词/金句设计系列海报 ·在会议室、餐厅、走廊等公共场所展示
	文化入名	·根据文化关键词重新命名会议室、办公室等场所
媒体宣传	建立和管理企业文化专刊	·成立编辑委员会，确定主编及期刊编辑成员 ·月度撰写文化月报，前期主要发表理念解读文章，后期要加入“正向案例解读、负向案例解读”
	建立和经营内部论坛	·建立内部论坛 ·通过论坛了解和管理员工心声、文化风气、热点问题
	建立和经营企业公众号、视频号	·建立企业公众号、视频号 ·管理公众号、视频号，通过发布文章和视频对内对外传播企业文化
	关注和管理舆情	·日常通过网络、客户、供应商等搜集企业舆情 ·对舆情进行积极管理，增强正向舆情，及时消除负面舆情

续表

落地路径	核心举措	关键动作
领导者思想传播	企业家系列解读文章	· 建立企业家思想管理机制，制定企业家讲话及文章整理流程，成立编辑小组 · 企业家结合典型事例，或者借助会议、正式讲话等场合，宣讲和解读文化 · 编辑小组通过录音整理、专家建议、企业家审核，发布解读文章
	干部谈文化	· 建立五必谈机制，团队中出现不良风气时；团队需要攻坚克难时；团队成员做出了典型正向或负向事件时；团队成员入职或晋升时；团队成员工作和生活上遇到重大困难时，领导者必须与团队成员谈文化
举办活动和仪式	企业文化专题研讨	· 结合管理重心和文化理念设计研讨主题 · 开展自下而上研讨 · 选取经典观点推广宣传
	企业文化主题活动	· 根据管理需求设定活动主题 · 设计活动方案 · 开展活动 · 宣传报道
	设计和举办文化仪式	· 设计和举办新员工入职仪式 · 设计和举办干部晋升仪式 · 设计和举办企业年会 · 设计和举办企业运动会 · 结合企业价值观设计和举办特定仪式
企业文化培训	新员工文化培训	· 设计新员工文化培训方案 · 开发配套课件、工具、表单 · 定期集中安排新员工培训
	干部文化领导力培训	· 开发干部文化领导力课程 · 完成现有干部培训 · 持续开展储备干部培训

二、内化于心

表 8－3　内化于心

落地路径	核心举措	关键动作
使文化融入人才管理制度	文化融入招聘	· 根据文化设定用人标准 · 在简历筛选、面试、背调等环节考察文化 · 优先录用文化符合度高的人才
	文化融入考核	· 开发劳动态度考核标准 · 制定劳动态度考核方案 · 员工与直接上级记录关键事件 · 双月/季度对照打分标准，根据关键事件评价、面谈 · 评价结果与奖金、评优、职位调整挂钩
	文化融入激励	· 企业文化践行情况作为奖金、红利等浮动收益分配的前置条件 · 结合企业理念设计服务之星、创新之星等日常荣誉激励 · 结合企业理念设计年度荣誉激励
	文化融入干部管理	· 企业文化践行情况作为后备干部的前置条件 · 干部培养中加入企业文化培训和考核内容 · 企业文化践行情况作为干部晋升的前置条件 · 对违背文化的干部及时淘汰

三、行为管理

表 8－4　行为管理

落地路径	核心举措	关键动作
劳动态度考核	持续开展劳动态度考核及应用	· 同“文化融入考核”

续表

落地路径	核心举措	关键动作
典型行为管理	建立典型行为管理机制	· 建立典型问题搜集渠道，包括内部专栏、线索调查、总裁信箱等 · 月度收集线索，调查典型事件 · 依据企业文化和公司制度公开处理典型事件 · 通过解读文章公开澄清事实和公司导向
日常行为管理	建立日常行为管理机制	· 日常行为监督与抽查 · 抽查情况统计与奖惩
优秀经验推广	管人方法论开发与推广	· 从各部门选取优秀干部组建开发团队 · 梳理提炼团队管理突出问题和常见情境 · 根据文化导向和先进经验，经过团队共创开发方法论 · 在干部层级推广应用
	管事方法论开发与推广	· 从各部门选取优秀干部组建开发团队 · 梳理提炼业务管理突出问题和常见情境 · 根据文化导向和先进经验，经过团队共创开发方法论 · 在干部层级推广应用
	做事方法论开发与推广	· 从各部门选取优秀员工组建开发团队 · 梳理提炼业务开展突出问题和常见情境 · 根据文化导向和先进经验，经过团队共创开发方法论 · 在基层员工中推广应用

以上只是列举了企业文化管理的常用措施和关键动作，各企业根据自身现状和目标，可以在此基础上减少不适用的举措，增加更有针对性的举措。例如强调“创新”的企业可以建立行动学习的机制，牵引干部员工积极学习先进的知识、经验，并在实际工作中加以应用。

列表中的各项举措如何操作，将结合后面章节的五大机制详细介绍。

第六节　企业文化有效落地公式

一、公式和解析

由于目前管理界尚没有一套关于文化落地的成熟模式，很多企业在开展文化管理时创造了丰富多样的管理方式，有的对企业经营产生了很大支撑，例如华为、阿里巴巴，但多数企业文化管理的效果并不理想，笔者认为很重要的一个原因是对文化落地的原理不了解。针对这一点，笔者梳理了一个企业文化有效落地的公式，从三个方面来解析文化落地举措如何产生更大的效果，即：

文化管理效果＝单次管理效应×管理频次×受众人数

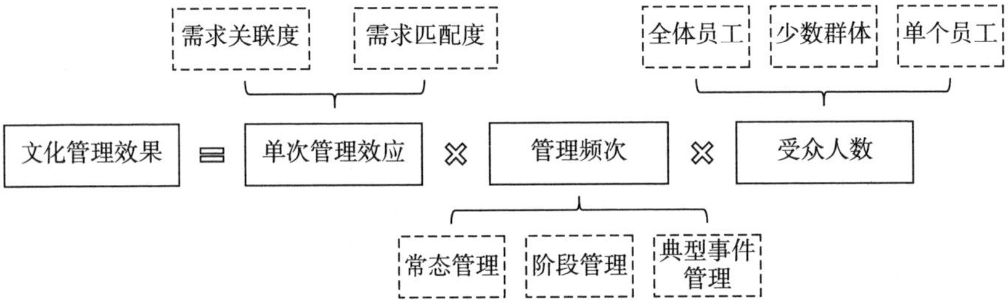

图 8－3　企业文化有效管理的公式

单次管理效应：是指采取一次管理动作，能够对员工的认知、信念和行为产生多大作用。文化要想对人的行为产生作用，采取的举措就必须与人的需求关联起来，而且要根据不同层次的人匹配不同的需求，对基层员工多用物质激励驱动，少谈使命和理想，对高层干部多用使命和成就感驱动，不能单纯地用物质激励。

管理频次：文化管理是个耳濡目染、循序渐进的过程，每一次的沟通和活动都能增进员工对文化的认知和理解。所以，有人说做企业文化要"苦口婆心"就是这个道理。

受众人数：这个因素就好理解了，一项管理举措，参与的人越多，了解和相信企业文化就越多。

二、开展文化管理工作的 5 个建议

基于上述公式，笔者总结了设计文化落地举措的 5 个建议：

• 文化管理要考虑对人的需求的把握，并且将管理举措与需求相关联和匹配，减少与人们需求关联较弱的喊口号、搞活动等举措。

• 企业应优先建立常态管理机制，其次考虑阶段性举措和特定事件管理。

• 文化管理举措要优先考虑覆盖全员，其次是小群体和个别员工。

• 日常工作中要点点滴滴去管理员工的思想和行为，长期坚持也能产生突出效果。

• 出现典型事件时，可以通过奖惩激励增强管理效应，同时通过公开处理、推广经验的方法扩大受众，实现效果放大。

在实践中，华为和阿里巴巴的做法与笔者所讲的公式和建议高度吻合。例如华为在建设“以奋斗者为本”的文化时主要采取三个路径：一是企业人力资源和干部管理的制度均围绕奋斗者来制定；二是干部提拔向奋斗者倾斜，突出贡献者可以破格晋升；三是分配激励上向奋斗者倾斜，拉大差距。

阿里巴巴在开展价值观落地时，除了培训、宣导，最重要的一个举措就是价值观考核，这项举措把公式中的三个因素都兼顾了，通过价值观考核和应用关联人的需求，同时是一项针对全员的常态的管理举措。所以，马云很早就说：“价值观并无虚无缥缈的理念，价值观需要考核，文化是考核出来的!”

第七节　企业文化管理的保障

一、人才保障

（一）文化经理选拔

企业文化经理是在企业中专职负责企业文化管理的职业经理人，其主要职责是结合领导者的思想提炼企业的核心理念，并通过一定的方法论采取各式各样的文化管理举措，最终让文化融入员工的意识、行为和企业的经营管理，即实现文化落地。

领导者确立了企业的文化理念，但他不可能事必躬亲，文化经理就成了连接领导者和员工的关键角色。他直接接触员工，言行举止直接影响员工对文化的认知，对企业文化的养成至关重要。因此，企业领导者在选拔文化经理时一定要谨慎考察。

结合企业文化工作的特点和实践经验，建议在选择企业文化经理时重点参考表 8－5 的标准。

表 8－5　优秀企业文化经理的基本素质

为人正直	心地光明，处事公正
意志坚定	内心信念清晰明朗，不因外界影响而轻易改变，即使遇到困难也敢于坚持正念
懂人性	了解人们的思维习惯和行为规律，理解和包容思想多元化，对组织的文化氛围、思想状态高度敏感且能够做出快速反应
懂管理	熟悉企业的战略、组织结构、人力资源、业务流程，掌握企业管理的常识和基础技能，如制订计划、管理团队、协调资源、奖惩激励等
懂业务	熟悉企业的核心业务，了解业务特点、人员特点和行业趋势

（二）文化工作者队伍建设

1. 文化工作者的定位

· 宣导企业文化——布道者。

· 传播正向价值——播种机。

· 引导各方声音——导航仪。

· 传承企业精神——火种。

2. 文化工作者的任职要求

· 高度认同和符合公司价值观要求，热爱公司事业。

· 精通企业文化理念，熟悉本部门的制度、业务流程和运营情况。

· 性格开朗，热情善良，有亲和力，善于团结和影响人。

· 热爱文化工作，有想法，爱琢磨，爱创意，有组织、协调、策划能力。

· 有一定的文字书写、总结、概括能力和演说能力。

3. 文化工作者选拔

由各级组织负责人提名，企业文化统筹管理部门评议，报企业文化领导机构审批后任命。

4. 文化工作者培养

企业文化统筹管理部门定期组织文化工作者培训，提升其思想认识、知识技能和策略方法等，同等条件下的职位晋升，应优先考虑担任过文化工作者的员工。

二、物质保障

（一）公司层面企业文化工作

企业文化统筹管理部门每年制定下一年企业文化工作预算，报财务部门批准。对开展理念物化、文化宣传、活动仪式、文化培训、工作激励需要的物资、经费，企业应给予充分保障。

根据企业文化领导层意见开展的预算外工作，由企业文化统筹管理部门报请企业文化领导机构审批，财务部门提供经费支持。

（二）部门层级企业文化工作

各部门制定年度预算时，可以参考团队人员数量申请适当的企业文化工作经费，以支持各部门主动开展企业文化工作。

三、机制保障

机制是一个系统性的概念，主要是指为完成一个目标而形成的各种要素相互协调、相互制约、稳定运行的系统。

文化管理机制可以理解为明确文化管理的主体、权责、方法、程序及资源，用以指引文化管理工作有序运行的工作系统。

文化落地牵涉的因素非常多，要想实现文化落地需要采取很多举措、需要很长时间，这个过程如果不设定一些规则就很难保障文化工作一直沿着既定的目标和策略开展。因此，为了保障文化落地，需要结合文化管理的规律设计一套科学的、闭环的管理机制，使文化工作在机制的框架内稳定、有序开展。

第九章

如何让理念落实为组织成员的认知

现实问题

①信息爆炸使得人们的心智空间越发拥挤，人们对于信息的阅读和筛选倍感疲倦，难以被植入新的信息。

②企业进行文化宣导时，大多站在自身的角度考虑问题，缺少与受众的互动与交流，难以引起员工的重视和认同。

解决方案

①根据认知学习的底层逻辑，新的认知 = f（已有认知结论 + 新的感知），提出策划宣导方案的 5W 模式，以及“造势 + 互动 + 重复”的方法论，提升文化宣导的效果。

②结合华为、阿里巴巴等企业经验提出企业文化宣导的 4 个必选项和 6 个可选项，帮助企业打造可操作、有效果的宣导机制。

第一节　文化宣导的逻辑和方法

一、底层逻辑

关于认知，人类认知学领域提出了一个基本公式：新的认知 = f（已有认知结论 + 新的感知）。这个公式给企业文化宣导带来两点启示。

第一，认知不是单纯地接收信息，文化宣导要考虑受众的认知与感受。

人们的认知主要受到自我感知和已有认知的影响，大脑运作方式并不像录音机或录像机那样，在建构认知架构时，我们会问一些问题。例如以前有没有听过或看过这个东西？这个东西要放在哪里？拿来做什么用呢？等等。所以，文化宣导不能单纯依赖输出方的意志，更重要的是考虑接收方的认知与感受。

第二，由于“已有认知”的不同，人们对于客观信息的判断也不同。所以，同样的一个“信息”，会有千差万别的“认知结论”。企业不能指望在较短的时间、用简单的方式让员工形成正确的认知，而是要采用更加丰富、系统的方式持续开展文化宣导。

二、模式与方法

（一）设计文化宣导举措

信息传播领域有一个知名的 5W 模式，即：谁（Who）→说什么（Say What）→通过什么渠道（In Which Channel）→对谁（To whom）→取得什么效果（With what effect）。如图 9－1 所示。

图 9－1　拉斯韦尔 5W 传播模式

很多企业在策划文化宣导工作时常常陷入“苦思冥想、江郎才尽”的状况，或者找不到满意的宣导方式。但如果参考 5W 模式，就比较容易找到合适的宣导方式。如图 9－2 所示。

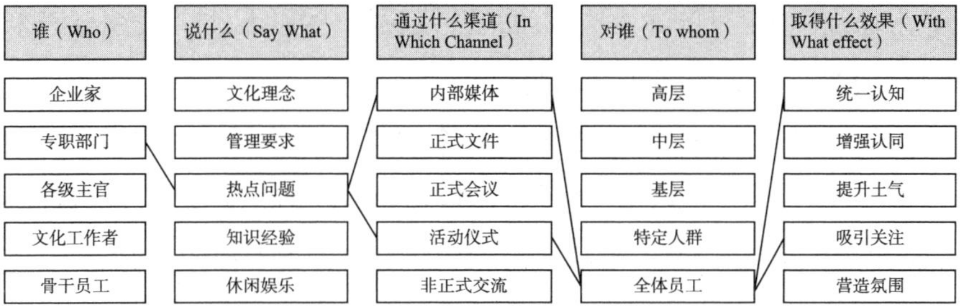

图 9－2　设计文化宣导举措的 5W 方法论

有一段时间，互联网公司“996”工作制，在很多企业成了热议的话题，有人反对，有人赞同，这时就需要统一认知。参考 5W 传播模式，为了实现统一认知的目标，可以由企业文化专职部门针对热点问题举办自下而上、全员参与的研讨活动，也可以通过内部媒体发表解读文章，向全体员工阐明公司导向。

（二）如何开展文化宣导工作

结合认知的底层逻辑，为了提升文化宣导的效果，在开展宣导工作时可以采用“造势 + 互动 + 重复”的方法论。如图 9 – 3 所示。

造势 + 互动 + 重复

图 9 – 3　开展文化宣导工作的方法

所谓造势，是指通过高层领导讲话、召开大会、在工作场所提前张贴海报等方式吸引受众关注，提高重视度，再进行相关内容的宣导。

例如 2000 年华为党委组织召开“研发体系发放呆死料、机票”活动暨反思交流大会，召集了 6000 余人参加。任正非在会上发表了《为什么要自我批判》的讲话，提出华为将继续推行以自我批判为中心的组织改造与优化活动，要求所有员工掌握自我批判的武器，两年后，还不能掌握和使用自我批判这个武器的干部，要减少使用。任正非还说之所以搞得这么隆重，是为了使大家刻骨铭记，一代一代传下去。

所谓互动，一方面宣导的内容要考虑受众的需求、兴趣和偏好，设计令人喜闻乐见的方式；另一方面宣导过程中尽可能让受众参与进来，使其在表达自己观点的同时提升认同。

重复宣导，是因为人的认知是一个“接收信息 + 处理信息”的过程，在一次宣导向受众传递的信息量有限的情况下，可以通过重复宣导提高受众接收的信息量，也让已接收的信息在大脑中得到加强。

第二节　如何建立文化宣导机制

一、目标

企业文化宣导机制的主要目标是，让广大干部员工对企业的文化理念形成全面、正确的认知，在组织内确立起相对统一的语言体系与思维方式，为组织成员认同和践行企业文化打下基础。

二、组织和职责

（一）企业文化宣导组织设计

企业文化宣导是一个持续渗透的过程，不是靠一个部门、短时间就能完成的。因此，企业应构建一个“企业家 + 专职宣导部门 + 各级主管 + 文化工作者 + 骨干员工”的宣导组织，各自在不同的场合、从不同视角宣导文化理念。如图 9－4 所示。

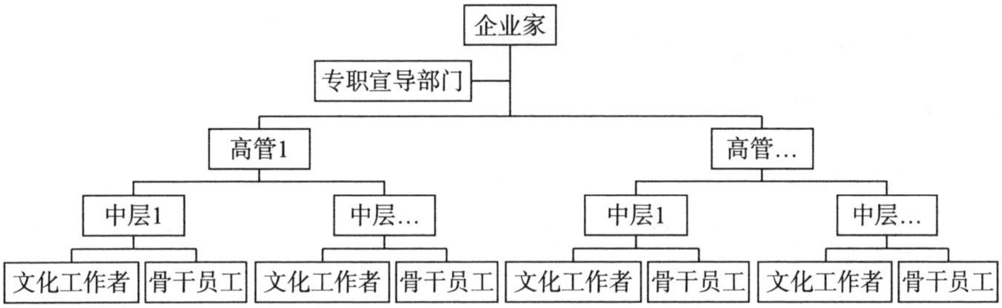

图 9－4　企业文化宣导的组织设计

（二）各主体职责

1. 企业家

企业家天生具有创建文化和影响文化的能力，也是文化管理的第一责任人。企业家要善于借助各类关键事件解读和“推销”企业的文化理念，帮助干部员工更好地理解企业的使命、愿景、价值观及具体的文化要求。企业家在文化宣导方面应履行的主要职责是：

• 结合关键事件、时事热点发表讲话或撰写文章，解读企业文化，澄清文化要求。

• 利用会议、培训、活动、谈话等正式和非正式渠道，持续强调和诠释企业文化理念和要求。

• 结合文化理念发表对战略方向、组织设计、用人标准、奖惩激励等具体管理的意见。

2. 专职宣导部门

企业文化理念宣导的整体统筹与专业职能部门，主要职责是：

• 策划并实施年度文化宣导方案，对企业文化内外部宣导效果负责。

• 建立和运营内部媒体、文化专刊、微信公众号等固定的传播渠道。

• 结合文化管理需求及时开展文化宣传与引导。

• 协调各部门收集并撰写宣传稿件。

• 开展外部宣传，提升品牌形象。

3. 各级主管

各团队一把手负责根据公司要求和团队文化管理的需要，利用讲话、沟通、公文等方式开展文化宣导。

4. 文化工作者

• 根据公司要求开展文化培训、文化研讨、文化活动等文化宣导工作。

• 敏锐感知团队文化风气和思想状态，通过正式和非正式沟通进行积极的引导和纠偏。

• 结合团队业务特点诠释公司文化要求，使企业文化更好地支撑业务开展。

• 组织团队宣传稿件的撰写与宣传。

5. 骨干员工

具有优良的业绩和文化表现的骨干员工，在员工中具有较强的影响力，通常发挥着文化大使的作用。在文化宣导方面的主要职责是，用实际行动为周围的员工做好示范，在日常工作和交流中积极分享先进经验和个人心得。

第三节　文化宣导的主要举措

一、必选项

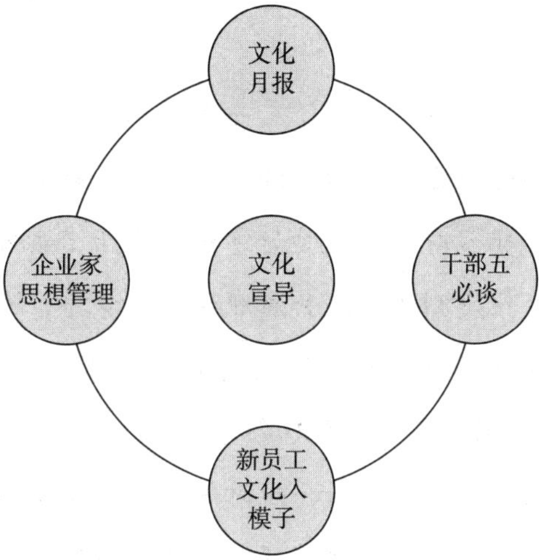

图 9 – 5　企业文化宣导必选举措

（一）企业家思想管理

企业最大的权力是思想权和文化权，领导者唯一真正重要的事情是创建和管理文化。企业家作为企业中最关键的领导者，在文化管理方面，无论是掌握的资源、权力，还是领导力与影响力，都是企业中其他人无法替代的。因此，企业文化宣导应首先发挥企业家的作用。

华为企业文化成功的关键因素在于，华为的文化传播与宣传小组及时、精准地捕捉到企业家的思想，并利用内部与外部媒体将企业家的思想传播出去，在企业内外产生了极大的影响。

据公开可查询的渠道统计，从创业至今，任正非在不同时期发表了 100 多篇文章，例如《胜则举杯相庆，败则拼死相救》《华为的冬天》《我的父亲母亲》《天道酬勤》《一江春水向东流》等。这些文章大多是结合企业当前的时事热点，细致入微地谈自己对事件、对当前形势的思考及对干部员工的要求，干部员工通过阅读文章清晰地理解了领导者，或者公司文化的内涵与要求。

华为有一条价值观是“长期坚持艰苦奋斗”，单看这几个字传递的信息非常有限，但如果读了下面的讲话，就很容易理解了。

企业能否活下去，取决于自己，而不是别人，活不下去，也不是因为别人不让活，而是自己没法活。活下去，不是苟且偷生，不是简单地活下去。活下去并非容易之事，要始终健康地活下去更难。因为它每时每刻都面对外部变化莫测的环境和激烈的市场竞争，面对内部复杂的人际关系。企业必须在不断地改进和提高的过程中才能活下去。（来源：《活下去，是企业的硬道理》，2000 年）

企业不是要大，也不是要强，短时间的强，而是要有持续活下去的能力与适应力。（来源：《华为的冬天》，2001 年）

十年来我天天思考的都是失败，对成功视而不见，也没有什么荣誉感、自豪感，而是危机感。也许是这样才存活了下去。我们大家要一起来想，怎样才能活下去，也许才能存活得久一些。失败这一天是一定会到来的，大家要准备迎接，这是我从不动摇的看法，这是历史规律。（来源：《华为的冬天》，2001 年）①

结合华为的经验，笔者总结了企业家思想管理的几个要点：

（1）企业家思想文章出炉的关键节点

①公司出现了很多人关注的焦点事件。

②公司出现了损害文化的不良风气。

③公司经营管理中遇到了危机或难以解决的问题。

---

① 黄卫伟等．以奋斗者为本：华为公司人力资源管理纲要【M】．北京：中信出版社，2014。

④企业家感悟或总结了新思想。

⑤企业家在会议及其他公开场合发表的讲话。

（2）企业家思想文章出炉的流程

①企业家在会议或其他交流场合发表讲话，企业家秘书或其他随同人员做好录音。

②相关人员把录音交给企业文化统筹管理部门的企业家思想宣传团队，把录音整理成文字。

③企业家思想宣传团队对录音文字进行去粗取精，整理成思路清晰、文字精练的文章。企业也可以邀请外部专家顾问加入宣传团队，文章经由专家把关优化后提交给企业家。

④企业家对宣传团队提交的文章进行审阅、批示后，发给宣传团队进行修订。

⑤宣传团队根据企业家审批意见对文章进行修订，提交企业家再次审批，反复修订，直到企业家认为可以发表。

⑥企业家宣传团队根据文章的类型将其转给合适的发布渠道，通过正式文件、文化月报、内部论坛等方式公开发布。

（3）企业家思想文章的应用

①在文化月报、内部论坛等内部媒体公开发布，供广大干部员工阅读学习，通过阅读企业家思想文章提升对公司文化的认知。

②组织专题研讨会，召集干部员工共同学习研讨企业家思想文章，通过研讨加深理解和思想共识。

③将各期文章汇编成《企业家思想集》，发给干部和新员工学习，帮助其理解公司文化。

④选取合适的文章对外发布，提升公司的品牌影响力。

⑤企业家自身总结撰写的文章，可直接授权宣传团队通过相应的渠道发布。

（二）文化月报

理念宣导要通过一定的媒介，最常用的就是报纸、期刊、论坛等宣导平台。华为有多个内部宣导平台，分别有不同的定位和作用，《华为人》是外部宣传刊物，《管理优化》是内部宣传刊物，《心声社区》是华为员工论坛。在众多的宣传平台中，《管理优化》对华为的企业文化起着重要作用。

华为对于《管理优化》定位非常清楚，一是自我批判、揭露公司问题；二是成功经验、知识的分享。

办一份报纸很容易，难点在于对报纸的管理，认认真真编辑的报纸如果没有人看，也只是一张废纸。华为对《管理优化》实行闭环管理，要求所有管理干部必须看《管理优化》，编辑部定期抽查，如果抽查发现没有看报，无论职位多高都会在下期报纸上通报批评，并且记入个人档案中，进而影响未来的晋升与评级。

《管理优化》并不创造直接的经济效益，但是它却像蚯蚓一样，给华为疏松土壤，暴晒问题，让十几万华为人在华为这个阳光的大平台上茁壮成长。

企业不一定要运营很多宣传平台，但一定要有一个平台承担《管理优化》的职能，笔者暂且将其命名为《文化月报》，实践中有以下几个操作要点：

1. 报刊定位

用于企业文化宣导的官方权威媒体，主要发挥三方面作用：第一，自我批判，揭露并持续改进公司出现的典型问题；第二，成功经验和知识分享，激励先进，复制经验；第三，针对时事热点，及时传达、澄清公司文化导向和管理要求，快速统一干部员工的思想认识。

2. 报刊内容

主要聚焦三类内容：一是上期揭露问题的跟踪整改情况通报，以及对近期调查落实的典型文化问题的揭露、剖析；二是内部企业文化建设的优秀案例，以及外部先进经验、知识的共享；三是公司领导层对近期经营管理的要求与指导意见，以及中高层干部撰写的阐述有关管理经验的文章。

在此说明一下，本书设计的文化管理举措是系统完整、紧密联系的。例如《文化月报》的前两部分内容与行为管理机制中的典型行为管理和优秀经验推广相关联，第三部分内容与企业家思想管理相关联等。

3. 闭环管理

企业文化统筹管理部门负责《文化月报》的整体运营，包括稿件撰写、编辑、修订和干部管理文章约稿，负面问题和优秀案例的调查落实，问题的跟踪，报刊的发布等事项。

为了吸引和督促干部和员工及时阅读学习，《文化月报》发布的负面问题和优秀案例要纳入相应部门的文化评估中，同时报刊内容要聚焦在与干部员工的日常工作、责权利能紧密相关的事项，宁缺毋滥，保证“含金量”。

《文化月报》中最难也最有价值的是典型问题的揭露与剖析。

难，是因为问题的揭露很可能得罪人，对从事该项工作人员的品格、意志要求很高，同时需要领导层给予他们充分的信任和支持。

有价值，是因为通过揭露问题，一方面使企业近期的典型问题得到解决；另一方面此项举措就像一把悬在头上的达摩克利斯之剑，时刻提醒干部员工不要犯错，避免了很多问题的发生。

这一点笔者深有体会，笔者之前在甲方时就担负着揭露典型问题的职责，一开始每个月很容易找到几个典型问题，但两三年后这项工作变得很难，因为问题越来越少了。

4. 干部五必谈

如果说企业家是企业文化管理的第一责任人，那么各级干部就是本团队文化管理的第一责任人，他们的言行对团队文化管理的效果至关重要。为了充分发挥干部在文化宣导方面的作用，笔者建议在企业中建立“干部五必谈”机制，其运营要点如下：

（1）何时谈

文化、价值观通常在关键节点中体现的比较突出，对干部来说，在团队中宣导文化的关键节点主要有五个：

①团队中出现不良风气时。

②团队需要攻坚克难时。

③团队成员做出了典型正向或负向事件时。

④团队成员入职或晋升时。

⑤团队成员工作和生活上遇到重大困难时。

（2）谈什么

当关键节点出现时，干部必须与团队谈“文化”，明确公司文化导向与要求。

（3）如何谈

在具体操作上，建议遵循三个步骤：第一，充分了解事实和员工心理状态；第二，与员工一起剖析事实，阐明公司文化导向和要求；第三，帮助员工找到解决问题的办法，需要自己做的事，率先垂范，需要员工做的事，提供力所能及的支持。

（三）新员工文化入模子

心理学的研究表明，人们到一个新环境会保持较强的注意力和好奇心。新员工认知和接受文化需要一个过程，但入职初期的所见所闻将对他们产生深远的影响。因此，新员工入职初期是植入文化的良好时机。

在新人培养方面，普林斯顿大学创造领导中心的摩根·迈克尔和他的2位同事在《构筑生涯发展规划》中提出了著名的721学习法则。该法则认为成人学习70%来自真实生活经验、工作经验、工作任务与问题解决；20%来自反馈，以及与其他角色榜样一起工作并观察和学习该榜样；10%来自正规培训。

因此，在设计人才培养方案时，不能局限于课程面授，需要加入轮岗、教练、导师、跨界交流、体验式评估培训、复盘等多元化方式。

事实上，国内很多知名企业的新员工培养方案都利用了这一法则。例如联想的新员工文化入模子，华为的新员工 180 天培养计划，阿里巴巴的三个百年系列培训。笔者综合过往实践和标杆企业的案例，总结了新员工文化入模子的四点心得：

1. 用培训来传授

培训是对相关知识、经验的系统设计与集中传授，通过培训可以让新员工在短时间内对企业形成整体认知。

培训内容通常包含企业文化理念体系和案例讲解、企业发展历程介绍、企业人事、财务等基本制度。

培训方式通常以课堂培训为主，但最好是加入分组研讨、素质拓展等形式，让员工在互动参与中加深认知和理解。

2. 用帮带促提升

新员工入职一周内，要尽快为其指定一名帮带师傅，其主要职责有三个：

一是文化帮带，通过以身作则和沟通交流的方式帮助新员工进一步熟悉公司的文化，尽快适应公司的文化氛围。

二是技能帮带，通过亲自示范、讲解帮助新员工快速熟悉岗位工作内容，掌握工作技巧。

三是情感帮带，随着物质生活水平日益提升，新生代员工更加看重情感需求，在他们看来，挣钱虽然重要，但如果工作得不开心，宁可放弃挣钱。所以，除了帮带文化与技能，师傅要在帮带期间与新员工保持高频的沟通交流，帮助其熟悉认识周围的同事，及时表扬和鼓励新员工，了解其工作和生活中的困难，利用自己的经验和资源积极帮助解决问题。

帮带师傅应优先选择文化和业绩表现都比较突出且入职满三年的老

员工，如果暂时选不出那么多双优的人，建议优先选择文化表现突出者，因为技能带偏了可以再学，但文化带骗了，往往很难纠正。

(1) 用实战来深化

实战是最有效的能力提升途径，师傅在帮带期间，刚开始侧重讲解、示范，待新员工理解后，要让其亲自操作，并从中总结经验与不足。

经过三个月的帮带，主管领导和帮带师傅要为新员工布置一些有挑战性的任务，使其在实战的过程中不断突破自己。

(2) 用考核来落实

企业文化不是喝茶聊天，企业文化必须与人们关心的责权利能结合起来，才能从理念转化为现实行动。因此，为了保障培训和帮带效果，需要对新员工进行定期考核，具体包括三个方面：

- 培训阶段举办企业文化认知测试，要求测试成绩必须合格。
- 帮带阶段，月度进行一次文化和业绩综合评价，督促新员工按照文化要求行为，逐步固化成良好习惯。
- 全部培养周期结束后，组织新员工进行述职和总评，评价内容包含文化与业务两方面，文化评价不合格者予以淘汰，文化合格但业务不合格者延长培养周期，再次考核仍不合格者予以淘汰。

文化表现评价可以采用劳动态度考核，把每条价值观分解为“1、2、3、4、5”五个等级。新员工通过举证的方式自评，主管领导根据已掌握的例证和新员工师傅提供的信息进行打分，综合评价达 3 分及以上为合格。详细操作方式，将在企业文化内化机制介绍。

二、可选项

(一) 会议宣导

会议传播系统包含公司年度会议，周度、月度、季度例会，专题研讨会及部门会议。会议传播的内容主要是某一阶段需要特别强调的文化

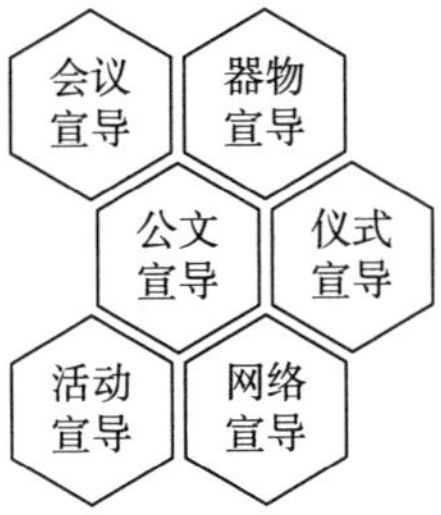

图 9－6　企业文化宣导可选举措

管理要求，传播方式主要是领导口头讲话及参会人员共同讨论，会议结束后应形成会议纪要。

（二）器物宣导

器物传播包含公司公共场合和办公场所的物化布置、公司礼品、办公用品、宣传栏、电子视屏、标语横幅、宣传海报、企业宣传片等，各项器物的布置与设计都要体现公司的文化精神与核心理念，为员工提供耳濡目染的文化环境。

（三）公文宣导

公文传播系统包含红头文件、公司公告、公司通知、公司级会议纪要、邮件等。公文传播的内容主要是需公司全体员工或者某一特定群体知晓的比较重要的文化管理要求，传播方式是发布正式公文，且应保证相关人员都能收到公文，必要时可要求相应人员学习研讨。

（四）仪式宣导

仪式传播包含新员工入职仪式、拜师仪式、晋升仪式、老员工荣退仪式等，仪式设计要体现公司文化精神与核心理念，通过仪式固化和传承公司文化理念。

（五）活动宣导

活动传播是指借助运动会、研讨会等主题活动传播公司文化理念，通过在活动中加入文化元素和文化要求引导员工认识、感受公司文化。

（六）网络宣导

网络宣导平台主要是指官网、内部论坛、微信公众号等。其中，内部论坛主要是为员工提供内部交流、反馈意见的渠道，要有部门对其进行主动管理，引导舆论导向，明确发帖规则，对违规行为和不良风气及时纠偏。同时，可以根据员工反馈意见挖掘员工诉求和典型问题线索并跟进处理。

第十章

如何让理念落实到组织成员的信念中

现实问题

企业没有权威、固化的机制牵引和推动组织相关人员按文化理念行事，文化与企业的战略、组织、人才管理，以及组织成员的责权利能相脱节，员工觉得企业“说一套，做一套”，难以树立起真正与文化理念相一致的心智模式。

解决方案

建立用人、考核和激励机制，牵引或推动相关人员按照文化理念做事，使文化理念落实到企业的战略、组织、人才管理中，与组织成员的责权利能相结合，最终转化为组织成员的信念。

第一节　理念内化的关键路径

一、文化内化的关键

内化机制是指把理念转化为信念的机制。

信念是人们的精神支柱，用以支撑精神世界的价值观念架构，建立什么样的信念，决定了每个人精神世界的层次，也直接或间接决定了每个人的行为与思维方式。因为相信，人们可能会毕其一生甚至不惜任何代价去做某种行为。

信念，根本上来源于人们的需求，能够满足人们需求的经验事实是形成信念的直接刺激物，经验事实的改变也会对信念的稳固程度发生影响。

巴甫洛夫在其关于条件反射的理论中谈道：“外在刺激物与人的反应之间存在某种关系，直接刺激的次数与形成反映的稳固程度成正比，但间接刺激物所引起的反映要弱得多。一般来说，产生于经验中能够满足物质需要的信念，比起那些关于未来理想、社会目标的抽象信念要稳固、持久的多。”

因此，要想让组织成员形成稳固的信念，关键是做好两点：**一是企**

业的行动要与员工真正关系的责权利能结合起来；二是按照文化理念行事，采取稳定一致的行动以强化员工的信念。

二、文化内化的路径

田涛老师总结华为的成功经验时说："任何组织，都在致力于构建一个理想的闭环体系，即在组织的理念、制度和人这三个方面达到最优。华为以 30 多年的时间快速崛起，30 多年销售额年均以接近两位数的速度增长，之所以有这样世界级的成就，就是因为它构建了一个创新的理念体系、制度体系，以及拥有在理念和制度的平台上吸纳、锻造、成长起来的 19 万知识员工。[①]"

理念要转化成信念，需要企业各方采取与理念一致的行动，使理念贯彻到战略、组织、人才等管理中。而促使行动与理念一致的关键路径有两个：**一是找到认同理念的人；二是把理念要求的行动固化下来，即"制度化、流程化、机制化"**，最终形成理念、制度、人协调一致的闭环管理体系。如图 10－1 所示。

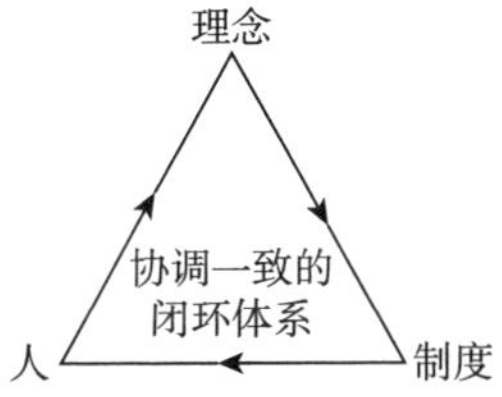

图 10－1　文化理念内化方法

第二节　建立企业文化的内化机制

一、目标

企业文化内化的目标是牵引和推动组织各方按照文化理念的要求开

① 田涛．理念·制度·人：华为组织与文化的底层逻辑【M】．北京：中信出版社，2020。

展各项管理活动和业务行为，使组织成员经过一定时间的验证后，相信组织的理念，在内心形成牢固的信念或心智模式，当遇到特定情境时，可以激起源源不断的动力去完成任务。

二、组织和职责

（一）企业文化内化机制组织设计

企业文化内化是对于组织中的个体而言的，但能否把企业的理念内化为组织成员的信念，关键要看企业，具体来说是看企业家、各级组织和掌权者如何做。

因此，企业文化内化的组织应当以企业家为首，向下由具体部门支撑。其中，企业文化统筹管理部门整体负责，战略管理部门、经营管理部门、人力资源管理部门分别负责把文化理念融入各自的管理领域中，对于战略、组织、人才管理方面的重大问题可以提请公司高层和资深专家组成专业委员会审议，各级干部，包括高层、中层和基层，都有责任以身作则，带领团队成员形成与文化理念相一致的信念。如图 10 – 2 所示。

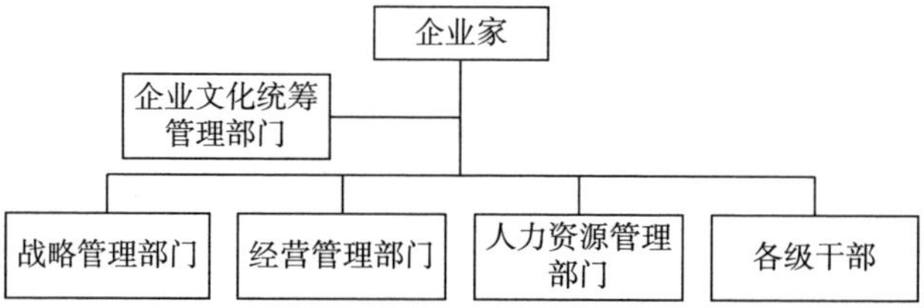

图 10 – 2　企业文化内化的组织设计

（二）各主体职责

1. 企业家

责权利能的分配权和关键事件的决策权通常掌握在一个组织的最高领导者手中，因此企业家作为企业最高的领导者，对文化理念内化负有首要责任。核心职责包含：

- 根据文化理念，领导设计企业的战略、组织和人才理念，使文化理念分解到战略、组织、人才管理理念。
- 指导相关部门根据战略、组织和人才理念设计制度框架，使理念落实到管理制度。
- 以身作则，严格按照文化理念和制度要求行事，不使个人意志凌驾于理念和规则之上。
- 严格、及时按照文化理念和制度要求处理关键事件，即使与个人利益有冲突。

2. 企业文化统筹管理部门

企业文化理念内化工作千头万绪，需要多个部门分别负责，但要有一个部门统筹各部门开展工作，并对文化理念内化工作整体负责，这个部门即企业文化统筹管理部门，其主要职责是：

- 在企业家的领导下，组织相关部门把文化理念分解为战略、组织、人才管理理念。
- 组织战略、组织、人才的统筹管理部门，设计支撑理念落地的制度体系。
- 协同人力资源管理部门，制定与文化理念相一致的用人标准，招聘文化符合度高的人。
- 协同人力资源管理部门设立考核、激励机制，牵引和推动战略、组织、人才等管理部门按照理念和制度要求行事。

3. 战略管理部门

- 在企业家的领导下，负责将公司文化理念分解到战略管理理念。
- 根据战略管理理念，设计战略管理制度体系。
- 根据公司文化理念及时修订、完善战略管理理念和制度体系。
- 严格按照理念和制度要求开展战略管理相关工作，保障预期目标达成。

4. 经营管理部门

● 在企业家的领导下，负责将公司文化理念分解到经营管理和流程管理理念。

● 根据经营管理和流程管理理念，设计相关的制度体系。

● 根据公司文化理念及时修订、完善经营管理和流程管理的理念与制度体系。

● 严格按照理念和制度要求开展经营管理和流程管理相关工作，保障预期目标达成。

5. 人力资源管理部门

● 在企业家的领导下，负责将公司文化理念分解到组织和人才管理理念。

● 根据组织和人才管理理念，设计相关制度体系。

● 根据公司文化理念及时修订、完善组织和人才管理的理念与制度体系。

● 严格按照理念和制度要求开展组织与人才管理相关工作，保障预期目标达成。

● 在企业文化统筹管理部门的协同下，制定与文化理念相一致的用人标准，招聘文化符合度高的人。

● 在企业文化统筹管理部门的协同下，制定考核、激励机制，牵引和推动战略、组织、人才等管理部门按照理念和制度要求行事。

6. 各级干部

● 以身作则，严格按照文化理念和制度规则开展工作。

● 根据文化理念和制度要求制定工作目标，并逐层分解下去，带领团队共同遵行文化和制度，实现既定目标。

● 严格、及时按照文化理念和制度要求处理本团队的关键事件，即使与个人利益有冲突。

第三节　企业文化内化的主要举措

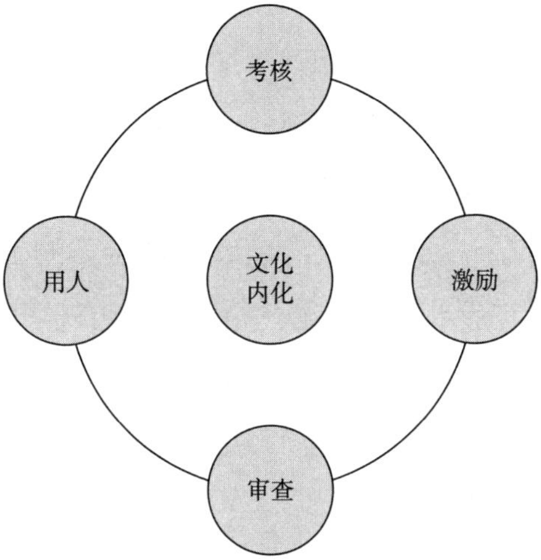

图 10－3　企业文化内化的四大举措

一、用人：新人招聘和干部选拔

人是组织的核心要素，企业的文化管理举措要靠人去实施，文化理念能否转化为信念，关键也在于人。

对企业来说，考核、激励固然重要，但选好人更加重要。一开始选对人，比后期培养人和管理人成本要低得多，用一个形象的说法就是“与其赶鸭子上树，不如直接选一只猴子”。

用人应重点抓好新人招聘和干部选拔两个方面：

（一）新人招聘

古往今来，优秀的领导者都有一个特质：善于识人用人。为了招到合适的人才，企业需要做好两项工作：

1. 根据价值观制定选人标准

尽可能在一开始就招到与企业文化理念一致的人，企业要根据

“核心价值观”制定一套选人标准，并按照选人标准筛选简历、开展面试。

根据文化理念构建选人标准，主要是把企业的“使命”和“价值观”分解到“通用素质”。

所谓“通用素质”，是指适用于所有层级与岗位类别的素质，它可以作为素质模型中通用素质的一部分，也可以作为“文化特质”独立成为一部分，但价值观的各项核心特质都要涵盖。

构建用人标准是一项“理论与实践相结合”的工作，在构建用人标准时，建议采用“核心文化分解＋行为事件访谈”的方法。

首先，根据价值观的内涵，分解出核心文化需要具备的素质；其次，通过访谈优秀员工，提炼其共性素质；最后，把二者结合起来，寻找共同项。如图 10－4 所示。

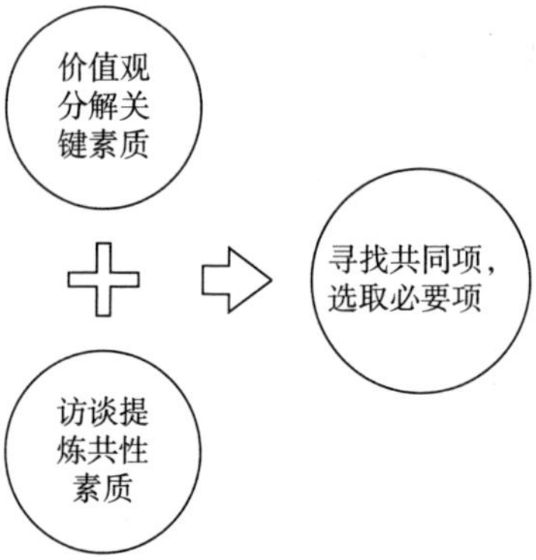

图 10－4　根据价值观提炼选人标准的方法

例如某企业有一项价值观是“以客户为中心”，首先由该条价值观的内涵分解出“诚实正直”“服务精神”“责任心”“善于沟通”等素质，然后通过行为事件访谈，发现被访谈人身上都具备“诚实正直”和“服务精神”，寻找共同点，由“以客户为中心”提炼出“诚实正直”和“服务精神”两项素质。

需要说明的是，根据上述方法选出的共同项未必都要纳入用人标准，我们最终要留下的是“必要条件”，即“缺了它就不行”的素质。因为企业根据用人标准招聘时，要筛掉不符合价值观的人，选择符合价值观的人，但不是只选择“优秀的人”，有些人可能在应聘时还不优秀，但只要符合企业文化的基本要求，就有机会进入公司。

2. 面试环节考察价值观

用人标准从表面看就是几个词语，但人的素质往往是复杂的、隐藏于内的。即使再多的结构化问题恐怕也难以准确评估出应聘者的内在素质，而具有丰富阅历的人往往能感知应试者的内在素质。

因此，在价值观考察方面，笔者建议引入谷歌和阿里巴巴所采用的“闻味官”，通过“闻味官”来判断应聘者与公司的文化符合度，具体操作时应重点关注三方面内容：

- “闻味官”选拔：建议由司龄 10 年以上、文化符合度高、洞察力强的老员工担任。
- 文化一致性考察：“闻味官”可以与业务面试官、人力资源面试官一同参加面试，过程中可以提问，也可以不提问，重点在于通过观察和感知应试者的言行判断其价值观是否与公司一致。
- “闻味官”权限：“闻味官”经过考察，认为应试者在文化一致性方面不合格时，可以行使“一票否决权”。

（二）干部选拔

“政治路线确定后，干部就是决定性因素”，干部在本团队中拥有最大的权力和资源，干部的言行举止直接影响团队成员对公司文化的认知与判断。

要想使企业长治久安，就要选拔出符合公司文化、传承公司文化的干部，而要选拔“根正苗红”的干部需要一套科学的机制，其中最关键的是抓好两点：

1. 文化符合是前置条件

所谓文化符合，是指内在的价值观与外在的行为表现与公司文化理念相一致。但由于价值观是隐蔽的，一般通过候选人的行为表现来考察。

对于开展价值观考核的企业，可以把价值观考核成绩作为判断依据，对于未开展价值观考核的企业，则重点看其在关键事件、突发事件、组织利益与个人利益冲突时的立场与表现。

2. 选拔程序要科学合理

英美法系国家有一句法律格言："正义不仅应得到实现，而且要以人们看得见的方式加以实现。"在他们看来，法律的规定固然重要，但调查、取证、审判等程序更加重要，如果没有正当的程序保障，再好的法律也无法得到落实。

正当程序的主要特点是公开、中立、可操作、平等参与，在企业干部选拔方面，更多体现为"员工平等参与、决策中立无偏私、过程公开"。

受程序正义的启发，华为在干部选拔方面创立了三权分立机制，即业务部门有干部提名权/建议权，人力资源部门有干部评议权/审核权，党委有干部否决权/弹劾权。这种做法最大的好处是把干部选拔的权力分散，有效防止了权力寻租和拉帮结派。

当然，三权分立的干部选拔机制对相关组织的完备性和人员素质提出了较高要求，有些企业可能未建立起具备否决弹劾能力的机构，有些企业的人力资源部门所做的评议审核未必能令人信服。

因此，笔者建议采用一种简易程序，即提名人或建议人对所提干部的文化表现承担连带责任。当干部出现违反文化的关键事件时，提名人或建议人要共同承担弥补损失的责任，同时作为负向关键事件纳入提名人企业文化考核。

这个做法使得干部在选拔新的干部时更加慎重考察其文化符合度，尽可能选拔与公司文化一致的干部，企业文化也通过干部选拔得以传承。

二、组织绩效考核机制

企业文化理念内化的核心目标是把文化理念转化战略、组织、人才管理理念，进一步落实到战略、组织、人才管理的制度流程，实现战略、组织、人才管理目标，其落脚点是各领域管理目标，考核形式通常为组织绩效，操作要点有：

（一）企业目标制定

以使命、愿景、价值观，以及战略理念、组织理念、人才理念为指引，进而分解出各项财务目标、市场目标、制度流程建设目标和组织建设目标。

（二）组织绩效制定

一级组织制定组织绩效指标时，除了瞄准企业目标，还要瞄准与自身相关的战略、组织、人才等管理理念。例如某企业确定了“以奋斗者为本”的价值观，企业制定目标时，就要体现“建立以奋斗者为本的薪酬、激励体系”相关内容。人力资源部制定组织绩效时要把这项目标进一步分解为具体的指标，例如“确定奋斗者人才画像”“优化激励体系，向奋斗者倾斜”“员工敬业度达到……分”等。如表 10－1 所示。

表 10－1　文化理念融入组织绩效示例

《文化大纲》条款	理念落实要求	组织绩效	责任部门
第十七条　【用户伙伴关系】产业互联网时代，XK 与用户的关系从“先期主观生产、后期被动消费”的关系变为“链接、互动、共创、共享”的关系。我们的战略思维逐步从经营产品转向服务用户生态。用户成为 XK 的伙伴，参与我们的产品研发、生产与服务的全价值链活动	□是否已有和客户链接、互动的途径 □如何与用户链接、互动？这种途径能否将研发、生产、服务全覆盖？内部组织如何协同 □用户的想法意见通过什么机制决定是否采纳 □是否为用户参与建立了相应的机制和管理方式	□建立用户服务平台 □建立内部与用户沟通运行机制 □制定用户意见的反馈决策制度	营销中心

（三）考核实施

经营管理部门负责组织绩效的审核与考核，审核组织绩效时要重点关注相关组织对文化理念落地目标的承接，考核过程中要关注文化理念落地目标的完成情况。

通过企业目标、组织绩效指标制定，使文化理念转化为战略、组织、人才等管理部门的目标与指标，通过组织绩效考核能够有效促进相关目标的达成。

三、激励机制

人都是有欲求的，欲求可以让人充满活力地创造价值，也可以让人行凶作恶陷入痛苦。管理，从根本上讲是管理人的欲求。企业文化对员工来讲，是自身的欲求被如何对待；对企业来说，是如何管理员工的欲求。常用的方法就是对文化理念倡导的行为给予正向激励，对文化理念反对的行为给予负向激励。

如今，人们的素质水平较高，通常都是积极正向的思想主导着个人的行为，所以多数企业在多数情况下都是采用正向激励。所以，笔者在激励机制中着重介绍的是正向激励。以马斯洛需求层次理论为模型，结合管理中的实践，笔者梳理了构建全面激励体系的八个举措。如图 10－5 所示。

（一）客观、公正的评价

1. 针对需求

这一举措针对的是人们对“公平”的需求。“公平”是人们朴素的心理情感，既是一种安全需求，也是情感需求，只有公平，人们才不会招致无缘无故的伤害，只有公平人们的心理才能得到平衡。

2. 实现方式

客观公正的评价，既包含对劳动者创造价值的评价，也包括能力和劳动态度的评价。

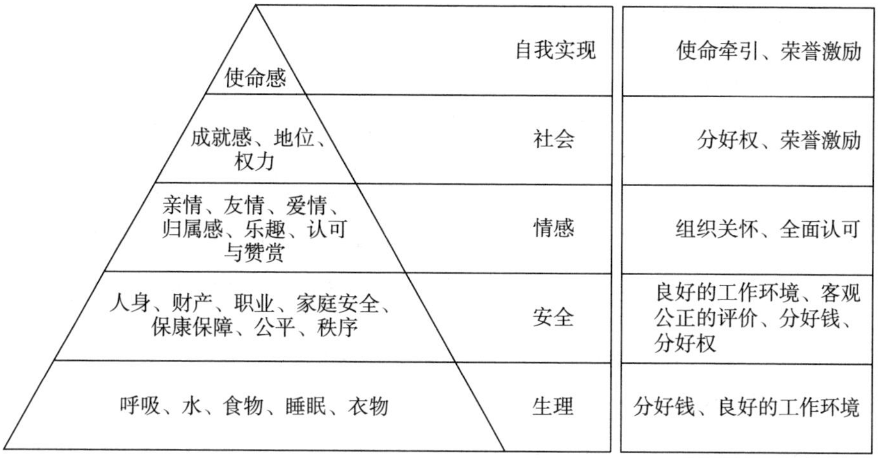

图 10－5　人的需求与管理举措对应表

“能力”主要通过职位资格评价，包含入职时的评价和定期评价。通过职位资格评价，确定个人的职位和薪级薪档，以岗定级，以级定薪，人岗匹配，易岗易薪。

“劳动态度”主要通过企业文化关键事件进行评价，以此判断个人劳动态度是否积极，对持积极态度的劳动给予更多奖励，授予更大权力，对持消极态度的劳动者则只能让其享有基本的劳动报酬，没有资格分享奖金或得到提拔。

对“创造价值”的评价，主要看绩效考核结果，包含组织绩效和个人绩效。

3. 总体策略

评价最关键的是要做到客观和公正。所谓客观，在能力评价方面，侧重看被评价人的过往经验、业绩、技能等客观事实和因素；在劳动态度评价方面，侧重看关键事件；在业绩评价方面，主要看劳动结果，包括为企业带来的货币收益，或者可间接转化货币的价值；所谓公正，主要是指“程序公开、正当、无偏私，同等情况同等对待，不同情况不同对待”。

（二）分好钱

1. 针对需求

钱是组织中最基本的资源，它直观地表现了人们所拥有的价值，人们维持生活所需的水、食物、衣物、住房，以及安全、情感、社会相关的需求都需要通过“钱”来实现。分好钱关系到人们的生理需求、安全需求，以及公平公正的情感需求、彰显地位的社会需求。所以，任正非说：“钱分好了，管理的问题就解决了一大半。”

2. 实现方式

分钱的形式主要包含固定收入与浮动收入，短期收入与长期收入，详见表 10－2。

表 10－2　分钱的形式

固定收入	短期收入	固定工资	体现岗位本身价值，给予任职者的薪酬回报，在岗员工可以全部获得
		津贴补贴	对员工在特殊条件下工作或者对特殊事项的一种收入回报
浮动收入		绩效奖金	完成岗位预期的目标时获得的收入回报
		其他奖金	对员工的特殊贡献给予的奖励
	长期收入	股票分红	根据股权所获得的公司一定时期内的盈余

3. 总体策略

分钱，既是对过往价值的评价，也是对未来价值的牵引，需要在一开始就设计好导向和原则。例如华为的收入分配就有两个原则：一是打破平衡、拉开差距，工资、奖金、股票分红等坚定不移地向优秀员工倾斜；二是控制刚性，增加弹性。总的导向是增加短期激励，将长期激励保持在适当水平，使干部员工具有一定程度的饥饿感，处于激活状态，持续努力工作。

各企业实际和理念导线不同，分钱策略也不一定完全照搬华为，但有三点需要共同遵循：

一是导向价值创造，多劳多得，让创造价值多的人多收益。

二是导向提升核心竞争力，让体现企业核心竞争力的关键人才获得更多收益。

三是内部公平，基于客观公正的评价结果分配价值，收入的差距跟创造的价值相对平衡。

（三）分好权

1. 针对需求

权力是一种能够影响他人并实现自身意志的权威和力量。权力是组织中最重要的资源，也是组织中竞争最激烈的资源，权力的背后意味着对等的地位、权威、影响力、物质收益、安全感、成就感等。因此，权力分配给谁，不分配给谁，直接影响着组织的战斗力、公平性和文化氛围，进而影响组织目标的实现和组织文化的传承。

2. 实现方式

分好权主要通过干部管理来实现，我们不止一次强调干部在整个组织中的重要性。因此，企业达到一定规模，进入能力成长阶段后，要建立一套闭环的干部管理机制。表 10－3 是我们借鉴华为干部管理经验开发的干部管理五步法，供读者参考。

表 10－3　干部管理五步法

一、搭建管理组织	二、干部队伍规划	三、干部能力建设	四、干部评价	五、干部激励
干部组织	**干部盘点**	**干部储备**	**后备干部评价**	**干部任用**
· 干部管理部定位 · 干部管理组织、职能、权责	· 需保留干部 · 可发展干部 · 需从外部获取干部	· 后备干部选拔 · 外部干部获取	· 业绩评价 · 文化评价 · 干部述职	· 干部晋升 · 干部轮岗 · 干部退出

续表

一、搭建管理组织	二、干部队伍规划	三、干部能力建设	四、干部评价	五、干部激励
干部界定	干部队伍规划	训战培养	在职干部评价	干部激励
· 干部标准（能力、业务、文化） · 干部使命责任	· 干部需求分析 · 内外供应计划 · 保障措施	· 在职干部培养 · 后备干部培养 · 干部个人发展计划	· 业绩评价 · 文化评价 · 干部述职	· 物质激励 · 精神激励

第一步，搭建干部管理组织。首先，成立干部管理的部门，明确其定位、职能和权责；其次，明确什么是干部、干部的使命和责任、各层级干部的标准，包括能力标准、业务标准和文化标准。

第二步，制定干部队伍规划。首先，根据干部标准进行盘点，明确需保留干部、可发展干部、需从外部获取的干部；其次，通过战略目标和经营管理的现实诉求分析各类干部的需求数量，明确哪些干部在内部选拔，哪些干部从外部招聘，并制定保障措施。

第三步，干部能力建设。首先，根据干部标准从内部选拔后备干部，从外部招聘急缺的干部；其次，按照721学习成长理论，通过培训和分配挑战性任务对在职干部和后备干部进行培养，制订个人发展计划。

第四步，干部评价。包括后备干部评价和在职干部评价，评价维度包含业绩评价、文化评价和干部述职。

第五步，干部激励。根据271法则，对前20%的干部给予最大幅度的物质和精神激励，优先提拔或晋升；对中间70%的干部给予常规激励，其中文化突出业绩一般的干部可以进行评级轮岗，业绩突出文化一般的干部要加强文化辅导与培训；对后10%的干部给予负向激励、降职或退出。

3. 总体策略

干部管理总体要实现的目标是“把优秀的人选出来，给其更大的资源和权力让其发挥更大的作用”，基于这样的逻辑，干部管理通常遵循五个策略。

①导向作战：干部标准的制定要体现对实战能力和实战经验的要求；干部任用要优先从成功团队、主攻战场、一线和艰苦地区选拔；干部评价要重点看其业绩表现。

②赛马不相马：在选拔干部时不能凭领导者个人主观判断，也不能单纯看是否符合任职资格，要看业绩和文化评价，从跑得快的“马”里选拔干部。

③程序正当：在选拔程序上要正当、科学，做到机会平等、过程公开、决策无偏私，实现人才涌现、良将如潮的局面。

④权责对等：干部的层级越高、权力越大，承担的责任也越大，对在其位不谋其政，或者精神懈怠不愿提升的干部要及时调整。

⑤保持开放：一方面干部的来源要开放，防止近亲繁殖和拉帮结派；另一方面干部的使用要开放，用人所长，不求全责备，同时根据干部评价结果对干部队伍进行动态管理，营造“能上能下”的干部管理机制。

（四）良好的工作环境

1. 针对需求

产业社会，企业不是一个赚钱的机器，而是人们工作、生活的基本单位，人们大部分的时间在企业度过，企业有责任为员工的工作和生活提供保障，并努力帮助员工过上体面、健康、快乐的生活。事实证明，那些为员工提供健康、体面、快乐工作环境的企业，其员工也表现出了更高的敬业度和稳定性。

良好的工作环境主要是为了满足员工在衣、食、住、行方面的生理需求，以及保障劳动安全和健康的需求。

2. 实现方式

员工在企业里工作，常见的需求是衣、食、住、行和健康舒适的工作环境。员工在企业外单独解决吃饭、穿衣、出行、住房的问题，虽然不用企业直接付费，但员工在选择一份工作时，肯定会将相关成本计算在内。所以，综合计算下来，由员工单独解决衣食住行的问题比企业统一解决成本更高。因此，笔者建议，当企业条件允许时，要尽可能从衣食住行，以及工作环境的改善方面为员工提供相应的保障。

3. 总体策略

企业为员工创造良好的工作环境，既是责任，也是为了企业更好地发展，为了保障效果，开展相关工作时应遵循三个策略：

①循序渐进：企业应根据员工特点和自身财力构建适合的生活保障体系和工作环境，员工数量较少、工作相对自由、工作地分散，或者企业财力有限，需要把有限的资金投入到更具有战略意义的领域时，企业应根据衣、食、住、行、工作环境的重要紧急程度循序渐进完成生活保障体系建设。

②管理闭环：笔者接触过很多企业，为员工提供工作服、餐厅、公寓、班车，但员工却抱怨工作服不好看、餐厅的饭不好吃、公寓条件差、班车司机态度差等问题。为了保障工作效果，企业应要求相关责任部门根据文化导向制定工作目标和考核指标，并与其他部门一样参与考核评价。

③管理期望：人的欲求是无限的，企业在为员工构建生活保障体系时要善于管理员工的期望，让其客观看待行业和企业情况，树立正确认识和积极心态，与企业一同努力提升工作环境。

（五）组织关怀

1. 针对需求

每个人都要找一个归宿，从归宿中找到安全感和慰藉。企业不但是员工生活的保障，也是员工心灵的归宿。当企业经常给员工一些关怀时，日积月累就会给员工带来安全感和归宿感，当企业遇到困难或危机时，员工会与企业站在一起共同应对，因为在员工的内心，企业已成了自己的企业，自己是企业的一分子。

2. 实现方式

一是对员工家属的关怀，例如有的企业每年重阳节时为员工的父母邮寄一份礼品；有的企业有家属接待日，定期邀请员工家属参观企业；有的企业在中秋和春节时设计超常假期，目的是让员工和家人多些陪伴。

二是对员工生活的关怀，包括定期组织员工体检，召开员工生日会，组织联谊活动帮助单身员工解决个人问题。有的企业每年为员工举办集体婚礼，举办全员运动会、文艺汇演等，很多活动已成为企业的仪式，员工在这些仪式中感受到了意义，沉淀了感情。

三是对员工工作的关怀，这项工作主要靠主管领导来实现，企业可以制定前面所讲的五必谈制度，当员工做出了典型正向或负向事件时，入职或晋升，或者工作和生活上遇到重大困难时，主管领导必须与员工沟通交流，并传递公司文化理念。

3. 总体策略

组织关怀的目标是通过为员工做实事提升员工内心的认同感和归属感，开展相关工作时应遵循的策略是：

①循序渐进：同工作环境和生活保障体系建设一样，组织关怀也需要投入资金成本，企业要根据自身财力，分轻重缓急，循序渐进地建立完善的关怀体系。

②真诚共情：企业对员工实施关怀时要有共情心理，对员工的快乐与困难感同身受，以真诚的心态送出关怀，不要让员工觉得是走过场。

③长期坚持：员工对企业的感情不是短时间就形成的，企业的关怀一旦实施，就要长期坚持，除非遇到了困难无法支撑，不成机制的、偶然的关怀，难以让员工产生认同感和归属感，甚至会让员工觉得企业不

是真诚的关怀。

（六）荣誉激励

1. 针对需求

当物质需求满足后，继续给予更多的物质激励，其边际效应会越来越小，但如果对员工的行为给予一定荣誉激励，表彰他们有责任、有成就的行为，将会使被激励者充满责任感、成就感、价值感。

2. 实现方式

《华为人力资源管理纲要 2.0》提出："要用好、用活荣誉仪式与荣誉信物，通过正向积极、感人至深、催人奋进的荣誉表彰仪式让优秀的组织与个人获得更大的荣耀感，让荣耀感进一步激发出组织与个体更大的责任感，让个体性'一枝先秀'的榜样引导出群体性'百花齐放'的奋进。"

华为非常善于发挥荣誉激励的作用，任正非说："要花点钱做一些典礼、发奖典礼上的精神激励，一定会有人记住的，这是对人的长期激励。"借鉴华为的经验，我们总结了荣誉激励机制建设的几个要点：

（1）荣誉体系分类

依据不同的激励方向，设计周期性的多重奖项。不但要对中基层员工进行激励，而且也应对高层有所涉及，重视业务的同时也要加强对职能部门的激励，关注业务运营等硬性激励，也重视文化等软实力的表现。

表 10－4 荣誉分类

荣誉分类	说明	举例
企业文化类	在践行企业文化理念方面，具有突出表现的团队和个人所设立的荣誉奖项	文化之星
业务类	在业务运营过程中，面向突出的业绩表现的团队和个人所设立的荣誉奖项	销售精英奖、服务之星

续表

荣誉分类	说明	举例
职能类	在职能管理和专业能力方面，具有突出表现的团队和个人所设立的荣誉奖项	明日之星、最佳效率改进奖、最佳学习分享奖
综合类	综合考虑企业文化、业务运营、职能管理等方面，所设立的荣誉奖项	正能量之光、恪尽职责奖、服务纪念奖

（2）奖项结构

纵向考虑公司级和部门级荣誉的合理配置；横向考量企业文化类、业务类、职能类和综合类的比例。

荣誉设立符合时间线，不宜集中在年底或年中，应合理分布于一年中，同时应避开公司销售、生产旺季。

（3）荣誉名称与激励对象

各奖项名称要富有感召力，能明显的表达要激励的方向；明确激励对象，团队还是个人。

（4）评选周期

公司级奖项的评选周期为年度，部门级奖项可按月度、双月度、季度评选。

（5）评选标准

各类荣誉的评选指标要有针对性。如表 10 –5 所示。

表 10 –5　各类荣誉评选指标设定方式

荣誉分类	评选指标
企业文化类	以文化考核中部分关键指标为重点，综合考虑专业能力和经营指标
业务类	以经营考核中部分关键指标为重点，综合考虑专业能力和文化指标
职能类	以专业能力考核中部分关键指标为重点，综合考虑文化和经营指标
综合类	综合考虑文化、专业能力和经营指标

同时，应设立评选指标的否决项，对违反国家法律法规和企业规章制度，提供虚假的个人/团队评选资料，业绩考核级别不达标的团队和个人，无权参与当期荣誉评选。

（6）评选数量

荣誉奖励比例不宜过高也不宜过低，过高会使荣誉激励“贬值”，企业付出的成本发挥不了作用，过低则会打击员工争取的积极性。月度与季度奖项的奖励范围建议在员工人数的 10% ~15%；半年度奖励范围建议在 5% ~10%；年度奖励范围建议在 2% ~5%。

（7）奖励内容

荣誉奖励以精神奖励为主，奖励形式为荣誉奖状、奖杯、奖牌、锦旗等。物质奖励主要为现金、实物、纪念品等。

（8）荣誉传播

部门级奖励：组织召开经验介绍会、内部媒体宣传等。

公司级奖励：组织召开经验交流会、内部媒体传播、部分优秀案例制作微电影、给家人发贺信、在外部报纸、地方媒体，以及公司投放的广告宣传中投放，将年度个人及团队大奖获得者做成年终挂历，分享给每位员工。

3. 总体策略

在荣誉激励管理的总体策略上，笔者建议借鉴华为的做法，多设奖项，奖励面要大，奖励仪式要隆重，让更多的员工通过企业的奖励和仪式获得感动。

（七）全面认可

1. 针对需求

全面认可评价，指的是在承认员工绩效贡献的基础上，对员工努力工作的其他维度给予关注和认可。通过对员工行为、态度等给予及时的认可和评价，让员工感受到领导、同事的关爱，感受到自己的组织价值被赏识。

全面认可针对的是人们希望被关心、被友好对待的情感需求，以及被认可、被赞赏的社会需求和自我实现的需求，其目的是激发员工动力和热情，从而将员工的潜力发挥到最大。

2. 实现方式

全面认可评价，是针对员工在组织中表现出的正向行为进行评价并认可。常见的做法是，凡是员工表现出自我成长、组织忠诚、客户忠诚等符合文化理念的行为，都给予一定积分，积分累计到一定额度，可以在认可商城中进行消费。实际操作要点有：

①认可对象：全面认可激励针对的是企业全体员工，管理实践中，主要是领导或周围同事对基层员工的认可激励，偶尔也会出现下属激励领导的现象。

②认可内容：全面认可主要针对员工日常工作中的正向行为，包括体现积极成长、积极应对困难、积极贡献、主动担当、提升客户满意度等行为，只要是符合文化理念和社会美德的正向行为都应该给予认可鼓励。

③认可方式：为了便于操作，企业可以建立全面认可线上系统，任何一个员工看到一个正向行为时，都可以在手机 App 发起认可，奖励给被认可同事“认可币”，并附上简要描述发送到工作圈，同事和领导看到后可以追加认可或点赞。

④认可奖励：领导和同事过程中的认可本身就是一种鼓舞人心的奖励，为了提升全面认可的趣味性和获得感，可以在线上系统中设置“福利商城”。当员工积攒一定数量的“认可币”后，可以在福利商城中兑换奖品，小奖品可以提供员工日常工作生活所用的水杯、笔记本、鼠标垫等，大奖品可以设置为外出参观培训、外出旅游、小长假等。

3. 总体策略

- 正面评价为主，避免负面评价。
- 以精神激励为主，结合物质激励。

- 评价指标以行为指标为主，绩效指标为辅。
- 即时评价为主，周期性评价为辅。

全面认可评价是日常行为评价，不可混同于绩效和劳动态度考核，但全面认可系统将员工的日常行为全面、及时地记录下来，为劳动态度考核提供了有力支撑，员工和领导可以参考系统中记录的关键事件进行打分。

全面认可评价将认可、行为评价、积分制和游戏化激励等方式打通，形成一体化员工认可评价与激励解决方案，是提升员工日常工作积极性和团队文化氛围的有效举措。

（八）使命牵引

1. 针对需求

钱、权、荣誉等，在大多数情况下都能激起人的动力，但对于一少部分人却未必管用，就是那些已经获得足够的物质和精神激励的高层管理人员，他们更看重自我实现的需求。

2. 实现方式

使命激励主要靠企业家的领导力，要求企业家首先是一个富有使命感的人，能够为企业树立明确而又充满意义的使命；其次，企业家要找到志同道合的人，给予他展现自身抱负的机会和充分的授权。

3. 总体策略

志同道合：使命即方向，而且是终极方向，只有找到方向一致、志趣相合的人，才能用企业的使命激励其一同奋斗。

充分授权：高层管理者，通常不需要外在的监督与牵引，只要给予其充分的信任和授权，他就会为了认定的事业而不懈奋斗。

四、审查纠偏机制

（一）制度与文化一致性审查

审查对象：主要是企业一级组织，包括战略管理部、经营管理部、人力资源部，以及其他职能和业务部门，在自身所管辖的领域，都有责任建立完善的制度去支撑文化理念的落地。

审查部门：由于文化理念相对抽象，不易观察和判断。因此，笔者建议，由企业文化统筹管理部门整体负责文化制度一致性审查，相关部门予以配合，必要时也可邀请外部专家顾问参与。

审查内容：一是审查相关组织所施行的制度是否符合公司的文化理念；二是审查企业在战略管理、组织管理、人才管理方面的理念是否有充分的制度支撑。

审查周期：可以分定期审查与随机审查，例如年度或者每两年对公司制度文化一致性进行整体审查，也可以根据企业管理热点，对部分组织、部分制度随机开展专项审查。

审查方式：制度与文化一致性审查有两种路线：一是制度路线，通过查阅制度条文，审查是否有与文化理念相悖之处，如有违背则提出修正意见；二是文化路线，沿着文化理念向下分解，确定理念落地所需的制度体系，如有缺失，则要求相关组织及时完善。

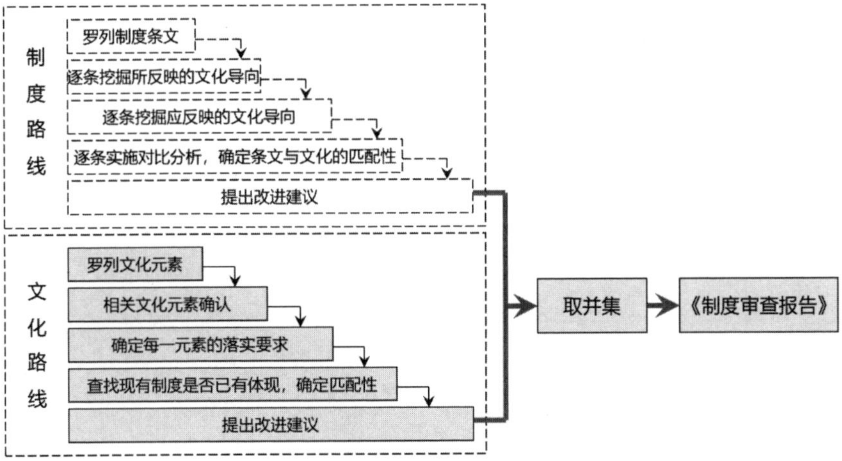

图 10－6　制度与文化一致性审查路线

审查处理：审查活动结束后，由企业文化统筹管理部门编制《文化制度一致性审查报告》，报请企业文化领导机构审议后，发给相关组织及时修订完善企业制度。同时，对存在的问题可以通过组织绩效进行考核。

（二）负面行为审查

企业中还有一些行为，虽不违反制度，也不违反职责，但却影响企业的组织氛围，例如工作懒散、拖拉、不作为、任人唯亲、拉帮结派。

这些行为看似合法合规，但对组织文化的伤害极大，如不及时纠偏，企业的氛围将逐渐被这些不良风气所主导，企业的各项制度也将形同虚设。

这类行为通常属于个体行为，因此笔者将其归入“行为管理”范畴，在下一章详细讲解。

第十一章

如何让理念落实到组织成员的行为中

现实问题

①员工认同企业的文化理念，有动力做得更好，但却不知道如何才能做得更好，缺少方法，能力不足。

②对组织成员的行为缺乏管理，正向的行为得不到及时的奖励，负面的行为得不到及时的纠偏，严重损害了企业文化的公信力。

解决方案

①建立劳动态度考核机制和优秀经验推广机制，让员工知道不合格、合格、优秀的标准，以及实现优秀的方法。

②建立日常行为和典型行为管理机制，对负向行为及时纠偏，正向行为及时奖励。

第一节　行为管理的目的和方法步骤

一、行为管理的目的

瑞士心理学家皮亚杰认为，人们的行为遵循一个公式：刺激→图式→刺激→反应。

图式是主体内部的一种有组织的、可重复的但又是动态的、可变的行为模式与认知结构，相当于本书所说的“心智模式”。

图式最初来源于遗传，但在外部刺激的影响下，通过同化和适应而动态调整直至平衡。其中，同化是指个体对外界刺激进行过滤、筛选和整理，将其纳入自身的图式中，适应是指当原有的图式不能同化客体时，通过调整原来的图式建立新的图式，以适应环境的需要。如图 11 –1 所示。

图 11 –1　刺激、图式、行为之间的关系

从上述公式可以看出，由于外在复杂的刺激，人们的图式是不断变化和丰富的。如果刺激是变化不定的，也就难以形成稳定一致的图式和稳定的行为表现。

由于人们认知、能力、经验及所遇到的外在刺激不同，我们很难保证所有组织成员都能将文化理念内化于心，也不能保证所有成员在任何时间任何场所都会做出与文化理念相一致的行为，部分人员可能会在诱惑吸引或者缺少监督的情况下做出负面行为。

因此，为了使组织成员形成稳定的、与文化理念相一致的图式，就需要建立一种常态机制，重复实施稳定的刺激。这种重复的刺激包括两个方面：一是重复向组织成员提示公司的文化理念和要求；二是当组织成员表现出一个正向行为或负向行为时，企业要及时做出反馈。

通过不断提示企业倡导的行为要求，并及时对行为做出反馈，长此以往，组织成员就会形成稳定的图式和行为习惯。如图 11－2 所示。

图 11－2　稳定的刺激产生稳定的图式与行为习惯

二、行为管理的步骤

通过行为管理的目的我们发现，要想使组织成员形成与文化理念相一致的、稳定的心智模式和行为习惯，应重点做好三个步骤。如图 11－3 所示。

图 11－3　行为管理方法论

重复提示：建立固化的机制，重复向组织成员提示重要的理念、要求或经验。

过程观察：主管领导或特定机构在日常工作中注意观察组织成员的行为表现。

及时反馈：根据既定规则，对正向表现及时奖励，对负向表现及时纠偏。

第二节　行为管理机制

一、目标

行为管理主要实现三个目标：

• 明确行为要求与方法，不断向组织成员提示，并对少数典型的外显行为及时做出反馈，刺激行为人和周围的人强化内在心智模式，形成稳定的行为习惯。

• 通过对行为的观察与反馈，牵引组织成员挖掘潜能，向更高行为层级进阶，克服怠惰，规避可能出现的负面行为，持续提升自身行为表现。

• 通过对行为的观察与评价，反过来判断组织成员的内在心智和劳动态度，为人才使用和激励提供参考。

二、组织和职责

（一）行为管理组织设计

行为管理是一项常态工作，既要有专职部门负责机制设计和统筹管理，也需要各级主管和文化工作者发挥日常管理的作用，同时联合人力资源部，把行为管理与人才管理结合起来，对一些重大事件的处理，还需要提请企业文化领导机构审议。综合以上所述，行为管理的组织可以参考图 11 –4。

（二）各主体职责

1. 企业文化领导机构

• 指导企业文化专职部门开展行为管理工作。

• 对企业文化专职部门、人力资源部、信息技术部等行为管理相关

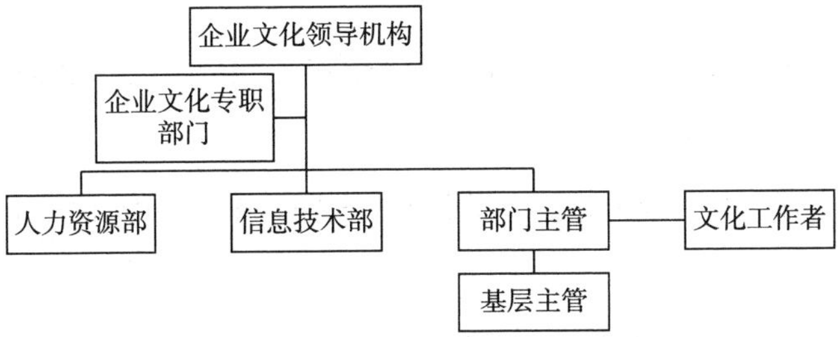

图 11－4　行为管理的组织设计

部门进行整体分工与协调。

● 对超出企业文化专职部门、人力资源部、信息技术部权限的重大事件的处理进行审议决策。

● 根据组织成员行为表现，对相关部门工作提出指导意见，必要时修订文化理念或管理政策。

2. 企业文化专职（企业文化统筹管理）部门

● 设计行为管理机制，制定管理政策。

● 组织制定劳动态度考核标准、日常行为标准、萃取优秀经验。

● 组织协调人力资源部、信息技术部和各级干部开展行为记录、反馈、考核与奖惩。

● 根据行为管理情况，优化文化宣导和内化工作。

3. 人力资源部

● 协助企业文化专职部门开展劳动态度考核，包括考核政策制定、行为信息记录、考核结果应用。

● 协助企业文化专职部门对正负向典型行为进行奖惩。

4. 信息技术部

根据行为管理需求，建立信息系统，为行为信息记录、反馈和推广应用提供便捷支持。

5. 部门主管

● 通过率先垂范、日常沟通和行为反馈，牵引部门员工主动践行公司的行为要求，形成良好的行为习惯。

- 根据企业文化专职部门和人力资源部政策要求，主导开展本部门的劳动态度考核工作。
- 在企业文化专职部门的统筹下，积极开展优秀经验萃取与推广应用工作。
- 借助典型事件强化公司文化理念。

6. 文化工作者

在企业文化专职部门的指导下，协助部门主管在本部门开展劳动态度考核、优秀经验推广、日常行为管理和典型行为调查处理工作。

7. 基层主管

- 通过率先垂范、日常沟通和行为反馈，牵引团队员工主动践行公司的行为要求，形成良好的行为习惯。
- 根据公司政策要求，开展劳动态度考核、优秀经验推广工作。

第三节　行为管理的举措

一、劳动态度考核

能力和态度决定一个人的行为和业绩，二者都是未知的变量，但能力的提升通常需要一个过程，且受个人态度的影响很大。

劳动者的态度有很大的伸缩性，拥有积极态度的人，能够克服外在困难和自身局限完成挑战性工作，而持消极态度的人，即使非常简单、基本的工作也会出现问题。因此，劳动态度考核极有必要。

由于态度是隐藏的，无法直接衡量，因此主要通过劳动者的行为反过来判断劳动态度，目前很多企业都在开展的“价值观考核”，实质是劳动态度考核。

事实上，价值观是人们经过长时间实践沉淀而成的，很难因为企业的考核而改变。因此，价值观的考察通常在招聘和干部选拔环节进行。

但劳动态度不同，它是动态变化的，通过考核可以不断提示员工优秀的做法是什么，较差的做法是什么，并根据员工的表现及时做出反馈，长期坚持，将有更多的员工趋向更优的表现，最终形成良好的行为习惯。

目前企业界开展的劳动态度考核主要有两种模式：

第一，对照点检模式，典型案例是华为的劳动态度考核，具体做法是：

- 把劳动态度分解为“基于诚信的底线行为、基本行为准则、责任心与敬业精神、团队精神”等维度，每个维度列举了详细、可考证的行为标准，每季度由员工对照行为标准进行自我回顾与检查，完全做到填写“做到”或“没有违反”，部分做到或有违反填写“需改进”或“违反”，未涉及的填写“未涉及”。
- 评价的依据是“关键事件”：一是员工主动提出；二是主管领导提出。一年评价五次，年度总评，评价结果与退休金挂钩，同时作为确定工资（主要是加薪）、奖金和分配股份的一个重要参考因素。

表11－1　华为的劳动态度考核点检表示例

序号	行为参照	自检
一、基本行为准则：（对所有员工）		
1.1	在华为公司工作期间、未经公司批准不在外界担任任何兼职或顾问	□没有违反　□违反 □未涉及
1.2	在华为公司工作期间、不进行炒股、炒汇等投机活动，不自行参股或与他人合伙开办公司	□没有违反　□违反 □未涉及
1.3	不利用工作之便接受任何形式的回扣	□没有违反　□违反 □未涉及
1.4	不在费用报销中私账公报，不以因公名义报销不合理费用	□没有违反　□违反 □未涉及
1.5	履行节约、合理开支、不铺张浪费	□做到　□需改进 □未涉及

续表

序号	行为参照	自检
一、基本行为准则：(对所有员工)		
1.6	信守自己对公司的承诺、忠诚于公司	□做到 □需改进 □未涉及
1.7	处理所有华为业务活动和业务关系时，要诚实、守信、可靠	□做到 □需改进 □未涉及
1.8	严守保密承诺，不有意或无意泄露公司机密	□没有违反 □违反 □未涉及
1.9	自觉遵守公司信息安全管理规定，维护公司知识产权、不私下交流、传递公司保密文档	□没有违反 □违反 □未涉及
1.10	不利用工作之便私自收集和非法使用公司保密文档	□没有违反 □违反 □未涉及
1.11	不泄露个人、不打听别人的报酬	□没有违反 □违反 □未涉及

第二，通关制，典型案例是阿里巴巴起初实施的“价值观考核”，具体做法是：

- 基于价值观内涵和员工行为经验提炼出每条价值观的五级行为标准，分别对应1~5分，员工首先要做到较低分数的条款，然后进阶至较高级的条款，若较低分数未能做到，则没有机会进阶。
- 考核周期为季度，考核依据是关键事件举证，4.5分、5分应了解客户（结果受益者）的看法并获得部门负责人的批准，有一些案例说明不合格（不支持、不匹配、不充分）应退回去。
- 员工首先进行自评，并依据1 over 1 plus HR（即由员工的上级及上级的上级和一位HR人员共同考核）的原则打出季度得分，年度总分将依据员工四个季度的平均分和价值观改进趋势依据1 over 1 plus HR给出，24（含）分以上为一贯持续超出期望（4.5）；20（含）~24分，超出期望（4）；18（含）~20分，部分超出期望（3.75）；15（含）~18分，满足期望（3.5）；12（含）~15分，需要提高

(3.25)；8.5（含） ~12 分，需要改进（3）；8.5 分以下，不可接受(2.5)，书面警告，限期改进。如某一项为 0 分，书面警告，限期改进，人员晋升时，价值观和绩效各占 50% 比重。

表 11－2　阿里巴巴通关制价值观考核标准

考核项目		评价标准				
价值观考核（总分 30 分）	客户第一	尊重他人，随时随地维护阿里巴巴形象	微笑面对投诉和受到的委屈，积极主动地在工作中为客户解决问题	与客户交流过程中，即使不是自己的责任，也不推诿	站在客户的立场思考问题，在坚持原则的基础上，最终达到客户和公司都满意	具有超前服务意识，防患于未然
	分值 5	1	2	3	4	5
	团队合作	积极融入团队，乐于接受同事的帮助，配合团队完成工作	决策前发表建设性意见，充分参与团队讨论；决策后无论个人是否有异议，必须从言行上完全予以支持	积极主动分享业务知识和经验；主动给予同事必要的帮助；善于利用团队的力量解决问题和困难	善于和不同类型的同事合作，不将个人喜好带入工作，充分体现“对事不对人”的原则	有主人翁意识，积极正面地影响团队，改善团队士气和氛围
	分值 5	1	2	3	4	5
	拥抱变化	适应公司的日常变化，不抱怨	面对变化，理性对待，充分沟通，诚意配合	对变化产生的困难和挫折，能自我调整，并正面影响和带动同事	在工作中有前瞻意识，建立新方法、新思路	创造变化，并带来绩效突破性地提高
	分值 5	1	2	3	4	5

续表

考核项目		评价标准				
价值观考核（总分30分）	诚信	诚实正直，言行一致，不受利益和压力的影响	通过正确的渠道和流程，准确表达自己的观点；表达批评意见的同时能提出相应建议	不传播未经证实的消息，不背后不负责任地议论事和人，并能正面引导	勇于承认错误，敢于承担责任；客观反映问题，对损害公司利益的不诚信行为严厉制止	能持续一贯地执行以上标准
	分值5	1	2	3	4	5
	激情	喜欢自己的工作，认同阿里巴巴企业文化	热爱阿里巴巴，顾全大局，不计较个人得失	以积极乐观的心态面对日常工作，不断自我激励，努力提升业绩	碰到困难和挫折的时候永不放弃，不断寻求突破，并获得成功	不断设定更高的目标，今天的最好表现是明天的最低要求
	分值5	1	2	3	4	5
	敬业	上班时间只做与工作有关的事情；没有因工作失职而造成的重复错误	今天的事不推到明天，遵循必要的工作流程	持续学习，自我完善，做事情充分体现以结果为导向	能根据轻重缓急来正确安排工作优先级，做正确的事	遵循但不拘泥于工作流程，化繁为简，用较小的投入获得较大的工作成果
	分值5	1	2	3	4	5

两种模式各有优劣，点检模式的优点在于行为标准比较详细、具体，易于观察衡量，但具体的标准缺少创作空间，不利于发挥员工的自主创造力。相对来说，笔者更认同通关制的做法，虽然标准有些概括，不那么具象，但在提供行为方向的同时预留了较大的创作空间。同时，标准聚焦核心价值观，层级清晰，既有利于强化价值观，也有利于牵引员工逐步改进提升。以下是笔者结合过往实践总结的通关制劳动态度考核操作方法：

（一）考核标准

在开展劳动态度考核前，由企业文化专职部门组织专业部门和优秀员工，结合价值观内涵和优秀员工实践经验，梳理提炼出每条价值观的五级行为标准，分别对应 1 ~5 分。

很多企业在制定分级考核标准时不知道如何区分各级标准之间的界限，笔者结合自身咨询实践，总结了一个总体原则，即分数越高，个人投入越多，实现难度越大，创造的价值和影响力越大。同时对各级标准做了一个界定，详见图 11 –5、表 11 –3。

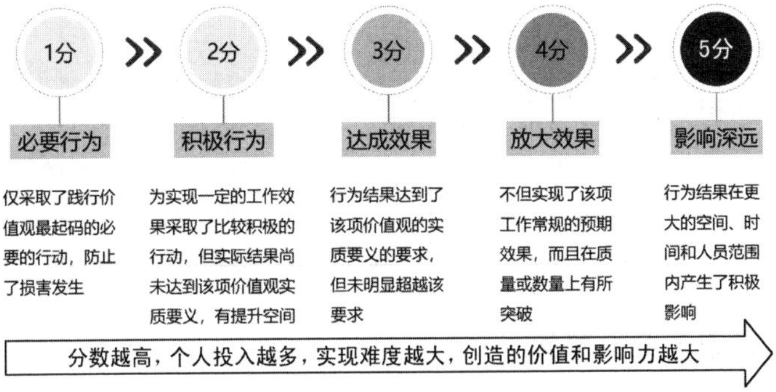

图 11 –5　五级劳动态度考核标准界定

（二）考核周期

劳动态度的改变是一个循序渐进的过程，考核周期太短，则体现不出变化，且管理成本较高，容易引起干部员工反感；周期太长，则起不到过程提示和牵引作用。因此，劳动态度考核周期建议设置为双月或季度，根据员工行为表现情况，也可以灵活调整。

（三）考核流程

1. 公布考核标准与细则

考核开始前，人力资源部应通过正式通知向干部员工发布“考核标准”及考核细则，并针对员工疑惑进行答疑。

表 11－3　某企业“客户导向”考核标准

价值观	1 分标准	2 分标准	3 分标准	4 分标准	5 分标准
客户导向	**尊重客户**：在与客户接触和沟通的过程中，保持积极、热情的态度，耐心倾听、理解并及时回应客户诉求，帮助客户解决常规问题，即使遇到困难和委屈，也能和气沟通，微笑服务	**抓住需求**：走近客户，深入现场，通过观察、倾听、询问等方式，快速抓住并与客户确认其真实需求，并从客户需求出发开展设计、研究、服务等工作；与客户保持定期沟通，主动了解其需求	**客户满意**：针对客户需求，快速行动，积极投入时间和精力，按时、保质、保量地提供客户所需的产品或服务，即使遇到困难，也能整合资源，竭尽全力让客户满意	**超出期望**：坚持精益生产精神，不断提升专业能力，在不违背公司整体利益和管理要求的基础上，通过提高效率、优化细节、增值服务等方式提升客户的满意度和获得感，超出客户期望，增强客户黏度	**深度经营**：研究和管理客户需求，持续提升客户黏度，与客户建立长期信任关系，甚至挖掘客户潜在需求，向其提供新的产品与服务，转化为固定商业模式（针对外部客户）/构建更加高效的业务流程（针对内部客户）

2. 日常记录关键事件

员工应积极记录日常工作中的关键行为事件，直接上级日常对下级工作进行观察，记录员工的正负向关键行为事件，并在事件发生时及时与下级沟通，即时激励或提出改进建议。如表 11－4 所示。

表 11－4　《关键事件记录表》

姓名：			考核周期：				
序号	日期	价值观关键行为事件描述				价值观	行为类别
		背景	行动	结果	见证人		
1							
2							
3							

3. 员工自评

员工在评价周期结束前5个工作日完成劳动态度自评，并提交直接上级审评。

4. 直接上级审评

直接上级收到员工的自评后，在3个工作日内做出综合评价，并与被评价者当面沟通评价结果，给出分数与理由。如表11－5所示。

表11－5 《劳动态度评价表》

<table>
<tr><td colspan="2">部门：</td><td colspan="2">被评价人：</td><td colspan="2">评价人：</td></tr>
<tr><td>核心价值观</td><td>员工自评</td><td>关键行为事件</td><td>评价人审评</td><td>关键行为事件</td><td>评价结果</td></tr>
<tr><td></td><td></td><td></td><td></td><td></td><td></td></tr>
<tr><td></td><td></td><td></td><td></td><td></td><td></td></tr>
<tr><td></td><td></td><td></td><td></td><td></td><td></td></tr>
<tr><td></td><td></td><td></td><td></td><td></td><td></td></tr>
<tr><td>综合得分</td><td colspan="5">总分　　分</td></tr>
<tr><td colspan="6">员工签字确认：　　　　评价人签字确认：</td></tr>
</table>

5. 申诉仲裁

员工对本人劳动态度打分结果有异议，可在3个工作日内向本部门上一级管理者或本单位人力资源部门提出申诉，上一级管理者或本单位人力资源部门收到申诉后3个工作日内进行调解并出具仲裁结果。如表11－6所示。

表 11－6 《劳动态度考核申诉表》

申诉人		职位		部门		直接上级	
申诉事由	考核周期： 考核结果： 申诉意见： 申诉人签字： 日期： 年 月 日						
申诉受理部门	人力资源部签字： 日期： 年 月 日						
申诉处理意见	申诉人： 部门负责人： 人力资源部：						

6. 抽查纠偏

人力资源部门对劳动态度评价结果进行抽查，着重抽查不合格和 3 分以上人员，对于不支持、不匹配、不充分的案例应退回。对弄虚作假、不客观、不公平的直接上级，人力资源部门可根据情况对其劳动态度评价结果减 3～5 分，甚至在公司层面通报处分。

（四）考核应用

劳动态度评价结果作为奖金分配、加薪、晋升、培训、转岗、淘汰的前置条件，劳动态度评价不合格者，只能享受公司基础的待遇，无法享受奖金、晋升等进一步激励。

二、优秀经验推广

优秀经验推广是指从优秀员工的实践中提炼成功经验，在企业中复制推广，让更多人表现出更高的效率和业绩。

成功的人与组织都善于利用乘法效应，即找到一个有效的方法和经验，在同一个领域或者不同的领域反复应用，实现数倍的效果。优秀经验推广的意义在于明确标准，减少失误，提高效率，以少数人的成功经验带动多数人的成长进步。其操作要点如下：

（一）萃取什么

促成一个人或一项工作成功的因素有很多，除了客观的资源、环境，还包括个人的知识、方法、技能、态度等，由于态度和意志需要较长时间的积累且不可复制，我们所说的优秀经验主要是指可以标准化和快速学习复制的知识、方法和技能。

企业中有很多具体的工作和岗位，优秀经验萃取主要针对的是覆盖面较广的、关键工作或岗位。例如拉卡拉针对“中层以上干部如何开展管理”梳理了“执行四步法”：设目标、控进度、抓考评、理规范；针对“高层干部如何领导团队”总结了“领导力三要素”：建班子、定战略、带队伍，等等。

（二）如何萃取

优秀经验的萃取，可以按照以下五个步骤实施：

一是建立标杆岗位经验萃取与推广小组，明确角色分工与责任。

二是筛选标杆干部、骨干，找准对标学习对象。

三是确定标杆经验萃取的内容，主要是关键行为、必备知识、方法和技能。

四是按照经验萃取重点内容框架进行结构性访谈、标杆经验问卷调查、标杆人物走访。

五是组织标杆经验研讨工作坊，对初步形成的标杆经验内容框架进行分组研讨，完善定稿。

形成的优秀经验应尽可能做到思路清晰、表述精炼、简单化、标准化，以便推广学习。

（三）如何推广

优秀经验推广主要采取以下三种方式：

- 课程培训：把优秀经验开发成培训课程，组织相关人员学习。
- 操作手册：根据优秀经验，制作关键岗位操作手册，要求相关人员对照执行。
- 传帮带：把优秀经验纳入新员工帮带的内容，帮助新人快速成长。

优秀经验是组织成员在实践中总结积累的宝贵财富，学习掌握的人越多，发挥的作用和创造的价值越大。因此，企业平时应借助信息化手段，把优秀经验存储到企业信息系统中，方便员工学习。

三、典型行为管理

典型行为管理是指对高标准践行文化理念的正向事件和严重违反文化理念的负向事件进行调查处理，澄清公司文化导向的一系列管理工作。

典型正向行为，是指行为明显超出企业文化的一般要求带来了积极影响，包括创造经济收益、正向的内外部评价。

典型负向行为，是指行为严重违反了企业文化的要求带来了负面影响，包括经济损失、负向的内外部评价。

典型行为管理包含三个步骤：

第一步，调查事件。根据收集到的信息，通过查阅资料、访谈员工等方式进行调查落实，并输出《典型行为调查报告》（如图 11 – 6 所示）。这里需要注意的是，一定要把事件的来龙去脉调查清楚，原因是企业要对这个事件进行处理，任何一点误差都会对文化工作者产生不利的影响。

第二步，公开奖惩。除非涉及保密或者个人隐私，否则不要藏着掖

典型行为调查报告

1.事实描述：
（主要说明事件的经过、表现、影响）

2.处理意见：
（主要说明奖惩依据和意见，包含对责任人和有管理责任人的奖惩）

3.后续要求：
（主要说明公司对相关行为的态度及后续的管理导向）

图 11-6　典型行为调查报告

着，尽量公开，让大家都知道这个事情的起因经过，以及公司的处理结果。

第三步，解读澄清。处理完典型事件以后一定要澄清，在公司的内刊或者论坛等公开发表文章，解释清楚事情的来龙去脉，并公布公司的处理理由和处理结果。

典型事件的监控渠道：一是业务走访，文化工作者定期走访业务部门，向员工了解文化落地的情况，收集员工意见和典型行为信息；二是业务会议，文化工作者通过参与业务部门例会，收集典型行为信息；三是文化评估，通过发放企业文化调查问卷了解各部门的文化氛围，发现各部门可能存在的典型行为；四是文化信箱，可以在公司设立“文化信箱”，收集员工的意见和典型行为信息；五是业务数据分析，通过查看业务数据发现异常情况，进一步找相关人员了解背后原因，以及是否有典型事件发生。

四、日常行为管理

日常行为管理主要是针对干部员工的着装、礼仪、沟通、会议等日常工作和生活行为进行的管理，其依据为《员工日常行为规范》。

文化管理不是一蹴而就的工作，是一个循序渐进的过程，需要点点滴滴去管理。日常行为管理的目的是通过持续提醒和纠偏，帮助员工养成良好的行为习惯，提升职业素养。

（一）过程检查

企业文化专职部门组织各部门文化工作者成立检查小组，每月对员工日常行为开展一次检查，根据员工行为表现情况可以适当增加/减少检查频次，根据员工反馈和日常观察可以对表现较差的部门重点检查。

检查小组实施检查时应佩戴检查证，发现违规行为时主动向违规人员出示检查证，说明身份，告知其行为违反了哪条规则，公司将做出什么处理，并提醒员工改正。当员工对违规判定有异议时，可以向部门文化工作者提出免于处罚的正当理由，由部门文化工作者向企业文化专职部门提出申诉，由企业文化专职部门裁定是否免于处罚。

检查小组按照《员工日常行为检查记录表》记录员工行为，作为后续奖惩和部门文化评估的依据。如表 11 －7 所示。

表 11 －7 《员工日常行为检查记录表》

序号	姓名	部门	违规行为	时间	备注
1					
2					
3					
……					

（二）处理办法

经检查小组判定确实违规且无正当理由的，由企业文化专职部门对违规员工进行公示，过程记录各部门违规人次，纳入各部门文化管理效果评估。

各部门根据文化管理的需要可以对违规员工实施批评教育、关键事件考核的处罚，但所有处罚必须向部门员工公示并说明理由。

第十二章

如何让文化管理的价值显性化

现实问题

①业务部门认为企业文化不创造价值，可有可无，甚至将其视为负担，企业文化管理成了文化工作者的“独角戏”，无法深入业务和员工。

②开展企业文化评估考核时抓不住重点，指标和方法设计不合理，不能反映文化落地的真实效果，不能有效牵引业务部门高效开展文化管理，甚至成了“布置作业－检查作业”的面子工作。

解决方案

①建立企业文化评估机制，一方面牵引各部门积极开展文化管理工作；另一方面客观展现文化管理的效果，有针对性地采取改进措施。

②按照“结果为主、过程为辅”的原则设计文化评估指标，牵引各部门对文化管理的效果负责，避免“交作业”的形式主义。

第一节　文化评估的目的和方法

一、文化评估的目的

法约尔认为，管理就是计划、组织、指挥、协调和控制。控制就是要证实企业的各项工作是否已经和计划相符，其目的在于指出工作中的缺点和错误，以便纠正并避免重犯。

对人可以控制，对活动也可以控制，只有控制了才能更好地保证企业任务顺利完成，避免出现偏差。当控制工作显得太复杂，不宜由一般人员来承担时，就应该让一些专业人员来做，即设立专门的检查员或监督机构。

企业文化评估就是对企业文化管理工作的控制系统，也是对各部门文化管理情况的反馈。由于涉及因素复杂，缺乏成熟经验，文化管理更需要一套科学合理的评估机制：**通过对各部门文化管理的评估反馈，提示管理效果与偏差，牵引各部门持续改进，共同实现企业文化管理**

目标。

图 12－1　企业文化评估的底层逻辑

二、文化评估的基本方法

根据管理控制和反馈需求理论，无论是对企业还是对个体，文化评估的核心要义就是保证文化管理目标的实现，对个体来说，同时是为了追求确定与安全。因此，做好文化评估应坚持的基本方法论是：明确目标——评估目标——反馈改进。如图 12－2 所示。

图 12－2　企业文化评估的方法论

明确目标：评估开始前，制定明确、具体、可衡量的指标，并让评估对象知晓、理解。

评估目标：对目标的达成情况进行评估，判断取得的效果与偏差。

反馈改进：向评估对象反馈目标达成情况，提示效果与偏差，共同保障目标达成。

第二节　文化评估的机制

一、目标

企业文化评估是文化管理形成闭环的重要举措，通过企业文化评估主要实现两个目标：

- 牵引各级组织积极开展文化管理工作，努力实现文化管理预期目标。
- 衡量和判断企业文化管理取得的效果和偏差，肯定效果，持续改进。

二、组织和职责

（一）文化评估组织设计

企业文化评估涉及的因素比较复杂，因此需要专业机构统筹管理，同时需要各级干部，以及文化工作者和员工的参与，评估结果出来后，由企业文化领导机构审议决策、奖惩激励。如图 12 –3 所示。

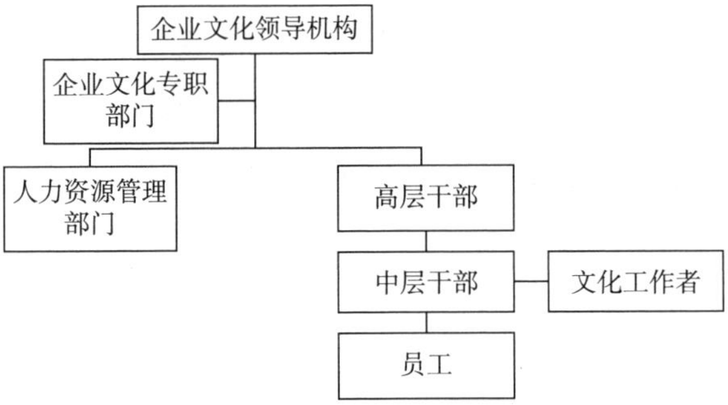

图 12 –3　企业文化评估的组织设计

（二）各主体职责

1. 企业文化领导机构

- 审议和批准企业文化评估方案，提出指导意见。
- 审议企业文化评估结果及奖惩激励方案。
- 根据企业文化评估结果讨论和决定后续企业文化管理方向。

2. 企业文化专职部门

- 制定企业文化评估方案，报企业文化领导机构审批。
- 组织实施企业文化评估，包括过程记录和末端调查，以及数据统计与分析等。
- 分析评估结果，总结经验和不足，明确后续改进方向。
- 向企业文化领导机构报送评估结果和未来改进方案，根据反馈意见开展下一步工作。

3. 人力资源管理部门

在企业文化专职部门的统筹下，共同制定文化评估方案，协助开展数据收集和奖惩激励。

4. 高层干部

• 根据文化评估方案，对下属中层干部文化管理效果进行评价。

• 根据文化评估结果改进本团队文化管理工作。

5. 中层干部

• 领导部门员工积极参与问卷调查，提供数据，配合企业文化评估。

• 根据文化评估结果改进本团队文化管理工作。

6. 文化工作者

• 组织部门员工积极参与问卷调查，提供数据，配合企业文化评估。

• 根据文化评估结果，协助部门主管制定企业文化管理改进方案。

7. 员工

积极参与问卷调查，提供数据，实事求是反映个人感知。

第三节　文化评估的举措

一、制定和发布评估方案

为了保障评估的公平性，企业文化统筹管理部门要在评估周期开始前制定并公布《文化评估方案》，以牵引各部门把精力和资源聚焦到重要工作上。评估方案应明确几项重点内容：

（一）评估对象

企业文化评估的对象是各级干部的文化管理效果，根据企业大小不同，参与文化评估的干部范围也不同，通常会将中层及以上干部纳入评估考核范围。

（二）评估方式

1. 定量评价

通过数学计算的方式评估文化管理的效果，评估方式为问卷调查，即针对文化评估的内容设计问卷题目，每个题目有五档评价，非常不符合对应 1 分、比较不符合对应 2 分、符合对应 3 分、比较符合对应 4 分、非常符合对应 5 分，组织成员根据个人感知对每个题目进行打分，取团队或公司的平均值作为对应题目表述内容的评估。

具体评价指标包括：理念认知度、理念信任度、行为符合度，三者为过程指标；客户满意度、员工满意度、员工敬业度，三者为结果指标。

2. 定性评估

依据评估人的经验、直觉，综合被评价者做出的文化管理举措、部门业绩表现、企业文化关键事件，以及评价者对相关部门文化氛围的感知，对被评价者的文化管理效果给出“优、中、差”的评价。

定性评估，包括高层领导对中层干部文化管理效果的直观评价，以及企业文化统筹管理部门对各部门关键事件的评价。

（三）评估周期

在评估周期方面通常采取年度评估一次的方式，有的企业还会在半年度实施一次评估，但由于管理周期短，半年度评估通常不纳入考核，仅作为查找问题，督促改进来用。

二、数据收集与分析

（一）问卷调查

1. 问卷编制

在测评题目的设计上，笔者建议参考权威问卷，结合企业实际编制问卷。一方面可以借鉴权威问卷的思路和框架；另一方面可以使问卷更加具有适用性。要知道权威问卷也是根据概率统计的，有其独特的适用背景，不是标准答案。表 12 –1 至表 12 –6 问卷供参考。

表 12－1 《理念认知度调查问卷》样例

序号	题目表述
1	公司有明确的理念指导我的工作
2	高层领导的思想观点为我们认知企业理念提供了帮助
3	领导在关键节点的讲话与沟通为我们认知企业理念提供了帮助
4	文化月报等内部媒体为我们认知企业理念提供了帮助
5	员工对企业理念形成了正确的认知
6	员工对企业理念形成了全面的认知

表 12－2 《理念信任度调查问卷》样例

序号	题目表述
1	我所在的部门根据企业理念建立了完善的制度
2	我所在的部门根据企业理念建立了完善的流程
3	在我们部门只有文化表现合格的人才可能得到晋升
4	我们部门干部选拔晋升的程序是正当的
5	在我们部门员工创造的价值能够得到客观的评价
6	在我们部门员工的收益与创造的价值是对等的
7	领导和同事的关怀增强了我在企业的归宿感
8	在我们部门员工的优良表现能够得到及时的认可
9	公司的文化理念得到了员工的信任

表 12－3 《行为符合度调查问卷》样例

序号	题目表述
1	我周围同事的日常行为表现符合公司文化的要求
2	我身边出现的典型正向行为得到了及时的奖励
3	我身边出现的典型负向行为得到了及时的处罚
4	在我们部门优秀经验的推广提升了员工的工作效率
5	员工的行为符合企业文化理念的要求

表 12－4 《内部客户满意度调查问卷》样例

序号	题目表述
1	上游部门对于客户的需求能够给予及时回应并迅速采取行动
2	上游部门能够随时设身处地地为客户着想，真正理解客户的处境、了解客户的需求
3	上游部门能够按时保质保量地完成交付
4	上游部门人员的交付能力是专业的
5	上游部门能够始终如一地履行对客户做出的承诺

说明：外部客户满意度调查问卷题目需要根据公司业务特点和管理导向制定。

表 12－5 《员工满意度调查问卷》样例

维度	序号	题目表述
工作本身	1	我清楚地了解工作的职责和任务
	2	我的工作能够发挥自己的优势和长处
	3	公司的作息时间安排是合理的
工作回报	4	我在公司得到的回报与我的付出是平衡的
	5	公司的薪酬、奖励分配是公平公正的
	6	公司的福利政策是让我满意的
人际关系	7	我周围的同事能够相互尊重、友好沟通
	8	我周围的同事在遇到协作需求时能够给予配合
	9	我周围的同事能够对事不对人开展工作
成长发展	10	我知道我在公司的职业发展路径
	11	在公司能否晋升主要看品德和业绩
	12	公司为我的学习成长提供了条件
领导风格	13	我接触的领导都是有亲和力的
	14	我的领导能够为我的工作提供支持
企业整体	15	我在公司中是有归属感的
	16	公司有健全的奖惩激励制度
	17	公司的办公条件等基础的工作环境是让我满意的
	18	如果有机会我愿意把朋友介绍到公司

表 12－6 《员工敬业度调查问卷》样例①

序号	题目表述
1	我知道公司对我的工作要求
2	我有做好工作所需要的工具和设备
3	在工作中，我每天都有机会做擅长的事
4	在过去的 6 天里，我因工作出色而受到表扬
5	我觉得我的主管或同事关心我的个人情况
6	工作单位有人鼓励我的发展
7	在工作中，我觉得我的意见受到重视
8	公司的使命目标使我觉得工作重要
9	我的同事们致力于高质量的工作
10	我在工作单位有一个最要好的朋友
11	在过去的六个月内，工作单位有人和我谈及我的进步
12	过去一年里，我在工作中有机会学习和成长

2. 问卷填写

通过企业内部系统或者问卷星向特定群体发放问卷，部门人数在 100 以下的，要求全员填写；部门人数在 100 及以上的回收数量需要达到表 12－7 的标准。

表 12－7 问卷最低回收数量参考②

员工人数	最低回收数量
100	80
200	132
300	169
400	196

① 盖洛普 Q12 测评问卷。

② 王吉鹏．企业文化诊断评估与考核评价【M】．北京：企业管理出版社，2013。

续表

员工人数	最低回收数量
500	217
1000	278
2000	322
5000	357
10000	370
10000 以上	384

问卷发放与回收的过程中任何人不得干扰、影响问卷填写人，一旦发现舞弊现象则重新组织对相关部门调查，并对舞弊人员给予通报处理，对相关部门按关键事件减分。

企业文化专职部门通过企业内部系统或者问卷星向特定群体发放问卷，也可以与人力资源部组织的其他调查内容一同发放。

3. 问卷分析

全部问卷完成回收后，企业文化专职部门按照一定标准剔除无效问卷，以部门为单位，计算各题目平均值和部门各题目综合平均值。其中，过程指标占比 20% ~40%，结果指标占比 60% ~80%。

各部门问卷调查最后得分 = 过程指标平均值 × 权重 + 结果指标平均值 × 权重

（二）关键事件统计

企业文化统筹管理部门过程中应做好各部门关键事件的统计，按事件影响程度在问卷调查得分基础上加减 0. 1 分/例、0. 05 分/例。

（三）高层领导评价数据收集

高层领导，根据对所辖中层干部采取的文化管理举措、业绩表现、关键事件，以及对相应部门文化氛围的感知，对相关部门文化管理效果进行定性评价。前 20% 评定为“较优”，在企业文化专职部门评估得分基础上加0.5分；中间70%评定为“中等”，不加分也不减分；后10%评定为“较差”，减0.5分。

董事长或总裁可按照同一逻辑对高层干部进行评价。

（四）最后得分与评估结论

1. 中层干部得分

文化评估得分=问卷调查得分±关键事件得分±高层领导赋分

同一高层管理的各部门按照得分进行排列，前20%评定为“较优”，中间70%评定为“中等”，后10%评定为“较差”。

2. 高层干部得分

文化评估得分=所辖部门问卷调查得分±所辖部门关键事件得分±董事长/总裁赋分

公司所有高层按照得分进行排列，前20%评定为“较优”，中间70%评定为“中等”，后10%评定为“较差”。

三、评估结果应用

（一）对干部

文化评估结果与干部的职位晋升、奖金分配、荣誉激励等关联。按照271的原则划分，对于业绩和文化管理排名都在前20%的干部予以升职、重点激励，对业绩和文化管理都相对较高的干部进行重点培养或者平级调整，给予一般激励；对于业绩好，文化相对较差的，从文化方面重点帮扶；对于文化管得好，业绩较差的，重点从业务方面帮扶；对于业绩和文化都排在后10%的干部予以降职或免职。如图12－4所示。

（二）对各部门

各部门根据企业文化评估情况，发现自身文化管理的优点与不足，针对问题制订相应的改进计划。

业绩				
高	20%	文化帮扶	重点培养 平级调整 一般激励	升职 重点激励
	70%	文化帮扶	重点培养 平级调整 一般激励	重点培养 平级调整 一般激励
	10%	降职 负向激励	业务帮扶	业务帮扶
	低	10%	70%	20% 高
			文化	

图 12－4　文化评估结果应用矩阵

（三）对企业整体

企业文化专职部门根据文化评估数据判断企业整体文化氛围，总结文化管理的经验和问题，制订公司层面的文化管理改进计划。

第十三章

如何让个人与组织持续进化

现实问题

随着企业向前发展，组织和业务中会出现层出不穷的问题，很多时候大家都看到了问题，但少有人主动站出来指出和解决问题。久而久之，造成问题积压和企业衰亡。

解决方案

在组织中建立一套不依赖于人的自我批判机制，形成自我批判的风气和自发程序，牵引组织成员定期开展自我批判，不断修复组织和业务中出现的问题，推动企业持续成长。

第一节　自我批判的目的和方法

一、自我批判的目的

（一）华为的自我批判

华为 2021 年业绩发布会上，孟晚舟女士说："华为最大的财富不在报表上，华为最大的财富是'思想储备、人才储备和理论储备'。"在华为的诸多理论中，有一项非常基础而重要的理论是"熵增理论"，华为把这项理论应用到了战略、人才、组织流程等方面的管理中，同时建立了一项常态机制——自我批判。

吴春波老师说："很多企业都在学华为，其他的可以不学，有两条必学，一是学习华为如何进行自我批判；二是学习华为如何学习别人。"①

（二）自我批判的意义

组织和自然界的事物一样，面临熵增的问题。企业发展的过程中受企业家、技术、资源、劳动者、需求者、供应者，以及社会文化、政策

① 吴春波．华为没有秘密 2【M】．北京：中信出版社，2018。

等要素的影响，这些要素不会自发形成有序状态，反而会从有序走向无序，进而导致企业在不同的发展阶段总会产生各种新的问题。

如果问题能够持续得到解决，企业就能不断实现螺旋上升；如果问题得不到解决，众多问题长期积压就会造成公司衰老退化，走向消亡。**企业要想持续存在，需要具备一个必要条件，那就是：反熵增，持续进行自我反思与改进。**如图 13－1 所示。

图 13－1　自我批判的底层逻辑

但人都有怠惰的一面，自我批判，反熵增，其实是“反人性”的，必然会遭到人的排斥。我们还必须意识到一个问题，组织与个人不一样，个人开展自我批判，难受的是自己，受益的也是自己，但在组织中开展问题批判与纠偏，很可能会遭遇来自其他组织成员的阻力，需要承担更大的风险与成本。

为了牵引组织成员自觉开展自我批判，需要在组织中建立一种不依赖于人的机制，明确要求所有成员按照固化机制定期开展自我批判，使自我批判从少数人的责任变成多数人的责任，从偶然变成必然，既降低了问题批判的责任与风险，又克服了人的自我保护心理。如图 13－2 所示。

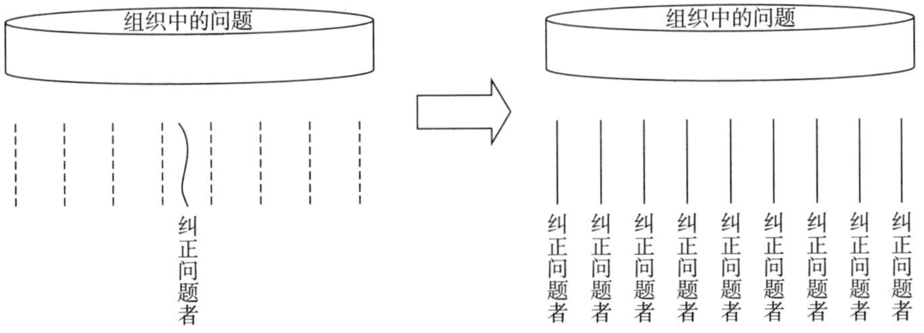

图 13－2　将自我批判从个体责任转变为集体责任

二、自我批判的方法

由于熵增定理的存在，企业在经营管理方面的问题是不断出现的，这就要求自我批判也要持续不断地进行。同时，我们也要认识到，自我批判的难点在于个体的自我保护，因此企业要把自我批判做成组织行为、集体行为，并且固化下来，尽可能减少对个人主观意志的依赖。

总结以上分析，自我批判的方法论就是三点：集体化——制度化——常态化。如图 13－3 所示。

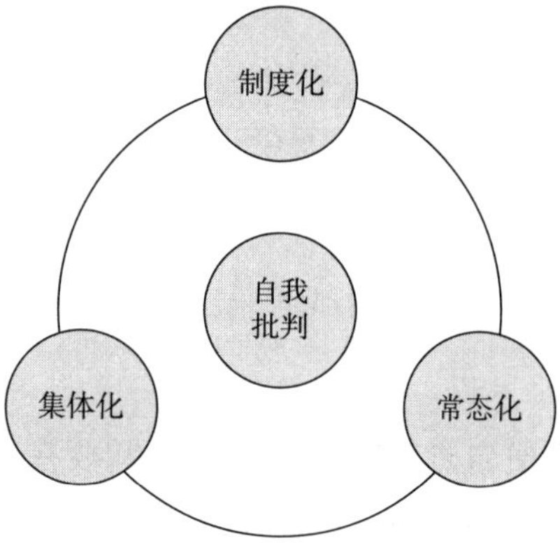

图 13－3　自我批判的方法论

集体化：要求所有组织成员都要开展自我批判，都有责任发现和解决组织中的问题，营造起积极面对问题、持续提升的组织氛围。

制度化：把自我批判的时间、责任人、程序等固化下来，定期、自动、有序开展自我批判。

常态化：长期坚持自我批判，只要企业存续、问题存续，就要一直坚持不松懈。

第二节　自我批判机制

一、目标

通过持续开展自我批判，发现个人、部门和企业在思想、行为或机制上的问题与不足，及时改进，从而实现个人和组织的持续进步。

二、组织和职责

（一）组织设计

每个人和每一级组织都不是完美的，都会出现问题和需要改进的方面。因此，企业应构建一个上层领导、整体统筹、贯穿各级组织直至个人的自我批判组织，保障个人、部门和企业三个层面都能按照要求持续开展自我批判。如图 13 –4 所示。

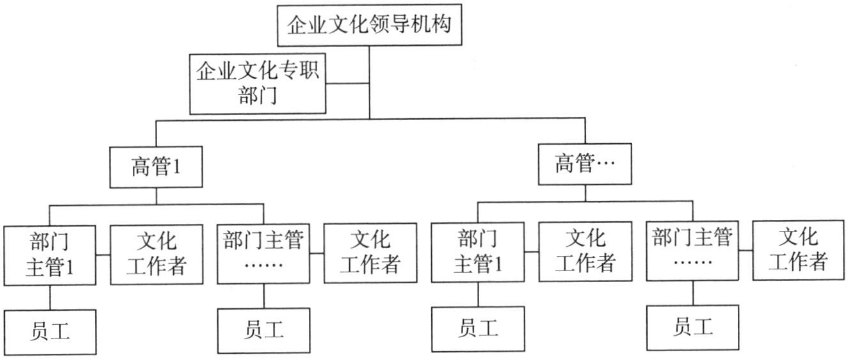

图 13 –4　自我批判的组织设计

（二）各主体职责

1. 企业文化领导机构

- 整体领导公司的自我批判工作，对自我批判的内容、程序等进行指导。
- 审议决定是否发起公司级自我批判。

- 听取企业文化专职部门对自我批判工作的总结汇报。

2. 企业文化专职部门

- 负责自我批判管理机制的制定和统筹实施。
- 组织开展公司级自我批判，负责相关问题整改。
- 指导各级组织和员工开展自我批判。
- 监督和抽查各级组织和员工的自我批判工作。
- 收集汇总员工、部门和公司级自我批判记录和改进计划。
- 抽查、跟踪改进计划完成情况，根据情况进行奖惩激励。

3. 高层干部

- 指导下属团队开展自我批判。
- 组织下属中层干部开展自我批判。
- 督促责任人按计划完成典型问题的整改任务。

4. 部门主管

- 指导下属团队和员工开展自我批判。
- 组织下属干部开展自我批判。
- 督促责任人按计划完成典型问题的整改任务。

5. 文化工作者

- 按照企业文化专职部门要求，组织实施部门员工开展自我批判。
- 收集部门存在的典型文化问题，制订研讨计划。
- 协助部门主管召开部门典型文化问题研讨会。
- 整理输出研讨会记录和《典型文化问题研讨改进表》。
- 监控部门典型文化问题改进任务。

6. 员工

- 根据公司要求做好自我批判。
- 关注部门和公司存在的问题，积极向文化工作者、上级领导、公司平台反馈。
- 根据《典型文化问题研讨改进表》的职责分工，完成问题改进。

第三节　自我批判的举措

一、员工个人自我批判

（一）批判什么

劳动态度问题：个人在工作中出现的怠惰、形式主义、责任心不足等思想意识方面的问题。

个人行为问题：个人在工作和生活中出现的违背理念要求，或者与理念要求有差距的行为。

（二）问题来源

上级领导反馈：上级领导在绩效沟通、劳动态度考核，以及平时工作中指出自身存在的问题与不足。

下游客户反馈：在与内外部客户对接的过程中接收或自己发现问题与不足。

优秀员工对标：与周围优秀同事对标发现自身在方法、技能、劳动态度等方面的不足。

自我反思总结：月度对自身思想和行为进行反思，总结问题与不足。

（三）如何批判

平时反思：员工时刻对自身行为保持高标准要求，当工作中出现困难、错误、冲突等问题时，及时反思自己在态度、方法和行为上是否存在问题。

定期总结：跟随绩效考核周期，定期总结当期的问题与不足，并制订改进计划。

（四）闭环管理

绩效沟通时员工与上级领导共同回顾上期问题改进情况，持续改进。

二、部门层面自我批判

（一）批判什么

思想问题：部门干部和员工在业务和管理中出现的怠惰、官僚、形式、推诿等思想认识方面的问题。

不良风气：部门中出现频率较高的怠惰、推诿、官僚、腐败、圈子等不良文化现象。

典型事件：部门干部和员工在业务和管理中出现的严重违背公司理念要求的负向事件。

（二）问题来源

员工反馈：团队员工在日常工作中发现部门中存在的问题可以向文化工作者或部门主管反馈。

客户反馈：通过内外部客户的反馈发现部门存在的不良思想和风气。

上级反馈：根据上级领导的反馈发现本部门存在的问题。

机构反馈：根据企业文化专职部门、审计、纪检等机构的反馈发现本部门存在的问题。

主管发现：部门主管根据下属员工表现和与员工的日常沟通发现部门存在的不良思想和风气。

（三）如何批判

1. 确定主题

每月 10 日前由各部门文化工作者通过员工反馈、日常观察，以及公司和部门领导的反馈等渠道收集本部门存在的典型问题。

典型问题收集后，文化工作者在其中选取 3 个，连同研讨会计划一并报给部门主管审核。

部门主管根据现阶段管理需要选取一个典型问题并确定研讨会时间

后，安排文化工作者筹备研讨会。

2. 组织研讨

文化工作者根据部门主管批复意见向参会人员（原则上所有管理人员都要参会）发布会议通知，内容包含研讨主题、会议时间、会议议程。

文化问题研讨会由部门主管主持，各参会人员根据部门主管的安排逐个发言，发言内容应当客观、具体、契合主题，先阐述问题表现，再分析问题原因，最后制订改进计划，共识任务清单。问题原因可以从人、物料、技能、方法、规则等角度分析，但一定要分析到底层的思想意识层面。

文化工作者记录参会人员所提问题、改进建议和后续任务，会议结束 3 个工作日内容输出《典型文化问题研讨改进表》（含《任务清单》），经部门主管审核后发送部门所有管理人员，抄送企业文化专职部门。如表 13－1 所示。

表 13－1　××典型文化问题研讨改进表

会议时间		会议地点		会议主持	
典型问题简述：					
问题表现：					
1					
2					
3					
…					
原因分析：					
1					
2					
3					
…					

续表

解决措施：			
1			
2			
3			
…			
任务清单：			
任务描述	输出结果	责任人	完成时间

（四）闭环管理

1. 部门自主监控

文化工作者制定典型文化问题监控表，跟踪各责任主体按计划完成任务，发现任务有风险时应通过书面方式向责任主体预警，同时抄送部门主管，必要时部门主管应给予兼职文化员一定的支持。

2. 专职部门抽查

企业文化专职部门每月选取 10% 的部门抽查其问题改进情况，发现未按计划改进的，按关键事件纳入文化评估。

3. 共性问题改进

企业文化专职部门收到各部门的《典型文化问题研讨改进表》后进行统一汇总，查找公司层面存在的典型问题并制定改进方案（包含组织公司层面自我批判）。

三、公司层面自我批判

（一）批判什么

思想问题：公司层面存在怠惰、形式主义、偏离客户、保守落后等思想认识上的问题或不足。

不良风气：公司中出现频率较高的怠惰、腐败、山头、官僚、形式、文山会海等不良风气。

典型事件：公司中出现的对文化和管理影响重大的典型事件。

（二）问题来源

员工反馈：员工在日常工作中发现公司中存在的问题可以通过内部论坛、检举信箱、部门文化工作者等方式反馈，企业文化专职部门看到后要及时跟进。

客户反馈：企业文化专职部门或者公司高管可以从客户的投诉或者反馈建议中，发现需要在公司层面反思改进的问题。

平台收集：审计、纪检、400、内部论坛、内部媒体等管理机构收集到的问题，在不违反保密规定的情况下，要及时同步给企业文化专职部门，企业专职部门从中识别筛选出需要在公司层面反思改进的共性问题。

高管提出：企业高层领导根据日常观察、外部学习和思考总结发现公司存在的问题或不足，可提出组织公司层面的自我批判。

企业文化专职部门提出：企业文化专职部门在劳动态度考核、文化评估等管理活动中发现的公司层面的典型问题，可以提请企业文化领导机构审议，开展公司层面自我批判。

外部媒体：从外部媒体关于公司的报道中发现需要开展公司级自我批判的问题。

（三）如何批判

1. 确定主题

企业文化专职部门日常收集汇总各渠道反馈的问题，对可能影响公司的文化风气、战略落地、组织管理、人才管理的共性问题，及时提交企业文化领导机构审议。

企业文化领导机构根据企业文化专职部门或者企业高管的提议，针对相关问题审议是否开展公司自我批判，同时确定自我批判的形式，包括组织专题大会、全公司自下而上的问题研讨等。

2. 组织实施

专题大会由企业文化专职部门组织实施，包括会议形式策划、制定议程、布置会场、安排发言等，参会人员包含企业各级管理人员和员工代表。大会结束后，企业文化专职部门制定改进计划和任务清单，发送相关部门，跟踪改进。

自下而上的问题研讨同样有企业文化专职部门组织实施，提前制定好研讨方案，包括研讨主题、研讨方式、研讨输出、研讨完成时间等，按照员工层—基层干部—中层干部—高层干部的顺序开展研讨。各级研讨要针对问题输出《典型文化问题研讨改进表》。

（四）闭环管理

专题大会制定的任务清单由企业文化专职部门跟踪完成；各级研讨制定的任务清单，由部门文化工作者跟踪完成，企业文化专职部门抽查。

需要提醒的是，开展部门或公司级自我批判时，参会人员应坚持几个原则：

● 讲问题，不讲成绩：针对问题发言，讲问题的表现、原因和解决方案，而不是讲正向表现与团队成绩。

● 讲自己团队的问题和原因：讲本团队的问题，从自身寻找问题的原因，而不是指责其他团队，给别人下任务。

● 实事求是：依据客观事实发言，而不是凭空想象、假设猜想。

● 对事不对人：在谈问题或者分析原因时，指向客观事实或现象，而不是某个人。

● 从集体利益出发：所有发言都是为了让部门或公司的文化、管理变得更好，而不是为了个人私利。

第十四章

走向伟大的组织

现实问题

很多企业经过艰苦创业、做大做强之后，逐步陷入自满怠惰、机制僵化、思想落后、由盛而衰的状态，最后被市场淘汰或者被竞争对手击败。

解决方案

从商鞅变法和改革开放中汲取成功经验，提出企业文化变革八步法，引领企业在合适节点成功完成文化变革，造就下一个阶段的辉煌。

第一节　持续进化之路

一、伟大的组织

“伟大的组织必须建立在根本的理念之上，建立在不言而喻的正确理念之上，并且能把这些正确的理念转化为组织的原则，加以制度上的激励和约束，写进公司的‘组织建设纲要’之中。”①

作为组织，企业的终极追求，既不是做多大，也不是做多强，而是要长期持续存活下去。从根本意义上说，衡量一个组织是否伟大的标准，不是收入和利润，而是它为社会留下了哪些精神和理念。多少年后，即便组织的创建者已经不在，但组织与它的精神还在，且不断激励人们前进。

二、唯有变革才能经久不衰

如何才能打造一个经久不衰的组织？达尔文的《进化论》中有一段非常经典的论述：“在大自然的历史长河中，能够生存下来的物种，并不是那些最强壮的，也不是那些最聪明的，而是对变化做出快速反应的。”这段话放在企业中也适用。

---

① 包政．企业的本质【M】．北京：机械工业出版社，2018。

事实证明，持续经营的百年企业不一定是规模庞大的商业巨头，也不一定是高知识密度的企业，而是那些跟随环境适时变革的企业，例如 IBM。

IBM 发展至今已存续 110 多年，在发展过程中有三次陷入危机或者濒临破产，但每一次面对危机，IBM 都能审时度势开展业务、管理、文化变革，最终化险为夷，开启下一个高速成长。

IBM 成立至今的文化演进：

（1）1911 –1992 年：大型机时代

IBM 是一个特别重视文化建设的公司，这种传统源于其创始人老沃森。他为所有员工确立了行为准则并贴在墙上：我们永远不能自满；我们出售的是服务；必须尊重个人……

1944 年，IBM 第一台大规模自动数码电脑——Harvard Mark 1 问世，然而用电子管组装的 Eniac 和 Univac 等第一代电脑产品迅速取代了 Mark 1 这类电磁式电脑，IBM 的发展因此危机重重。

1956 年，小沃森任 IBM 总裁，从老沃森时代传承下来的行为准则中选取了三条作为核心价值观，要求每个人必须遵守，这三条价值观就是：必须尊重个人；必须尽可能给予顾客最好的服务；必须追求优异的工作表现。

这三条价值观与大型机时代的环境是高度适应的。三条价值观一直延续到了 1992 年，而此时个人电脑已诞生 10 余年。

（2）1993 –2002 年：个人电脑时代

进入二十世纪九十年代，随着人们对微型电脑的需求量增多，IBM 的主要业务大型机遭受空前的打击，公司也一度陷入泥潭。IBM PC 机也被挤出国际市场前三名，大型机产品大量积压，无人问津。

1993 年，在上任后的第 6 个月，郭士纳起草了 8 条全新价值观，希望成为 IBM 新文化的核心支柱，以信件方式邮寄给 IBM 全球的所有员工。

1994 年，郭士纳召开首个高管会议，在取得大家共鸣后，顺势提出行为变革要求：从公司自行推出产品到以客户为导向，按需生产；从以关系为导向到以绩效和标准为导向；从一言堂到百花齐放、百家争鸣；从个人主义到集体主义；从追求百分之百完美到有紧迫感地做出决策和行动……

1995 年 2 月郭士纳成立了“高级领导集团”（SLG），这个集团首要任务是关注领导和改革方面的事务，集团 300 人左右，每年举办优胜劣汰的改选活动，到 2002 年，只有 71 个初创人员留任了。

1994 年下半年，郭士纳做出简化原则的决定，少即是多，最终简化后的价值观是“力争取胜、快速执行、团队合作”。IBM 恢复了久违的激情、活力和动力。

（3）2003 年至今：解决方案时代

2002 年 10 月，彭明盛接替功成名就的郭士纳出任 IBM 的 CEO，这时 IBM 面临的市场环境又发生了很大的变化。彭明盛认为 IBM “出售”的并不是看得见摸得着的 IT 产品，而是着眼于用 IBM 的优势为顾客创造价值，IBM 面临的关键课题是如何帮客户成功，要根据客户采取随需应变的新战略。

次年，彭明盛领导了史上最大的价值观重塑运动，IBM 在全球范围展开了 72 小时的即兴大讨论，高达 32 万名员工一起在网上探讨什么是 IBM 的核心价值观。讨论的结果是，员工们一致认为“创新为要、成就客户、诚信负责”是公司现在和未来最重要的三个原则。

因为是全体共同参与讨论、创立并确定，代表了员工对公司现状和未来的判断及期望，新的价值观立刻得到了 IBM 全球员工的热烈响应，产生了非同一般的凝聚力和向心力。①

---

① 以上 IBM 案例主要参考公众号“HRflag”发布的《企业价值观之如何重塑与迭代——IBM 的故事》整理。

三、组织变革的根本是文化变革

思想、心智模式是长期形成、根深蒂固的，当文化健康时，组织将高挂云帆、乘风破浪，一旦出现问题，组织将日渐衰落、沉疴难起。

从法国大革命提出的“自由、平等、博爱”，到中国新文化运动所提出的“民主与科学”，再到改革开放中的“解放思想、实事求是”，历史上每一次的社会进步都离不开人们思想的启蒙与革新。

因此，组织变革最根本的是文化和思想的变革。

第二节 组织文化变革方法

一、从成功的变革中汲取经验

著名经济学家许小年在总结历代改革的成功与失败时说：“中国历史上只有两次改革成功了，一次是商鞅变法，一次是改革开放。这一头一尾成功的改革，对中国的影响远远超过历史上那些绘声绘色所记载的波澜壮阔的革命。”

（一）商鞅变法的成功经验

商鞅变法发生在公元前350多年的秦国，回顾变法的历史过程，至少有六条经验值得借鉴：

1. 领导支持

变法伊始，秦孝公就任命商鞅为左庶长（相当于非王族大臣里的最高行政），变法过程中，面对老世族的阻挠和来自方方面面的困难，秦孝公排除万难，力挺商鞅，为变法提供了强大的后盾。

2. 打通思想

正式颁布变法文件之前，商鞅和秦孝公做了两件事：一是在朝堂上组织了一场公开大辩论；二是徙木立信。通过这一举措，给百姓传递了一个信号，新政府是言而有信的，新政府要变革了。

3. 建立机制

公元前356年秦国颁布了《垦草令》，主要内容是：实行魏国李悝的《法经》，增加连坐法；废除旧世卿世禄制，奖励军功，禁止私斗；重农抑商，奖励耕织，特别奖励垦荒。

公元前350年，秦国颁布第二批法令，主要内容是：废井田，开阡陌，承认土地私有，允许自由买卖；废除分封制，推行县制；统一度量衡制；编订户口，开始按户按人口征收军赋；禁止父子、兄弟同室居住，推行小家庭政策。

通过两次变法，使百姓和管理阶层知道该做什么，而且自主地遵循规则做事。

4. 善抓典型

商鞅刚颁布新的发令，就正好遇到了太子犯法的事情，于是商鞅凭借"法之不行，自上犯之"的观点说服秦孝公，按照新法处罚了太傅公子虔（秦孝公大哥）。此事给广大臣民带来巨大的冲击与震动，使新法迅速得到了全面的贯彻实施。

5. 依法奖惩

顺法者奖，逆法者罚，把新法与人的责权利结合起来，充分利用了人们趋利避害的心理，牵引和推动人们按新法办事。

6. 创造业绩

商鞅变法之所以能得到秦孝公以及其后历代君王的支持，关键在于变法为国家带来了实惠。通过变法，秦国去除了恶习，激活了个体的战斗力和生产力，国富民强，不久便建立新都、收复失地。更重要的是，变法开启了民智，建立了先进的机制，使秦国君民在这套思想和机制下持续进化，实力倍增，最终在100多年后统一了六国。

（二）改革开放的成功经验

改革开放是当代中国命运的关键抉择，是中国人民和中华民族发展史上一次伟大变革。改革开放有很多成功经验，笔者选取了以下几点作为组织变革的参考：

1. 打通思想

1978 年 5 月，一篇名为《实践是检验真理的唯一标准》的文章，在中国思想理论界引起巨大震动，引发了席卷全国的关于真理标准问题的大讨论。

1978 年 12 月 13 日的中共中央工作会议闭幕会上，《解放思想，实事求是，团结一致向前看》的讲话，为随即召开的十一届三中全会宣布改革开放的决策做了充分的思想准备。

2. 摸着石头过河

改革开放胆子要大一些，敢于试验，不能向小脚女人一样，看准了，就大胆地试、大胆地闯。对的就坚持，不对的抓紧改。这一思路用哲学术语是“在实践中检验真理”，用通俗的话就是“摸着石头过河”。最典型的例子就是“让一部分人、一部分地区先富起来，最后走向共同富裕”，以及建设经济特区，让“特区”去闯，去试验。这个原则和方法让改革开放得以大踏步前进，也收获了很多创举。

3. 抓主要矛盾

改革开放过程中出现了很多分歧和争论，但面对分歧和争论，“发展才是硬道理”“不管白猫黑猫，会捉老鼠就是好猫”等观点，始终坚持实事求是的原则，一心一意谋发展，不过于纠结形式，重点关注是否对人民、对国家有利。

善于抓关键还体现在其他方面，例如关注教育、科技，因为科技是第一生产力，而科技要靠人才。

4. 抓思想建设

把思想政治建设放在首位，强调解放思想，实事求是，坚持正确的思想路线。从中国的国力和国情出发，提出社会主义初级阶段理论，在此基础上提出坚持“一个中心、两个基本点”的基本路线，随后提出了“三步走”发展战略，确立了社会主义初级阶段的政治路线和发展战略，为改革开放提供了清晰的指引。

5. 依靠群众

高度重视群众的力量，善于把群众的智慧转化为国家层面的决策。邓小平说："农村搞家庭联产承包这个发明权是农民的，农村改革中的好多东西都是基层创造出来的，我们把它拿来加工提高作为全国的指导。"在自己的位置做好自己的事情，对于应该干部独立完成的事情邓小平也不会插手干预，做到最大限度地自主。

6. 辩证灵活

邓小平是善用辩证法的大师，最典型的例子就是他提出了"两手抓、两手都要硬""一国两制""社会主义市场经济"等著名论断。正是这种辩证看待问题、灵活处理问题的方法，为改革开放之初面临的几个重大问题找到了解决思路。

二、组织文化变革 8 步法

结合商鞅变法、改革开放，以及华为、海尔等优秀企业的变革经验，笔者总结了企业文化变革的 8 个步骤。

（一）领导者下定决心

组织文化的变革从根本上说是领导者的自我变革，如果没有一个愿意变革的领导者，或者领导者不是真的愿意变革，组织中就没有人去推动变革，即使有也是徒劳无益。

对领导者来说，要想在适当的时机完成文化变革，关键要突破两种心理，即自满和自足。笔者在咨询中最怕遇到的就是这两类企业，因为当一个企业自满时，任何苦口良药对他都无济于事；而当一个企业没有欲望时，任何人都无法激起他发展的动力。

"胜人者力，胜己者强"，改变别人难，改变自己更难，领导者如何才能突破自己呢？这里给出两个建议：一是多与外部交流，到一些优秀企业走走看看，或者参加一些优质的课程，与老师和学员多交流，他山之石可以攻玉，只有见得多了才可能发现自身的不足；二是交一个信得过的诤友，多向其听取意见。

当自己对自己下不了手时，要善于借助外力，让别人帮助自己实现突破。

（二）舆论造势

当领导者意识到企业需要变革时，说明企业的文化已经出现问题，而且是不得不重视的问题，这时他要做的是把问题和风险传递出去，让公司的干部和员工都意识到变革的紧迫性，船已经开始进水，需要船上的每个人行动起来去修补。

1994 年，郭士纳召开首个高管会议，会上他给大家展现了两张图，一张显示公司市场份额自 1985 年开始下降了一大半，另一张显示公司的客户满意度位列行业第 11 位。

郭士纳说道："我们正在成为市场上的笑柄，竞争对手正在抢夺我们的业务。"然后他又搬出甲骨文公司 CEO 拉里 · 埃里森的照片，大声朗读拉里 · 埃里森的原话："IBM？我们甚至连想都不想这家公司了。它还没死，但已微不足道了。"通过这些视觉、听觉的感官刺激，郭士纳成功地激发了高管团队的危机感和斗志。[①]

舆论造势比较有效的方式是：老板讲话、自上而下全员研讨、举办大型会议、公司发文、培训学习等。

舆论造势要善于使用数据，增强信服力，同时要结合干部员工的切身利益，让组织成员意识到，变革关乎每个人，只有变革企业和个人才能变得更好，而且要告诉大家"变什么、怎么变、变成什么样、对干部的要求是什么、对员工的要求是什么"。

---

① 来源：HRflag，《企业价值观之如何重塑与迭代——IBM 的故事》。

（三）建立强有力的变革组织

变革是新势力与旧势力的斗争，要想取得斗争的胜利，就必须建立强有力的组织，有人冲锋陷阵。商鞅变法一开始，秦孝公抽调干吏景监任左庶长府领书，干将车英做执法都尉，为商鞅组建了一个强有力的变法团队。而郭士纳则成立了一个专门负责变革的“高层领导集团”，不断通过优胜劣汰进行人员更迭。

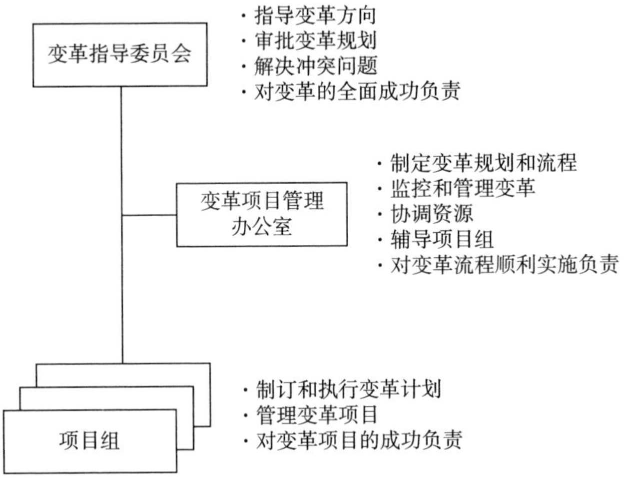

图 14－1　企业文化变革的组织设计①

为了保障变革顺利推行，企业可以参考华为经验建立三级变革组织：

变革指导委员会是引领变革的重要机构，由企业家与核心高管组成，主要职责是指导变革方向，审批变革规划，解决变革中的冲突和问题，对变革的全面成功负责。

变革项目管理办公室，由具有变革经验的资深人员构成，负责确定变革方法，制定并监控变革流程的执行，辅导项目组，协调资源，对变

① 参考洪天峰文章整理：《华为 EMT 首任轮值主席洪天峰倾囊相授：企业组织变革落地“三阶八步法”》，来源：华夏基石 e 洞察，2021。

革流程顺利实施负责。

项目组由具有业务经验和变革经验的业务专家组成，负责变革计划的制订与执行，进行变革管理，对变革项目的成功负责。

（四）制定变革策略

变革是一个系统工程，而且通常会遇到来自固有阶层、习惯的阻力，因此从一开始就要制定好指引变革成功的策略。就像改革开放时“摸着石头过河、抓主要矛盾、依靠群众、辩证灵活”等思想，为解决变革中疑问和矛盾提供了很好的指引。华为在进行 IPD 变革时就制定了“削足适履，穿美国鞋，先僵化、后优化、再固化”的整体策略，坚决反对盲目创新。

（五）理念重塑

基础的准备工作完成后，接下来要做的是理念重塑，确立新的理念体系，包括使命、愿景、价值观，以及战略、组织、人才理念。郭士纳上任 6 个月就提出了一套新的价值观，并通过邮件发送给全体员工，随后又在高管会上提出了变革的行为要求。

理念重塑最好是由领导者、组织精英和专业机构共同参与，充分发挥内部和外部、高层和基层各方人才的智慧，通过反复研讨、碰撞提炼共识，这种做法不但使理念更加科学合理，而且容易被组织成员接受。

（六）试点改革

理念重塑后，接下来就要开始机制的变革，包括变更组织架构、调整人员、变更管控模式、优化业务流程、变更考核激励机制等。由于变革带来的是未经检验的新事物，是否适用、能否成功尚不确定，一下子全面铺开，风险和阻力都相对较大。因此，为了提高变革的成功率，多数企业都会先开展试点变革，成功之后再逐步推广。

试点变革的总体导向是保障成功率，发挥示范带动效应，因此要选择变革意愿强、能够产生明显效果的团队作为试点，并且给予其充分的授权和资源支持，过程中出现问题时要及时调整人员和流程。总之，尽最大努力保障变革成功。笔者在帮一个客户开展组织模式与激励机制变革时，就选择了一个老板信任且积极支持变革的销售团队，阻力小、成功率高，而且效果明显。

（七）消除阻力

由于人们的路径依赖和保护既得利益的心理，变革的过程中必然会遇到阻力，对企业来说，不能害怕阻力，重要的是如何找到适当的方式消除阻力。

变革中的人员和形势虽然复杂，但影响人们行为的主要有两种因素：一是意愿；二是能力。因此，企业可以根据意愿和能力两个维度进行利益关系人分析：对有能力、有意愿的，鼓励其参与变革，大胆去闯，成功之后，公开奖励，并作为标杆案例宣传推广；对有意愿、无能力的，加强培训、帮带，给予一定的适应时间；对有能力、无意愿的，通过持续宣导，以及领导、同事的沟通交流，帮助其转变认识；对无意愿、无能力的，先说服帮带，转变困难的，要考虑调整岗位，甚至淘汰。如图 14－2 所示。

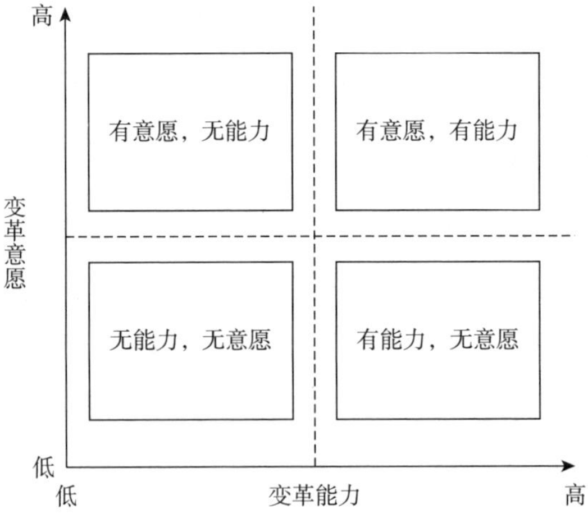

图 14－2　变革中的四类人

（八）固化成果，推而广之

变革推行一段时间后，要及时进行总结复盘，包括变革取得的成果、成功的经验及教训。

对已验证成功的做法，要通过人才选拔、考核激励等制度予以固化，同时根据变革情况调整组织架构，选拔有变革成就的人升任干部，逐步加强变革力量，固化变革成果。

另外，变革管理办公室要汇总梳理各项目变革过程中的经验、教训，优化变革流程，编制经验手册或培训课程，组织相关人员学习，让其少走弯路，提高变革效率。

需要提醒的是，企业文化变革是一个系统工程，需要较长的时间周期，甚至需要做出某些舍弃，领导者和变革团队既要坚定信心，也要把握节奏，不可畏缩不前，也不可急于求成。

企业文化管理就像是管理领域的“珠穆朗玛峰”，笔者只是介绍了在攀登这座山峰时的见闻与经验，希望书中的观点能够为“攀登者”提供些许指引与启发，更期盼中国的企业中涌现更多的华为、更多的基业长青者。

最后，借用任总的一句话作为本书结尾：“一切工业产品都是人类智慧创造的，我们没有可依存的自然资源，唯有在人的头脑中挖掘出大油田、大森林、大煤矿……资源是会枯竭的，唯有文化生生不息。”

附录

企业文化的来龙去脉

一、寻找企业文化产生的目的

企业文化，从字面上看自然是属于文化的，所以理解企业文化首先要理解文化。

关于文化，多数学者比较认同的解释是：文化是由人类创造的，凝结于物质之中又游离于物质之外且可传承的意识形态。[①]

从这个意义上讲，**有了人类就有了文化，有了企业也自然就有了企业文化**。因此，理解企业文化首先要了解企业和企业的起源。

关于企业的起源，马克思的雇佣劳动理论认为：随着生产力水平的提高，一部分人的生产效率高于另一部分人。而资本主义私有制的确立，一方面使财富越来越集中在少数资本家手中；另一方面造成一些人只能出卖自己的劳动力来交换维持生命力所需的物质资料，于是就产生雇佣关系，社会的生产不一定非要靠个人了，可以通过雇佣其他人实现了。

新制度经济学的创始人科斯认为，市场的运行是有成本的，通过形成一个组织，并允许某个权威（一个“企业家”）来支配资源，就能节约某些市场运行成本。企业之所以存在，是因为企业能够降低交易成本，提高社会整体的交易效率。

德鲁克认为，企业的目的是创造顾客，社会把创造财富的资源托付给企业，是为了满足顾客的需求。但是，对企业而言，只提供产品和服务还不够，企业必须不断进步，变得更好，为顾客提供更好更多的产品和服务才行。[②]

三种经典学说，虽然分析角度不同，**但回归人的本性和社会价值，企业产生的“初衷”是“逐利”，为了更高效地创造更多价值**。

企业诞生后，逐渐分化出“生产者、经营者、资本家”三类成员，

① 百度百科，文化。

② ［美］德鲁克．管理的实践【M】．北京：机械工业出版社，2009。

有了不同的主体就会产生分工、合作及分配的问题。因此，**围绕“如何提高生产效率及如何处理不同主体之间的关系”的问题，管理学界开始提出各种理论并应用于企业管理的实践。**这些理论大致可以分为两类：

一部分人认为企业中的人都是“经济人”，工人最关心的是提高自己的金钱收入，只要有足够的报酬工人就会按照要求实现生产目标，相对人，他们更重视科学、技术的作用，侧重通过科学、技术提高生产效率，典型的代表人物有泰勒、法约尔、韦伯。

还有一部分人认为不能把工人看作简单的“经济人”，他们是具有情感和关系的“社会人”，除了技术、环境和报酬，员工的态度、领导的风格、员工之间的关系都会影响生产的效率，比较典型的代表人物有梅奥、赫兹伯格、马斯洛、麦格雷戈等。**其中，有一名加拿大裔的工业心理学家、管理学者埃利奥特·杰奎斯，1951年，在研究了英国冰川公司的“工业民主”课题后写了一本书——《企业文化之改变》（The Changing Culture of a Factory），他在这本书里首次提到了“企业文化”的概念，认为“当外在的物质条件的改变已经达到了它的边际收益，以至于任何一种物质条件的改变几乎对产量不起任何作用时，非正式的社会关系就开始发挥它的巨大作用”，**而这种非正式的社会关系主要指价值观念、意识形态、风俗习惯等。可惜的是，他提出的“企业文化”的概念在当时几乎无人理解。

二、从“默默无闻”到“声名鹊起”

当西方的管理学者们逐渐意识到“社会关系、思想意识”的重要性，并纷纷提出各种观点时，日本已经开始了“科学与文化”的融合。

1868年，日本开启明治维新改革，建立君主立宪政体，全盘西化，学习西方欧美技术，进行工业化浪潮，并且提倡“文明开化”。

在文明开化之风的扫荡下，日本人剪短头发、换上西服，跳起了西洋舞，但是整个社会长期形成的官尊民卑和重士轻商的思想基础却非轻易能够改变。**主导开放改革的日本精英阶层意识到：经济要想有根本性的突破，症结不在于技术和制度，而在于如何改变阻碍公司发展的社会文化，思想解放是国家进步的根本。**于是，他们从东方的儒学传统中为经商找到了高尚的动机，“经商不是为了个人，而是为了社会，公益即私利，私利也能生公益”，并通过办学、讲课、写书等方式进行思想宣导，逐步改变了整个日本社会的价值观。①

这种“公私结合”的价值观，充分激发和利用了人的潜力，加上西方先进的科学、技术，二十世纪六十年代，日本经济迅速起飞，八十年代一举成为世界经济强国，在战败后的短短不到二十年的时间里，日本经济不仅迅速赶上了西方的英、法、德等发达国家，还一跃成为仅次于美国的世界经济超级大国。

日本的快速崛起引起了美国人的震惊和反思，他们派出几十位管理学专家前去日本考察，最后得出结论：**是企业文化推动了日本经济的快速发展**。学者们写了几本书专门论述“企业文化”，其中包括1981年威廉·大内的《Z理论——美国企业界怎样迎接日本的挑战》、阿伦·肯尼迪和特伦斯·迪尔合著的《企业文化——企业生存的习俗与礼仪》、帕斯卡尔与阿索斯合著的《日本企业管理艺术》和1982年托马斯·彼得斯与罗切特伯特·沃特曼合著的《追求卓越》，这四本书在二十世纪八十年代被中国企业文化界公认为企业文化理论的“四重奏”。

日本的实践和学者的著述使“企业文化”声名鹊起，引起了各国企业界和管理学界的共鸣。

三、理论研究日趋丰富

企业文化四重奏之后，美国企业文化界出现了两种派别：

一是以美国麻省理工学院的沙因教授为代表的定性化研究学派，1985年出版了《组织文化与领导力》，对企业文化的概念和深层结构进

① 中国国际电视总公司出品，任学安导演，公司的力量，2010。

行了系统的探讨，这些概念和结构成为以后企业文化研究的基础理论。

二是以密西根大学的奎因教授为代表的定量化研究学派，1988 年奎因与卡梅隆出版了《组织文化诊断与变革》，提出竞争性文化价值模型，从内部外部导向和控制授权两个维度分析，将组织文化分为目标、规则、支持、创新四种导向，这一模型成为企业文化调研分析的基础模型。

沙因和奎因的研究只是一个开端，随着企业文化研究成果的积累和企业间竞争的加剧，企业文化的相关理论在二十世纪九十年代又得到进一步丰富，研究内容从概念和结构的探讨发展到企业文化在管理过程中发生作用的内在机制。代表作有：1990 年，本杰明·斯奈德的《组织气氛与文化》、霍夫斯泰德的《文化与组织——心理软件的力量》；1997 年埃德加·沙因的《组织文化与领导力》（第二版）；1999 年，特瑞斯·迪尔和爱兰·肯尼迪合著的《新企业文化》。这些著作为企业文化理论研究和应用奠定了基础。

四、企业文化在中国的发展历程

（一）理论引入

1978 年党的十一届三中全会做出改革开放的决策，中国进入改革开放的新历史时期。**新时期呼唤新思想**，二十世纪八十年代，各种社会思潮空前活跃，发达国家的企业文化著作被迅速翻译出版，这些企业文化著作为中国企业文化建设提供了理论基础。

（二）企业实践的推动

企业文化的理论传入中国后，迅速引起了一批优秀企业家的共鸣，海尔、联想、华为等一批优秀企业率先在企业管理实践中运用企业文化，并取得了良好效果，这其中最出名的是 1998 年出台的《华为基本法》。

优秀企业的实践，加上中国深厚的文化管理的底蕴，使企业文化在越来越多的中国企业中传播。

（三）学者、机构、互联网的推动

理论与实践往往是相生互动、紧密联系的，企业文化在中国的推广过程中，有三大因素起到关键作用：

首先是学者。据不完全统计，1988 年至 1991 年，国内报纸杂志上刊登的有关企业文化的文章 250 余篇，翻译和编著的有关著作 20 多本。这些文章和著作或者传播了外来的先进理论，或者把中国优秀的实践进行总结，使得企业文化在中国企业界和管理界广泛传播。①

其次是机构。1988 年成立的中国企业文化研究会，以及各省市、行业成立的企业文化社团，有力地推动了企业文化的研究和应用，而咨询公司在其中所起的作用更是功不可没，华夏基石、仁达方略等咨询机构将企业文化先进理论与企业实践充分融合，又从企业实践中沉淀、升华相关理论，这种理论与实践相结合的方式对企业文化的发展起到强大的推动作用。

另外，互联网的发展，使中国的商业、管理等方面发生了重大变化，最大的变化就是信息的传播，借助互联网，海尔、联想、华为，以及后来的阿里巴巴、字节跳动、美团、腾讯等明星企业的经验被迅速、广泛传播，企业界和管理界对企业文化的认知日趋成熟。

改革开放 40 多年后的今天，众多中国企业从机会成长进入系统成长阶段，越来越多的企业发现，依靠制度和技术难以支撑企业实现更高层级和更长远的发展，愈发意识到了企业文化的作用，管理界急需一套更加规范、系统的理论与方法助推商业实践。

---

① 张国梁主编．企业文化管理【M】．北京：清华大学出版社，2014。

老板·创业			
一、经理人			
书名	**内容**	**书名**	**内容**
老总有想法，高层有干法 王清华　著	企业将、帅之间的定位问题、角色问题、方法问题、思维问题、管理问题等	**历史深处的管理智慧1：组织建设与用人之道** 刘文瑞　著	通过历史鉴照当今企业选人用人、二代接班人、创业团队管理等问题
历史深处的管理智慧2：战略决策与经营运作 刘文瑞　著	通过历史鉴照当今企业决策、战略规划、战略冒进、决策监督等问题	**历史深处的管理智慧3：领导修炼与文化素养** 刘文瑞　著	通过历史鉴照当今企业的领导修养、用权、管理风格等问题
老板经理人双赢之道 陈明　著	经理人怎么选平台、怎么开局，老板怎样选/育/用/留		
二、用人			
用好骨干员工 王敏　著	系统化分享关键人才打造与激励方法	**领导这样点燃你的下属** 孟广桥　著	领导者如何才能让员工积极主动地工作
让用人回归简单 宋新宇　著	帮助管理者抓住用人的要害，让用人变得简单	**激活新生代员工** 史量　孙斌　著	走进新生代的世界，一套行之有效的管理、激活90后、95后、00后的方法
三、转型·创业			
创业要过哪些坎 董坤　著	15年创业咨询经验总结的创业遇到的问题及办法	**高潜牛人** 董坤　著	创业和事业发展中如何找到牛人
成为下一个SaaS独角兽 崔牛会　主编	19位SaaS领专家，7个不同的视角总结SaaS行业实践	**创模式：23个行业创新案例** 段传敏　著	CEO社群23位企业家的思考与实践分享
重生——中国企业的战略转型 施炜　著	本书对中国企业战略转型的方向、路径及策略性举措提出了建议和意见	**7个转变，让公司3年胜出** 李蓓　著	企业估值、业务模式、营销、生产制造、客户服务、用户黏性、组织管理7个转变
企业二次创业成功路线图 夏惊鸣　著	五步骤给出了一幅企业二次创业经营突破、管理提升的成功路线图	**跟老板"偷师"学创业** 吴江萍　余晓雷　著	如何通过"偷师"学习与积累当老板的阅历
公司由小到大要过哪些坎 卢强　著	企业成长路线图，现在我在哪儿、未来还要走哪些路都清楚了	**跳出同质思维，从跟随到领先** 郭剑　著	66个精彩案例剖析，帮助老板突破行业长期思维惯性
极速增长：企业扩张策略 董坤　著	以"8shoes扩张法则"为思考框架，帮助处于这个阶段的创业公司及以创业公司形式孵化的变革型项目做出清晰的战略选择		
企业经营			
经营打造你的盈利系统 高可为　著	选择最有效的经营策略，打造属于自己的商业模式	**中国企业的觉醒** 王涛　著	企业告别自私、野蛮，转向善良、爱，才会赢得消费者
成为敏感而体贴的公司 王涛　著	未来有竞争力的企业，一定是那些敏感而体贴的公司	**有意识的思考** 王涛　著	对头脑中固有观念保持觉察，从而超越它们的局限
简单思考 孔祥云　著	著名咨询公司（AMT）CEO创业历程中的经验与思考	**写给企业家的公司与家庭财务规划** 周荣辉　著	以企业的发展周期为主线，介绍各阶段企业与企业主家庭的财务规划

续表

书名	内容	书名	内容
从10亿到100亿的企业顶层设计 刘建兆　著	重新定义企业成长方式，有效益、有效率、有效能、有效果、有品质的良性成长	**企业融资：投资人没告诉你的那些事** 杨军　著	资深投资人揭示融资"潜规则"，让企业有的放矢
宗：一位制造业企业家的思考 杨涛　著	发展20年营业额近亿元制造业企业家的思考与心得	**使命：驱动企业成长** 高可为　著	用大企业发展轨迹及企业家的心路历程，揭示企业成长的基因、做事的逻辑
让经营回归简单 宋新宇　著	战略、客户、产品、员工、成长、经营者的经营法则	**边干边学做老板** 黄中强　著	86个案例讲述中小公司成长过程中遇到的问题和方法
盈利原本就这么简单 高可为　著	跨越业务与财务边界，为企业提高盈利水平提供方法	**战略参谋：写出管用的战略报告** 蔡春华　著	企业对自己、市场、行业其实了解更深，助你高质量完成战略规划
不战全胜：给企业家读的孙子兵法 王吉坤　杨伟霞　著	从《孙子兵法》提炼和总结了帮助企业打造行业龙头品牌的体系	**公司离不开的全栈运营高手：产品运营与推广获客** 王虎　著	涉及运营案例、思维理论、实操复盘、管理方式、推广策略等，是作者八年运营推广经验的浓缩
公域引流　私域经营：这样经营用户关系 王庆云　汪洋　著	为大中型企业提供私域建设的顶层和全景式框架，探索不同业务特性可能适配的不同私域模式	**平台生态：价值创造与价值获取** 彭毫　罗珉　著	厂商之间的竞争已经从产品转到平台，如何创造新的价值创造和获取模式，是企业最想得到的答案
合伙制经营：有效激励，而不丧失控制权 胡八一　著	重点阐述实施合伙制的流程，通过四步为企业家提供一种有效激励而不丧失控制权的工具和方法	**机制创造人才** 彭剑锋　尚艳玲　著	华夏基石专家团著作，为个体赋能，经营人成就人，进行机制创新和价值管理
企业高管经营课：觉察认知盲点，突破增长瓶颈 范桃根　著	65个问与答，全面认知企业问题在哪里，避免盲人摸象；打破认知障碍，拥有解决问题的能力。附赠一套方法工具		
管理·管理学			
一、企业管理			
让管理回归简单 宋新宇　著	从目标、组织、决策、授权、人才、老板自己等提供方案	**管理的尺度** 刘文瑞　著	西医式的体检化验，又要施加中医式的望闻问切
管理：以规则驾驭人性 王春强　著	人性驾驭角度权度运筹安排的可兑现性，管理有效性	**看电影，学管理** 刘文瑞　著	十六部电影的解读，揭示电影内含的管理之道
好管理　靠修行 曾伟　著	从佛法、道法思想中寻找管理智慧	**公司大了，怎么管** 金国华　著	成长型企业发展中的共性问题，通过案例实录解开
低效会议怎么改 王玉荣　葛新红　著	从梳理公司会议体系的层面改变低效会议的现状	**年初订计划年尾有结果** 郭晓　著	总结七步落地方案让战略计划切实落地实现
分股合心 段磊　周剑　著	围绕股权激励，详细介绍相关知识和实行方法	**员工心理学超级漫画版** 邢雷　著	以漫画形式对组织中个体心理的全面介绍和深入探讨
让投诉客户满意离开 孟广桥　著	投诉法律法规，应对各种投诉技巧等提升客诉能力	**管理就是定计划，抓落实** 张国祥　著	员工"看了就会、拿来就用"的计划制订操作指南
不读韩非子，怎么当老板 王春强　著	通过集中分析有关人性的内容，引导现代管理者更深理解人性是如何影响企业运行，以及管理者应如何因人性而实施管理	**重新想象组织** 彭剑锋　尚艳玲　著	华夏基石专家团著作，通过组织变革逐步进化，找到成长之道，让企业可持续发展

续表

书名	内容	书名	内容
战略管理有方法 和恒咨询　著	结合中国企业实践总结的一套独创性、实操性的战略方法，100+工具轻松做战略	**高管如何为公司创造高增长** 彭剑锋　尚艳玲　主编	战略驱动着企业成长，企业又该如何突破增长的瓶颈
供应链管理改善咨询：案例·方法·工具 于晓光　许忠宁　赵玭　著	掌握供应链改善结构化方法，实现准时交付和低运营成本	**重塑竞争的市场边界战略** 张戟　著	选择与竞争对手不同的消费需求集合，通过独特的价值链活动，创造一个最有利的市场地位，让企业获得领先的核心竞争优势
二、管理思想			
管理学的奠基者 刘文瑞　著	近代以来的管理思想发展揭示管理思想的演化奥秘	**巴纳德组织理论研读** 郭威　著	深度研读巴纳德《经理人员的职能》，帮你理解和看懂
管理学在中国 刘文瑞　著	科学看待管理学流入中国，对继承发展进行深入的阐述	**德鲁克管理学** 张远凤　著	以德鲁克管理思想发展为线展示20世纪管理学的发展
德鲁克与他的论敌们 罗珉　著	德鲁克与马斯洛、戴明等诸多管理大师论战的故事	**德鲁克管理思想解读** 罗珉　著	全面解构德鲁克思想的精髓与实践价值
治论：中国古代管理思想 张再林　著	深入分析中国古代哲学基本精神的基础上，梳理分析了儒法墨三家的管理思想	**流程经理10年案例笔记** 王焕东　著	用自身工作和生活中的鲜活案例及思考后的心得呈现不一样的流程管理思想
透过决策看组织 李慧才　著	对西蒙管理行为进行贴近企业的通俗化解析和阐释	**为什么高管爱读德鲁克** 王鹏　著	辅助深读德鲁克、提升管理认知
		营销·销售	
一、企业销售			
大客户销售这样说这样做 陆和平　著	大客户销售活动的十大模块，68个典型销售场景	**向高层销售** 贺兵一　著	销售人员与客户高层打交道需要重点掌握的知识、技巧
资深大客户经理 叶敦明　著	将大客户经理必须具备的规划、策略、执行三种能力运用自如	**成为资深的销售经理** 陆和平　著	让销售经理成功把握销售管理的6个关键点，并提供工具
销售是个专业活 陆和平　著	据客户采购流程拆分销售过程十阶段，讲解方法技巧	**学话术　卖产品** 张小虎　著	手机、电动车、家电、食品等消费品的一线销售话术
工程项目大客户销售攻略 陆和平　著	三十八讲循序渐进，全方位透视工程大项目拿单的奥秘，通俗易懂，看了就能用	**大客户销售谈判：获得利润的最快途径** 陆和平　著	从不会谈判到成为谈判专家，帮助你在与大客户的谈判中轻松说服对方，实现从一次成交、成本价成交到高价成交、持续成交的转变
二、企业营销			
新营销组织力 迪智成　著	适应最新数字化外部环境，系统化协同组织能力建设	**营销按钮** 老苗　著	讲述存在于人性及各个营销环节中的“按钮”
精品营销战略 杜建君　著	“精品营销战略”核心逻辑与营销组合策略	**360°谈营销** 王清华　古怀亮　著	营销是立体的，从不同角度观察不同企业的营销精髓
互联网精准营销 蒋军　著	互联网时代整体策划、包装品牌和产品	**招招见销量的营销常识** 刘文新　著	做好基本的营销动作都可以提高销量、降低成本

续表

书名	内容	书名	内容
用数字解放营销人 黄润霖　著	用数字说话覆盖营销工作的方方面面	用营销计划锁定胜局 黄润霖　著	让营销计划落地，营销人员只需解决两个问题：基数与概率
新营销 2.0：从深度分销到立体连接 刘春雄　公方刚 牛恩坤　等著	立体连接打通三度空间，在互联网时代诞生快消品领域的超级巨头	中国营销战实录 联纵智达研究院　著	51 个案例，46 家企业，46 万字，18 年积淀
弱势品牌如何做营销 李政权　著	产品与物流通道、服务通道、促销互动通路，提供方法	解决方案营销实战案例 刘祖轲　著	十大工业品作者实操案例解码解决方案营销
升级你的营销组织 程绍珊　吴越舟　著	根据企业的实际情况建立有机性营销组织	孙子兵法营销战 刘文新　著	理解《孙子兵法》原意的同时，还可体悟到营销之用
老板如何管营销 史贤龙　著	十六个招式，理论与案例相结合，高段位营销方法	渠道管理就这样做 陆和平　著	渠道规划和设计、渠道成员选择和寻找、渠道谈判和签约、管理渠道日常活动、设计渠道激励政策、解决渠道冲突、渠道的评估和调整
三、品牌			
中国品牌营销十三战法 朱玉童　著	深度演绎最符合企业品牌营销策划的十三套实战战法	中小企业如何打造区域强势品牌 吴之　著	从如何建立强势品牌的角度解析扩张难题
小众战略：小资源打造强势品牌 吴修利　著	从品牌观念、市场调研、竞争机会、内部调整等角度，对产品、渠道、传播等核心原则进行了系统梳理	把品牌建在顾客心里：4 步实现品牌 IP 化 张学军　著	让品牌自带话题，自主传播
四、营销策划			
这样写文案，就没有卖不动的产品 秦剑　刘安丽　著	术、法、道三个层面由浅至深培养商业文案创作能力	洞察人性的营销战术 沈坤　著	介绍了 28 个匪夷所思的营销怪招，大部分可以直接运用
双剑破局：沈坤营销策划案例集 沈坤　著	双剑公司 8 年来的实操案例，每个项目诞生过程、策划角度和方法	社区团购就这么干：供应商•平台•团长•用户 陈海超　杨项刚　著	分享最新实践经验，一看就懂，照着就能做
企业案例			
鲁花：一粒花生撬动的粮油帝国 余盛　著	鲁花如何成长为优秀的带动农业产业发展的品牌，鲁花你一定学得会	金龙鱼背后的粮油帝国 余盛　著	以金龙鱼为脉的一部中国粮油行业的史诗
你不知道的加多宝 曲宗恺　牛玮娜　著	以时间为轴线，详细叙述了加多宝品牌的发展历程	静水流深 黄治国　著	作者在美的十五年对何享健内部讲话资料的整理
娃哈哈区域标杆 罗宏文　快车君 赵晓萌　寇尚伟　著	讲娃哈哈豫北市场如何成为娃哈哈全国第一大市场、全国增量第一的市场	借力咨询：德邦成长背后的秘密 官同良　王祥伍　著	德邦将自己积累的与咨询公司发展共赢的合作逻辑和盘托出
六个核桃凭什么从 0 过 100 亿 张学军　著	全视角深度解读养元企业的裂变成长，复盘十年蜕变轨迹	像六个核桃一样 王超　著	六个核桃为什么卖得这么好，产品畅销的 6 大要义 36 条简明法则

续表

书名	内容	书名	内容
中国首家未来超市 IBMG 集团　著	对乐城超市的掌门人及内部员工的采访详细阐释了乐城的经验	**三四线城市超市如何快速成长：解密甘雨亭** IBMG 集团　著	甘雨亭的许多关键经营指标均高于行业标准，学习其成功的方法
集团化企业阿米巴实战案例 初勇钢　著	作者在某酒厂推行阿米巴经营模式的心得		
经销商			
新经销：新零售时代教你做大商 黄润霖　著	探访近 100 位经销商在传统营销手法上的创新，传统营销微创新和新营销本地化	**商用车经销商运营实战** 杜建君　王朝阳 章晓青　著	对商用车经销商的经营与管理、4S 店运营做了全方面的总结
跟行业老手学经销商开发与管理 黄润霖　著	从管理耐用消费品经销商角度提炼了 48 个代表性问题并给出解决办法	**快消品经销商如何快速做大** 黄润霖　著	经销商如何通过经营实现规模，通过管理实现规模效益
建材家居经销商实战 42 章经 王庆云　著	经营管理的心法和战法，帮助经销商成为“业务妙手”和“管理能手”	**成为最赚钱的家具建材经销商** 李治江　著	针对建材家居行业的经销商，从销售模式、产品、门店、市场等方面给出方法
白酒经销商的第一本书 唐江华　著	对经销商如何选择厂家、合作、运营品牌等问题给出建议	**快消品招商的第一本书** 刘雷　著	从招商理论到招商动作进行系列化分解，化繁为简
大商方法：榜样经销商与厂家的合作之道 唐道明　著	洞察厂商合作的核心，为经销商提供可行的方法，手把手教你做大商	**快消品经销商成功密码** 舟谱商学院　著	通过 8 个真实经销商案例，分享快消品经销商成功经验与方法
中小企业			
中小企业如何打造区域强势品牌 吴之　著	从如何建立强势品牌的角度解析扩张难题	**用流程解放管理者** 张国祥　著	8 个板块构成，共 66 篇文章，14 幅流程管理图
用流程解放管理者 2 张国祥　著	对中小企业规范化流程管理进行系统的阐述	**弱势品牌如何做营销** 李政权　著	产品与物流通道、服务通道、促销互动通路提供方法
本土化人力资源管理 8 大思维 周剑　著	用最贴近中国中小企业现实管理情境的案例讲述周围人的“家事”	**中小农业企业品牌战法** 韩旭　著	农业企业需要全产业链视野，更需要品牌实战方法
门店管理			
门店销售冠军复制系统 王吉坤　著	门店型企业如何打造可复制的销售冠军系统	**新零售动作分解与实操：建材·家居·家具** 盛斌子　著	对泛家居行业趋势、店面管理、团队管理、促销推广、五感营销等提供策略
家具建材促销与引流 薛亮　李永锋　著	对泛家居营销执行模式和工具、关键环节等进行汇总	**建材家居门店 6 力爆破** 贾同领　著	产品力、导购力、形象力、推广力、服务力、组织力
家具行业操盘手 王献永　著	总结家具终端门店发展的现状及问题并给出策略	**手把手教你做专业督导** 熊亚柱　著	系统梳理督导的核心技能，岗位职责、工作流程及技能

续表

书名	内容	书名	内容
手把手帮建材家居导购业绩倍增 熊亚柱　著	针对建材家居门店的业务人员，用案例故事还原场景教你成为好导购	**10 步成为最棒的建材家居门店店长** 徐伟泽　著	梳理店长管理的核心工作职责、店面管理规范，帮助销售人员成长
建材家居门店销量提升 贾同领　著	9 个板块讲述建材门店一个单店如何做到经营的良性循环	**总部有多强大，门店就能走多远** IBMG 集团　著	五大方向综合阐述连锁零售企业总部如何提升管理能力
赚不赚钱靠店长，从懂管理到会经营 孙彩军　著	注重专卖店的经营思路拓展、门店管理细节方面能力的提升	**新医改了，药店就要这样开** 尚锋　著	从药店定位的思考，内部和会员管理等方面探讨中小型药店发展方向
电商来了，实体药店如何突围 尚锋　著	新时代药店经营的三驾马车：药学专业服务、会员贴心服务和精准定向促销	**引爆药店成交率 1：店员导购实战** 范月明　著	药店人的零售工作，怎样接待顾客，完善销售技巧
引爆药店成交率 2：药店经营实战 范月明　著	从药店经营角度建立改善门店现状的实用标准	**引爆药店成交率：专业化销售解决方案** 范月明　著	从简单的拿药服务到提供多角度的专业解决方案
口腔门诊盈利倍增：精益口腔 杨伟霞　王吉坤　著	为口腔门诊定制业绩提升管理系统并落地实施	**门店店长业绩增长 100%** 熊亚柱　著	将店长遇到的障碍一扫而空，通过一个个生动的案例故事解析，帮你成为管理型店长，不再东奔西跑地瞎忙，让业绩成倍增长
互联网			
一、互联网转型			
画出公司的互联网进化路线图 李蓓　著	18 个“可以……吗”的问题作为产品、客户和价值方面的指引牌	**7 个转变，让公司 3 年胜出** 李蓓　著	企业估值、业务模式、营销、生产制造、客户服务、用户黏性、组织管理 7 个转变
重生战略移动互联网和大数据时代的转型法则 沈拓　著	四个重生战略对应四个法则，告知传统企业的转型重生之路	**创造增量市场：传统企业互联网转型之道** 刘红明　著	为读者提供了寻找这些互联网的切入点和接触点的具体方法，带来增量市场
互联网 + 变与不变 本土管理实践与创新论坛　著	61 篇精华文章，聚焦传统行业如何互联网 + 时代转型	**今后这样做品牌** 蒋军　著	顶层设计、营销创新、产品战略、渠道变革、品牌策略
移动互联新玩法 史贤龙　著	立足现实，剖析新时代背景下的移动互联趋势与热点	**互联网时代的成本观** 程翔　著	多维组合成本的互联网精神和大数据特征及应用
正在发生的转型升级实践 本土管理实践与创新论坛　著	100 多位本土管理专家当年对最新一年的思考和实践	**1000 铁杆女粉丝** 张兵武　著	如何让普通女性成为忠实追随的铁杆粉丝，磁力点、情感结、甜蜜区、信任圈
混沌与秩序Ⅰ：变革时代企业领先之道 彭剑锋　施炜　苗兆光　王祥伍　孙波　夏惊鸣	新环境下企业面临变革应如何应对，企业家如何坚守并与企业共同成长	**混沌与秩序Ⅱ：变革时代管理新思维** 彭剑锋　施炜　苗兆光　王祥伍　孙波　夏惊鸣	对处于时代变革下的企业管理新机制、人力资源管理新思维，组织与人的新型关系，结合案例提出优化建议
消费升级：实践·研究 本土管理实践与创新论坛　著	从经营、管理、行业三个方面记录消费升级下的实践	**互联网精准营销** 蒋军　著	互联网时代整体策划、包装品牌和产品
智能推荐：让你的业务千人千面 刘国昊　周波　著	从资讯、电商、文娱行业来详细讲解智能推荐的应用，用户时间的争夺战	**制造业外贸营销网站建设** 宋金亮　著	介绍整个网站从无到有的实现过程，从分析思路、撰写内容到规划页面，列举了大量正反面实例，帮助读者理解和投入实践

续表

书名	内容	书名	内容
零售巨头数字化转型操盘笔记 江楠　著	一线操盘运营经理分享传统零售巨头的新零售到家业务全盘操作细节		
二、抖音、微信微商、电商			
书名	内容	书名	内容
抖音营销系统 刘大贺　著	抖音系统的实战营销知识，上百个从0做大的案例	金牌微商团队长 罗晓慧　著	微商团队长创业实操的指导工具书
微商生意经：真实再现33个成功案例操作全程 伏泓霖　罗晓慧　著	精心挑选的33个微商成功案例，阐述具体操作过程	快速见效的企业微信营销方法 孙巍　著	站在微信生态的立体高度系统讲述企业微信快营销方法论
阿里巴巴实战运营：14招玩转诚信通 聂志新　著	产品定位、阿里巴巴排名因素、数据分析、标题优化等	阿里巴巴实战运营2：诚信通热卖技巧 聂志新　著	打开诚信通运营的金钥匙，十大具体运营技巧
电商高管私房课 子道　著	深刻剖析“结硬寨，打呆仗”的经营理念和操作方法，是电商零售管理者和执行团队的好参谋		
三、行业新营销			
餐饮新营销 杨勇　程绍珊　著	聚焦餐饮企业转型，系统的餐饮企业营销管理体系	新零售进化路径 李政权　著	预先复盘新零售及商业的未来，找到方向
珠宝黄金新营销 崔德乾　著	珠宝业新营销/新品牌/新产品/新零售/新连接/新场景/新服务/新传播/新管理	黄金珠宝就这样卖：导购员月销百万的秘籍 崔德乾　著	让顾客留下试戴、买单的80个技巧，让高级客户感动、一般客户依赖的6大行动秘籍。上午学下午用，让你成为月销百万的销售明星
新零售动作分解与实操：建材·家居·家具 盛斌子　著	对泛家居行业趋势、店面管理、团队管理、促销推广、五感营销等提供策略	新营销 刘春雄　著	让品牌商和渠道商掌握获得独立流量的能力，能够与平台商博弈
快速见效的企业网络营销方法 B2B　大宗 B2C 张进　著	数据和案例90%来自作者服务的中小企业，快速全面地学习企业网络营销方法	移动互联下的超市升级 联商网专栏　著	超市未来的发展趋势，对社区超市、生鲜、全渠道建设、O2O等提出观点
百货零售全渠道营销策略 陈继展　著	零售行业的竞争重点、行业本质、战略转型、未来趋势、经验和案例	互联网时代的银行转型 韩友诚　著	银行业在互联网金融变革浪潮中所做的积极应对和转型布局
触发需求：互联网新营销样本·水产 何足奇　著	通过鲜誉案例解读阐述水产行业如何进行互联网转型	新农资如何弯道超车 刘祖轲　著	从农业产业化、互联网转型、行业营销与经营突破四个方面阐述农资企业转型
新零售　新终端 迪智成　著	将新零售系统打法做梳理并落地在新终端建设上	新经销：新零售时代教你做大商 黄润霖　著	探访近100位经销商在传统营销手法上的创新，传统营销微创新和新营销本地化
医药医疗			
一、药店			
新医改了，药店就要这样开 尚锋　著	从药店定位的思考、内部和会员管理等方面探讨中小型药店发展方向	电商来了，实体药店如何突围 尚锋　著	新时代药店经营的三驾马车：药学专业服务、会员贴心服务和精准定向促销
引爆药店成交率1：店员导购实战 范月明　著	药店人的零售工作，怎样接待顾客，完善销售技巧	引爆药店成交率2：药店经营实战 范月明　著	从药店经营角度建立改善门店现状的实用标准
引爆药店成交率：专业化销售解决方案 范月明　著	从简单的拿药服务到提供多角度的专业解决方案	连锁药店新风口：资本　智能　大数据 动脉网　著	对我国连锁药店的市场环境、行业现状等进行分析，给出对连锁药店未来发展趋势的预判

续表

书名	内容	书名	内容
药店导购关联销售技巧与成交话术 范月明　著	以药店情景案例导入，介绍常见疾病的导购销售话术与顾客心理分析，进而提供关联销售解决方案		
二、药品销售			
医药第三终端：从控销到动销　诊所　基层医疗 王祥君　张芳文　著	用大量案例来梳理药企落地动销的策略、方法和技战术	医药营销：诊所开发维护与动销 张江民　著	从六个方面系统阐述基层诊所市场营销攻略
处方药合规推广实战宝典 赵佳震　著	对处方药推广体系搭建、推广人员岗位内容等六个方面进行阐述	医药代理商经营全指导 戴文杰　著	从产品选择、价格体系设计、路径管理等维度描述代理商产品操作的基本策略
处方药零售这样做 田军　著	处方药零售的重要性及做市场的具体措施和方法	OTC医药代表药店开发与维护 鄢圣安　著	一位从初级OTC医药销售代表成长起来的销售经理的经验分享
OTC医药代表药店销售36计 鄢圣安　著	以《三十六计》为线，阐述OTC医药代表向药店销售的技巧与策略	做医生信赖的医药代表 邹晓徽　宁剑锋 朱文虎　著	医药代表如何在合规要求下做好药品推广工作的操作工具书
三、药企转型			
药企战略·运营与医药产业重构 杜臣　著	医药产业的深度认知与发展趋势结合，战略思考与经营操作相统一	医药行业大洗牌与药企创新 林延君　沈斌　著	围绕创新介绍医药行业，介绍近百家医药企业创新实践案例
医药新营销 史立臣　著	从药企最关心的八个方面阐述制药企业、医药商业企业营销模式转型	医药企业转型升级战略 史立臣　著	从商业模式转型、管理转型、定位转型、运营模式转型和跨界转型五方面阐述转型
新医改下的医药营销与团队管理 史立臣　著	立足新医改相关政策的解读，为中小医药企业出谋划策	在中国，医药营销这样做 段继东　著	时代方略在医药营销领域思想、方法文章的精选合集
四、新医疗			
成为医疗器械领军者 王强　著	中小医疗器械生产企业和代理商怎样转型	新型诊所经营与创新 动脉网　著	对新型诊所从标准化管理、经营方式、团队建设、连锁模式四个方面进行解读
医美新风口：颜值经济下的亿万市场 动脉网　著	详细介绍中国医疗美容行业的发展趋势、现状及医美产业链等	互联网医院：正在发生的医疗新变革 动脉网　著	介绍互联网医院的建设与运营、管理，发展模式和市场布局，以及发展规律
快消品			
一、快消案例			
中国快消品营销这些年 史贤龙　著	一本书浓缩快消品营销15年的实战历程与前沿思考	这样打造大单品 迪智成　著	通过13个大案例帮助企业梳理打造大单品的路径
你不知道的加多宝 曲宗恺　牛玮娜　著	以时间为轴线，详细叙述了加多宝品牌的发展历程	娃哈哈区域标杆 罗宏文　快车君　赵晓萌 寇尚伟　著	娃哈哈豫北市场如何成为娃哈哈全国第一大市场、全国增量第一的市场
六个核桃凭什么从0过100亿 张学军　著	全视角深度解读养元企业的裂变成长，复盘十年蜕变轨迹	像六个核桃一样 王超　著	六个核桃为什么卖得这么好，产品畅销的6大要义36条简明法则

续表

书名	内容	书名	内容
5 小时读懂快消品营销 陈海超　著	20 年快消品市场风云洞察解码，丰富的案例解析		
二、快消品区域经理			
快消品营销团队管理 刘雷　伯建新　著	快消品团队管理相关的 20 余个工具 +20 余个案例	**这样打造快消品区域标杆** 罗宏文　牛玉龙　著	分两篇解决如何成功打造标杆市场和进行持续增量管理两大问题
成为优秀的快消品区域经理（升级版） 伯建新　著	作为区域经理的“速成催化器”，升级版增加 11 篇内容	**快消老手都在这样做：区域经理操盘锦囊** 方刚　著	一线成长起来的资深快消品营销人“压箱底”绝活
快消品营销人的第一本书 刘雷　伯建新　著	针对一线厂家业务员工作中常遇到的问题给予建议	**销售轨迹：一位快消品营销总监的拼搏之路** 秦国伟　著	一个普通营销人的故事，16 年背井离乡的职场拼搏之路
快消品营销：一位销售经理的工作心得 2 蒋军　著	从市场操作、团队管理、传播推广、营销的具体策略和战略等方面提供方法	**快消品区域/城市经理全渠道管理** 许翔　著	一位在日化巨头一线打拼多年的城市经理操作经验分享
三、快消品动销			
动销：产品是如何畅销起来的 余晓雷　著	从怎么被消费者买走和竞争对手是谁这两个原点解决动销问题	**动销操盘：节奏掌控与社群时代新战法** 朱志明　著	用七个章节阐述关于动销操盘的要诀，节点、节奏、主次、条件匹配性等问题
动销四维：全程辅导与新品上市 高继中　著	从产品、渠道、促销和新品上市四个方面详细讲解提高动销的具体方法	**快消品经销商这样做才赚钱** 张宇　著	从全新的角度，解读经销商的经营困境，并提供可实操的解决方法
快消新产品成功上市 伯建新　著	新产品是什么？新产品该如何去做？新产品要如何销起来，长销而不是昙花一现？本书给你答案		
四、快消品渠道			
深度分销 施炜　著	渠道价值链、模式选择、渠道策略与管理、零售经销商管理、最佳实践、团队建设	**通路精耕操作全解** 周俊　陈小龙　著	对康师傅的制胜法宝通路精耕进行系统的介绍与说明，图表和完善入微的操作方法
酒水饮料快消品餐饮渠道营销手册 朱伟杰　著	对餐饮渠道深入挖掘，建立适合餐饮渠道发展的服务模式和组织保障措施	**快消品经销商如何快速做大** 杨永华　著	经销商如何通过经营实现规模，通过管理实现规模效益
快消品营销与渠道管理 谭长春　著	解决日常涉及的渠道管理、市场、产品等营销事务	**快消品招商的第一本书** 刘雷　著	从招商理论到招商动作进行系列化分解，化繁为简
采纳方法：化解渠道冲突 朱玉童　著	21 个最新的渠道冲突案例立体地介绍渠道冲突的现象和方法	**快消品促销管理与方案：规划 技能 工具** 张荣举　著	涵盖促销规划、打法、具体落地执行的细节和终端人员技能及训练，结合线上线下运作，提供全套方法
五、快消品企业战略			
重构：升级你的竞争优势 杨永华　著	用 7 大思维，帮你的企业提升档位	**变局下的快消品实战策略** 杨永华　著	从 5 个角度针对快消品企业如何应对行业变局给出答案
新营销 刘春雄　著	让品牌商和渠道商掌握获得独立流量的能力，能够与平台商博弈	**采纳方法：破解本土营销 8 大难题** 朱玉童　著	破解困扰营销人的八大难题，给出解决方法
白酒营销培训宝典：复制高业绩 刘孝鞅　著	总结白酒营销人员系统运作市场的要点，转化为易学可复制的动作和工具表单	**酒水饮料快消品餐饮渠道营销手册** 朱伟杰　著	对餐饮渠道深入挖掘，建立适合餐饮渠道发展的服务模式和组织保障措施

续表

书名	内容	书名	内容
白酒			
书名	内容	书名	内容
白酒营销的第一本书 唐江华　著	多角度阐释白酒一线市场操作的最新模式和方法	白酒经销商的第一本书 唐江华　著	对经销商如何选择厂家、合作、运营品牌等问题给出建议
白酒到底如何卖 赵海永　著	多角度阐释白酒一线市场操作的最新模式和方法	白酒到底如何卖2：从市场培育到动销 赵海永　著	系统化、标准化、模式化的促成动销的实战操作方式和方法
变局下的白酒企业重构 杨永华　著	白酒企业重构期的营销战略与实操策略6大方法	酒业转型大时代 微酒　著	酒水营销、新闻资讯及行业分析、预测的知识宝典
区域型白酒企业营销必胜法则 朱志明　著	以36条法则从战略、营销、推广、产品线、品牌、市场、战术等方面提供方法	10步成功运作白酒区域市场 朱志明　著	从市场攻守、产品攻略、新品上市、占领渠道、促销等十个层面阐述
白酒营销1：中小酒企操盘与崛起 徐伟　徐涛　著	深入分析品牌与行业、操作方法，提供营销实操宝典	白酒营销2：品类创新策略升级 黑格咨询　著	立足行业现状，建立品类创新、营销模式创新路径，提供市场建设方法、营销策略与工具案例
茶·调味品·油·乳业			
营销中国茶：2小时读懂茶叶营销 史贤龙　著	中国茶营销的“困局”“破局”和“创举”	中国茶叶营销第一书 柏龑　著	纵览中国茶叶市场的全局，并且有针对性地提出问题并阐述解决方法
调味品营销第一书 陈小龙　著	15年监控中国市场50个中外著名调味品品牌市场运作、管理等的经验总结	调味品企业八大必胜法则 张戟　著	提炼了调味品企业八大规律性的关键成功要素
食用油营销的第一本书 余盛　著	从小包装油行业概述到产品的基本知识，从基本执行动作到品牌整体策划等	鲁花：一粒花生撬动的粮油帝国 余盛　著	鲁花如何成长为优秀的带动农业产业发展的品牌
金龙鱼背后的粮油帝国 余盛　著	以金龙鱼为脉的一部中国粮油行业的史诗	乳业营销的第一本书 侯军伟　著	区域型乳品企业如何才能稳健发展
调味品经销商公司化运营 张戟　著	调味品和快消品经销商如何从“个体户”到“公司化”，一步步推进的具体方法		
工业品			
一、工业品销售			
大客户销售这样说这样做 陆和平　著	大客户销售活动的十大模块，68个典型销售场景	销售是个专业活 陆和平　著	据客户采购流程拆分销售过程十阶段、讲解方法技巧
成为资深的销售经理：B2B工业品 陆和平　著	让销售经理成功把握销售管理6个关键点，并提供工具	一切为了订单：订单驱动下的工业品营销实践 唐道明　著	以订单流程的三个环节为主线讲述工业品营销管理新思路
订单是这样拿到的 郑文洲　著	作者近10年销售生涯的回顾，真实销售故事和成功经验分享		
二、工业品营销			
工业品营销管理实务（第4版） 李洪道　著	是信任导向工业品营销体系的深化版、工业品营销管理体系优化咨询的升级版	工业品企业如何做品牌 张东利　著	为当下中国制造的品牌化转型提供经过实践证明的理念、方法和体系

续表

书名	内容	书名	内容
工业品市场部实战全指导 杜忠　著	解决职能不清、市场部五大职能如何运作、职业发展路径等具体问题	**解决方案营销实战案例** 刘祖轲　著	十大工业品作者实操案例解码解决方案营销
资深大客户经理：策略准　执行狠 叶敦明　著	将大客户经理必须具备的规划、策略、执行三种能力运用自如	**渠道管理就这样做** 陆和平　著	渠道规划和设计、渠道成员选择和寻找、渠道谈判和签约、管理渠道日常活动、设计渠道激励政策、解决渠道冲突、渠道的评估和调整
三、工业品企业			
变局下的工业品企业7大机遇 叶敦明　著	探索工业品企业成长的新机会，7大战略与战术性机会	**两化融合管理体系贯标流程与方法** 戴勇　著	融合五十多家企业在两化融合贯标过程的经验，总结重点与举措
丁兴良讲工业4.0 丁兴良　著	多角度阐述中国在工业4.0的机遇和挑战		
建材家居			
一、建材家居门店			
家居建材促销与引流 薛亮　李永锋　著	对泛家居营销执行模式和工具、关键环节等进行汇总	**新零售动作分解与实操：建材·家居·家具** 盛斌子　著	对泛家居行业趋势、店面管理、团队管理、促销推广、五感营销等提供策略
家具行业操盘手 王献永　著	总结家具终端门店发展的现状及问题并给出策略	**手把手教你做专业督导** 熊亚柱　著	系统梳理督导的核心技能、岗位职责、工作流程及技能
手把手帮建材家居导购业绩倍增 熊亚柱　著	针对建材家居门店的业务人员、案例故事还原场景，教你成为好导购	**10步成为最棒的建材家居门店店长** 徐伟泽　著	梳理店长管理的核心工作职责、店面管理规范和帮助销售人员成长
建材家居门店销量提升 贾同领　著	9个板块讲述建材一个单店如何做到经营的良性循环	**建材家居门店6力爆破** 贾同领　著	产品力、导购力、形象力、推广力、服务力、组织力
二、建材家居经销商			
新经销：新零售时代教你做大商 黄润霖　著	探访近100位经销商在传统营销手法上的创新，传统营销微创新和新营销本地化	**建材家居经销商42章经** 王庆云　著	经营管理的心法和战法，帮助经销商成为“业务妙手”和“管理能手”
成为最赚钱的家具建材经销商 李治江　著	针对建材家居行业的经销商，从销售模式、产品、门店、市场等方面给出方法		
三、建材家居企业			
定制家居黄金十年 韩锋　翁长华　著	对中国定制家居行业20年发展历程进行深度、系统、专业的解读	**建材家居营销：除了促销还能做什么** 孙嘉晖　著	探索家居建材行业营销的革命，发现行业“营销天花板”的突破口
建材家居营销实务：新环境、新战法 程绍珊　杨鸿贵　著	针对建材家居市场特点提出以客户价值为基础的整体营销价值链	**全屋整装　高利润运营手册** 翁长华　陈平　著	十大维度解决实际问题，是0到1极具操作性的整装指南
零售·餐饮·服装·影院·美容院			
新零售进化路径 李政权　著	预先复盘新零售及商业的未来，找到方向	**新零售　新终端** 迪智成　著	梳理新零售系统打法并落地在新终端建设上

续表

书名	内容	书名	内容
移动互联下的超市升级 联商网　著	超市未来的发展趋势，对社区超市、生鲜、全渠道建设、O2O 等提出观点	百货零售全渠道营销策略 陈继展　著	零售行业的竞争重点、行业本质、战略转型、未来趋势、经验和案例
超市卖场定价策略与品类管理 IBMG 集团　著	零售企业的市场拓展与商品定位、商品结构与商品陈列、毛利分析与库存分析	连锁零售企业招聘与培训破解之道 IBMG 集团　著	围绕零售企业组织架构、培训体系建设等内容进行探讨
总部有多强大，门店就能走多远 IBMG 集团　著	五大方向综合阐述连锁零售企业总部如何提升管理能力	三四线城市超市如何快速成长：解密甘雨亭 IBMG 集团　著	甘雨亭的许多关键经营指标均高于行业标准，学习其成功的方法
中国首家未来超市：解密安徽乐城 IBMG 集团　著	对乐城超市的掌门人及内部员工的采访详细阐释了乐城的经验	零售：把客流变成购买力 丁昀　著	通过大量的实际案例对中国零售业态的升级转型之路提出思考
餐饮新营销 杨勇　程绍珊　著	聚焦餐饮企业转型，系统的餐饮企业营销管理体系	电影院的下一个黄金十年 李保煜　著	介绍了中国电影产业的运作模式及电影院的开发、设计思路
餐饮企业经营策略第一书 吴坚　著	阐述餐饮企业产品之道、市场之道、顾客之道及盈利之道	赚不赚钱靠店长，从懂管理到会经营 孙彩军　著	注重专卖店的经营思路拓展，门店管理细节方面能力提升
时装买手自学通 范敏娜　编著	从流行趋势调研、商品企划、采购渠道、数据管理到店铺销售等时装买手需要具备的能力与操盘技巧	美容院/养生馆高盈利经营模式 陈鹏飞　著	5 步实现店铺高盈利方法与策略
零售巨头数字化转型操盘笔记 江楠　著	一线操盘运营经理分享传统零售巨头的新零售到家业务全盘操作细节		
农牧业			
一、农资			
饲料营销有方法 陈石平　著	饲料营销的 7 大核心命题	农资营销实战全指导 张博　著	在农资市场行之有效的营销策略和工具
新农资如何弯道超车 刘祖轲　著	农业产业化、互联网转型、行业营销与经营突破		
二、农牧企业			
中国牧场管理实战 黄剑黎　著	对牧场管理标准、管理制度、操作规程做出剖析和指引	中小农业企业品牌战法 韩旭　著	农业企业需要全产业链视野，更需要品牌实战方法
变局下的农牧企业 9 大成长策略 彭志雄　著	为农牧企业量身打造了 9 个立足现在、展望未来的成长策略	农产品营销实战第一书 胡浪球　著	针对 33 个农产品营销的核心问题提供具体招数
农产品全网营销 吴之　著	帮助全国农业合作社、家庭农场打造农产品品牌		
地产·汽车			
一、地产			
中国城市群房地产投资策略 吕俊博　刘宏　著	挖掘主要城市群的现状特征、发展因子、演化趋势、竞争关系等，给出分析建议	产业园区/产业地产：规划、招商、实战运营 阎立忠　著	从认知、规划、招商、运营四方面系统解读产业园区的建设精要和运营技巧
人文商业地产策划 戴欣明　著	“全球化视野（创意）”+“人文+”思维	产业园区/产业地产 2：系统化经营与操盘攻略 阎立忠　著	全方位系统解析产业园区运营策略

续表

书名	内容	书名	内容
从零开始打造产业园区 刘晓君　著	全流程，系统化，注重细节，多角度教你打造产业园区		
二、汽车			
商用车经销商运营实战 杜建君　著	对商用车经销商的经营与管理、4S店运营做了全方面的系统总结	汽车配件这样卖 俞士耀　著	适合轮胎、机油、维修、快保、美容、洗车等汽车服务业态销售实操办法
润滑油销售：这样说，这样做更有效 张金荣　著	总结润滑油销售面对三大客户常遇到的200余个营销问题解决方法	润滑油品牌营销 张金荣　著	没有说教，只有方法，适合小微企业、代工品牌、经销商、营销人阅读
投资理财·收购资本			
交易心理分析 马克·道格拉斯 【美】　著	一语道破赢家的思考方式，并提供了具体的训练方法	财报背后的投资机会 蒋豹　著	零基础轻松掌握财务报表的相关知识，快速入门
写给企业家的公司与家庭财务规划 周荣辉　著	以企业的发展周期为主线，介绍各阶段企业与企业主家庭的财务规划	分股合心 段磊　周剑　著	围绕股权激励，详细介绍相关知识和实行方法
成功并购300问 浩德并购军师联盟　著	系统学习资本运作和企业并购知识的金融工具书	并购名著阅读指南 叶兴平　著	从全球5000多本并购图书中精选200本并进行评价
避开股权合伙这些坑 苏雯静　著	根据创始合伙人、外部合伙人、内部合伙人等方面的实际案例做归纳和梳理	产业并购操盘手 张军杰　著	15个案例，11个范本，38个图表，拿来即用
科创板IPO上市全流程指导 丁先云　刘海旭　著	不仅有各项制度的深入剖析，更有各种问题和解决方案的详细论述，配合案例，轻松操作	市值战略：上市公司市值管理有方法 和恒咨询　著	正确理解，系统规划、全面执行市值战略。从“势道法术力”五个维度思考和设计市值战略
阿米巴			
阿米巴经营的中国模式 李志华　著	基于阿米巴经典理念提出了适合中国本土的员工自主经营的“1532”模型	集团化企业阿米巴实战案例 初勇钢　著	作者在某酒厂推行阿米巴经营模式的心得
中国式阿米巴落地实践之激活组织 胡八一　著	划分原则、裂变与整合、组织管控、重新定位、巴长竞聘和组阁	中国式阿米巴落地实践之从交付到交易 胡八一　著	从6个方面阐述经营会计，从交付到交易是成功实施阿米巴的标志
中国式阿米巴落地实践之持续盈利 胡八一　著	企业做成平台、平台做成阿米巴、阿米巴做成合伙制		
人力资源管理			
一、绩效·薪酬			
回归本源看绩效 孙波　著	从目的和概念帮助企业梳理绩效管理与经营的关系	走出薪酬管理误区 全怀周　著	从7个常见的薪酬误区入手为企业提供一套系统解决方法
曹子祥教你做绩效管理 曹子祥　著	作者核心授课课程的还原，掌握绩效管理的核心内容	曹子祥教你做激励性薪酬设计 曹子祥　著	作者28年咨询经验总结，如何进行科学的薪酬体系设计
把招聘做到极致 远鸣　著	资深招聘经理多年工作心得的提炼	把招聘做到极致2：灰度招聘全攻略 黄渊明　李佳倩　著	从实战需求出发，兼容并包各种优秀的招聘理论、方法、经验与工具，并进行创新性的应用

续表

书名	内容	书名	内容
二、招聘·面试·培训			
把面试做到极致 孟广桥　著	一套实用的确定岗位招聘标准，提升面试官技能方法	**世界500强资深培训经理人教你做培训管理** 陈锐　著	构建培训体系、培训组织、培训文化、开发培训资源，教你做培训管理
把猎头做到极致 李佳倩　黄渊明　著	帮助猎头顾问从平庸走向优秀	**招聘面试：用提问得到真相** 陈硕　著	十二年资深HR招聘面试经验分享，教你学会如何提问
人才评价中心漫画版 邢雷　著	用漫画形式写成的人才测评专业书籍	**上市公司培训体系搭建** 初忠宝　著	上市公司培训经理分享体系搭建的框架和案例
三、HR高管·劳动法			
经营型HRD 黄渊明　著	总结企业HRD如何支撑企业经营，抓好七件关键事情	**人才供应链：实现高绩效均衡的人才管理模式** 许锋　著	打造人才供应链的四大支柱、十项修炼的完整体系
新任HR高管如何从0到1 新海　著	到互联网创业型企业担任HRVP，从0到1建立较完善的HR体系	**人力资源体系与e－HR信息化建设** 刘书生　陈莹　王美佳　著	6大框架、28个关注点、5大目标、6大优势、166个交付物咨询体系和盘托出
集团化人力资源管理实践 李小勇　著	针对集团型企业人力资源管理的问题提出科学建议	**我的人力资源管理笔记** 张伟　著	第三方咨询视角跳出“技术方法”看人力资源管理
人力资源的5分钟劳动法 李皓楠　著	入职管理、在职管理、离职管理中遇到的劳动法问题及应对	**海外人力资源管理：帮企业成功“走出去”** 黄渊明　著	弥补了中国企业海外人力资源管理实践体系建设的空白，具有开创性意义
从零开始学：胜任力模型建模与应用 林丽萍　著	手把手教你做胜任力建模，并通过大量的企业案例拆解介绍模型在各个方面的落地应用	**上市公司总经理助理工作笔记** 黄娜　著	40个案例，教你从小白助理到资深总助
用好任职资格体系 杨序国　著	以某企业为案例，系统地介绍了企业HR如何通过任职资格体系帮助员工成长	**胜任力模型咨询笔记** 韩文卿　著	吸取和总结了世界500强企业的胜任力模型搭建体系和方法
三支柱与业务型人力资源部建设 段凤鸣　著	从专业型HR走向业务型HR，有效提高HR在企业绩效中的贡献值		
四、HRBP			
HRBP是这样炼成的之菜鸟起飞 黄渊明　著	作者在初步转型HRBP两年时间里摸索实践的亲身经历与总结	**HRBP是这样炼成的之中级修炼** 黄渊明　著	结合作者亲身从事HRBP的工作经历，总结HRBP的作战故事
HRBP高级修炼 黄渊明　著	故事方式，HRD角度深度呈现运用HRBP的思维、方法		
企业文化			
企业文化落地本土实践 王祥伍　著	华夏基石“知信行”模型描绘企业文化落地路线图	**企业文化的逻辑** 王祥伍　著	从文化起源深刻剖析文化、效率、企业、企业文化联系
企业文化定位·落地一本通 王明胤　著	企业文化理念传播和落地聚焦的17种方法，解读了近100个实战案例	**36个拿来就用的企业文化建设工具** 海融心胜　著	汇集整理了36个通用的企业文化实践工具
企业文化激活沟通 宋杼宸　安琪　著	系统阐述沟通与企业文化的关系，给予企业提升沟通效能的企业文化解决方案	**企业文化建设超级漫画版** 邢雷　著	用漫画形式写成的企业文化建设专业书籍，理论体系和29个具体的操作方法
在组织中绽放自我 朱仁建　著	个人与组织之间的关系，文化对组织化形成的影响	**用企业文化提升经营绩效** 彭剑锋　尚艳玲　主编	企业要想在竞争中利于不败之地，就不能没有能打胜仗的企业文化与领导力
企业文化建设与咨询工具　案例 尹宏亮　著	着眼难题，为企业“把脉”做诊断		
流程管理			
营销·研发·供应链业务架构与流程管理 谭勋晖　著	营销、研发、供应链三大业务流程变革实践经验总结	**打造集成供应链** 王春强　著	第一用力在“集成”上，梳理内外部相关模块及其依赖关系